居民经济状况核对与社会救助政策文件汇编

JUMIN JINGJI ZHUANGKUANG HEDUI
YU SHEHUI JIUZHU ZHENGCE
WENJIAN HUIBIAN

民政部低收入家庭认定指导中心 编

中国社会出版社
国家一级出版社·全国百佳图书出版单位

图书在版编目（CIP）数据

居民经济状况核对与社会救助政策文件汇编 ／ 民政部低收入家庭认定指导中心编 . -- 北京：中国社会出版社，2024.3
ISBN 978-7-5087-6992-9

Ⅰ.①居… Ⅱ.①民… Ⅲ.①居民－经济概况－核对－文件－汇编－中国②社会救济－社会政策－文件－汇编－中国 Ⅳ.①F126②D632.1

中国国家版本馆 CIP 数据核字（2024）第 024175 号

出 版 人：程　伟	终 审 人：李新涛
责任编辑：孙　研　刘延庆	策划编辑：孙　研　郑双梅
责任校对：马　岩	封面设计：时　捷

出版发行：中国社会出版社	地　　址：北京市西城区二龙路甲 33 号
邮政编码：100032	编 辑 部：(010)58124831
网　　址：shcbs.mca.gov.cn	营销中心：(010)58124852；58124863
经　　销：新华书店	
印刷装订：北京九州迅驰传媒文化有限公司	开　　本：170 mm×240 mm　1/16
印　　张：22.75	字　　数：360 千字
版　　次：2024 年 3 月第 1 版	印　　次：2024 年 3 月第 1 次印刷
定　　价：88.00 元	

中国社会出版社微信公众号

中国社会出版社天猫旗舰店

目 录

核对与信息化

中华人民共和国网络安全法 …………………………………… 003
中华人民共和国数据安全法 …………………………………… 017
中华人民共和国个人信息保护法 ……………………………… 025
中华人民共和国电子签名法 …………………………………… 039
中华人民共和国密码法 ………………………………………… 046
民政部关于居民家庭经济状况核对信息系统建设的指导意见
  民发〔2014〕83号 ……………………………………… 053
民政部办公厅
  关于印发《公安部 民政部关于信息共享快速查询的合作协议》的通知
  民办函〔2014〕311号 …………………………………… 059
民政部 中国银监会
  关于银行业金融机构协助开展社会救助家庭存款等金融资产信息
  查询工作的通知
  民发〔2015〕61号 ……………………………………… 063
民政部 国家工商行政管理总局
  关于印发《社会救助家庭成员工商登记信息核对办法》的通知
  民发〔2016〕220号 ……………………………………… 067

民政部 住房和城乡建设部
关于做好社会救助家庭住房公积金、住房保障、住房买卖等信息核对工作的通知
民发〔2016〕238号 ……………………………………………… 070

民政部 国土资源部
关于做好社会救助家庭不动产登记信息查询核对工作的通知
民发〔2017〕188号 ……………………………………………… 074

民政部办公厅
关于印发《居民家庭经济状况信息部省联网查询办法（试行）》的通知
民办发〔2018〕32号 …………………………………………… 077

民政部 人力资源社会保障部
关于开展社会救助与就业和社会保险等信息共享核查工作的通知
民发〔2020〕95号 ……………………………………………… 082

脱贫攻坚与乡村振兴

中共中央 国务院关于打赢脱贫攻坚战的决定
（2015年11月29日） ……………………………………………… 087
中共中央 国务院关于实现巩固拓展脱贫攻坚成果同乡村振兴有效衔接的意见
（2020年12月16日） ……………………………………………… 103
民政部关于贯彻落实《中共中央 国务院关于打赢脱贫攻坚战的决定》的通知
民发〔2016〕57号 ……………………………………………… 113
国务院办公厅转发民政部等部门
关于做好农村最低生活保障制度与扶贫开发政策有效衔接指导意见的通知
国办发〔2016〕70号 …………………………………………… 119
民政部 国务院扶贫办
关于进一步加强农村最低生活保障制度与扶贫开发政策有效衔接的通知
民发〔2017〕152号 ……………………………………………… 124

民政部关于推进深度贫困地区民政领域脱贫攻坚工作的意见

　　民发〔2018〕43号 ……………………………………………… 127

民政部 财政部 国务院扶贫办

　　关于在脱贫攻坚三年行动中切实做好社会救助兜底保障工作的实施意见

　　民发〔2018〕90号 ……………………………………………… 132

民政部 财政部 国务院扶贫办

　　关于在脱贫攻坚兜底保障中充分发挥临时救助作用的意见

　　民发〔2019〕87号 ……………………………………………… 136

民政部 国务院扶贫办

　　关于印发《社会救助兜底脱贫行动方案》的通知

　　民发〔2020〕18号 ……………………………………………… 140

民政部关于巩固拓展民政领域脱贫攻坚成果同乡村振兴有效衔接的实施意见

　　民发〔2021〕16号 ……………………………………………… 145

民政部 财政部 国家乡村振兴局

　　关于巩固拓展脱贫攻坚兜底保障成果

　　进一步做好困难群众基本生活保障工作的指导意见

　　民发〔2021〕49号 ……………………………………………… 150

社会救助体系

社会救助暂行办法 …………………………………………………… 157

中共中央办公厅 国务院办公厅印发

　《关于改革完善社会救助制度的意见》的通知 …………………… 167

民政部 教育部 财政部 人力资源社会保障部 住房城乡建设部

　　国家卫生计生委关于贯彻落实《社会救助暂行办法》的通知

　　民发〔2014〕135号 ……………………………………………… 175

国务院办公厅关于加强困难群众基本生活保障有关工作的通知

　　国办发〔2017〕15号 ……………………………………………… 182

财政部 民政部
　　关于印发《中央财政困难群众救助补助资金管理办法》的通知
　　　　财社〔2017〕58号 ………………………………………… 185

民政部 财政部 银保监会
　　关于进一步加强社会救助资金监管工作的意见
　　　　民发〔2019〕139号 ………………………………………… 189

民政部办公厅
　　关于印发《县级困难群众基本生活保障工作协调机制运行指引》的通知
　　　　民办发〔2019〕21号 ………………………………………… 194

财政部 民政部 住房城乡建设部 中国残联
　　关于修改中央财政困难群众救助等补助资金管理办法的通知
　　　　财社〔2019〕114号 ………………………………………… 199

民政部 财政部
　　关于进一步做好困难群众基本生活保障工作的通知
　　　　民发〔2020〕69号 ………………………………………… 204

民政部 中央农村工作领导小组办公室 财政部 国家乡村振兴局
　　关于进一步做好最低生活保障等社会救助兜底保障工作的通知
　　　　民发〔2022〕83号 ………………………………………… 207

国务院办公厅转发民政部等单位
　　《关于加强低收入人口动态监测做好分层分类社会救助工作的意见》的通知
　　　　国办发〔2023〕39号 ………………………………………… 212

基本生活救助

国务院关于进一步加强和改进最低生活保障工作的意见
　　　　国发〔2012〕45号 ………………………………………… 221

民政部 国家统计局
关于进一步加强农村最低生活保障申请家庭经济状况核查工作的意见
民发〔2015〕55号 ·· 228

民政部 国家统计局
关于在脱贫攻坚中切实加强农村最低生活保障家庭经济状况评估认定
工作的指导意见
民发〔2019〕125号 ··· 234

民政部办公厅关于进一步规范完善最低生活保障行政文书使用工作的通知
民办发〔2019〕10号 ·· 239

民政部关于印发《最低生活保障审核确认办法》的通知
民发〔2021〕57号 ·· 242

国务院关于进一步健全特困人员救助供养制度的意见
国发〔2016〕14号 ·· 251

民政部关于贯彻落实
《国务院关于进一步健全特困人员救助供养制度的意见》的通知
民发〔2016〕115号 ··· 257

民政部关于加强分散供养特困人员照料服务的通知
民发〔2019〕124号 ··· 263

民政部关于印发《特困人员认定办法》的通知
民发〔2021〕43号 ·· 267

专项社会救助

民政部 财政部 人力资源社会保障部 国家卫生计生委 保监会 扶贫办等部门
印发《关于进一步加强医疗救助与城乡居民大病保险有效衔接的通知》
民发〔2017〕12号 ·· 275

国务院办公厅关于健全重特大疾病医疗保险和救助制度的意见
国办发〔2021〕42号 ·· 279

急难社会救助

国务院关于全面建立临时救助制度的通知
　　国发〔2014〕47号 …………………………………………… 287
民政部 财政部关于进一步加强和改进临时救助工作的意见
　　民发〔2018〕23号 …………………………………………… 294

社会力量参与

国务院办公厅关于政府向社会力量购买服务的指导意见
　　国办发〔2013〕96号 ………………………………………… 301
民政部 财政部关于加快推进社会救助领域社会工作发展的意见
　　民发〔2015〕88号 …………………………………………… 306
民政部 中央编办 财政部 人力资源社会保障部
　　关于积极推行政府购买服务 加强基层社会救助经办服务能力的意见
　　民发〔2017〕153号 …………………………………………… 311
民政部关于加强政府救助与慈善帮扶有效衔接的指导意见
　　民发〔2023〕46号 …………………………………………… 317

其他相关政策

国务院办公厅关于加强孤儿保障工作的意见
　　国办发〔2010〕54号 ………………………………………… 323
民政部 财政部关于发放孤儿基本生活费的通知
　　民发〔2010〕161号 …………………………………………… 328
国务院关于加强困境儿童保障工作的意见
　　国发〔2016〕36号 …………………………………………… 331

国务院关于建立残疾儿童康复救助制度的意见

  国发〔2018〕20号 …………………………………… 338

民政部 公安部 财政部关于进一步做好事实无人抚养儿童保障有关工作的通知

  民发〔2020〕125号 ………………………………… 343

国务院关于全面建立困难残疾人生活补贴和重度残疾人护理补贴制度的意见

  国发〔2015〕52号 …………………………………… 348

核对与信息化

中华人民共和国网络安全法

(2016年11月7日第十二届全国人民代表大会常务委员会
第二十四次会议通过)

第一章 总 则

第一条 为了保障网络安全,维护网络空间主权和国家安全、社会公共利益,保护公民、法人和其他组织的合法权益,促进经济社会信息化健康发展,制定本法。

第二条 在中华人民共和国境内建设、运营、维护和使用网络,以及网络安全的监督管理,适用本法。

第三条 国家坚持网络安全与信息化发展并重,遵循积极利用、科学发展、依法管理、确保安全的方针,推进网络基础设施建设和互联互通,鼓励网络技术创新和应用,支持培养网络安全人才,建立健全网络安全保障体系,提高网络安全保护能力。

第四条 国家制定并不断完善网络安全战略,明确保障网络安全的基本要求和主要目标,提出重点领域的网络安全政策、工作任务和措施。

第五条 国家采取措施,监测、防御、处置来源于中华人民共和国境内外的网络安全风险和威胁,保护关键信息基础设施免受攻击、侵入、干扰和破坏,依法惩治网络违法犯罪活动,维护网络空间安全和秩序。

第六条 国家倡导诚实守信、健康文明的网络行为,推动传播社会主义核心价值观,采取措施提高全社会的网络安全意识和水平,形成全社会共同参与促进网络安全的良好环境。

第七条 国家积极开展网络空间治理、网络技术研发和标准制定、打击网络违法犯罪等方面的国际交流与合作，推动构建和平、安全、开放、合作的网络空间，建立多边、民主、透明的网络治理体系。

第八条 国家网信部门负责统筹协调网络安全工作和相关监督管理工作。国务院电信主管部门、公安部门和其他有关机关依照本法和有关法律、行政法规的规定，在各自职责范围内负责网络安全保护和监督管理工作。

县级以上地方人民政府有关部门的网络安全保护和监督管理职责，按照国家有关规定确定。

第九条 网络运营者开展经营和服务活动，必须遵守法律、行政法规，尊重社会公德，遵守商业道德，诚实信用，履行网络安全保护义务，接受政府和社会的监督，承担社会责任。

第十条 建设、运营网络或者通过网络提供服务，应当依照法律、行政法规的规定和国家标准的强制性要求，采取技术措施和其他必要措施，保障网络安全、稳定运行，有效应对网络安全事件，防范网络违法犯罪活动，维护网络数据的完整性、保密性和可用性。

第十一条 网络相关行业组织按照章程，加强行业自律，制定网络安全行为规范，指导会员加强网络安全保护，提高网络安全保护水平，促进行业健康发展。

第十二条 国家保护公民、法人和其他组织依法使用网络的权利，促进网络接入普及，提升网络服务水平，为社会提供安全、便利的网络服务，保障网络信息依法有序自由流动。

任何个人和组织使用网络应当遵守宪法法律，遵守公共秩序，尊重社会公德，不得危害网络安全，不得利用网络从事危害国家安全、荣誉和利益，煽动颠覆国家政权、推翻社会主义制度，煽动分裂国家、破坏国家统一，宣扬恐怖主义、极端主义，宣扬民族仇恨、民族歧视，传播暴力、淫秽色情信息，编造、传播虚假信息扰乱经济秩序和社会秩序，以及侵害他人名誉、隐私、知识产权和其他合法权益等活动。

第十三条 国家支持研究开发有利于未成年人健康成长的网络产品和服务，依法惩治利用网络从事危害未成年人身心健康的活动，为未成年人提供安全、健康的网络环境。

第十四条 任何个人和组织有权对危害网络安全的行为向网信、电信、公安等部门举报。收到举报的部门应当及时依法作出处理；不属于本部门职责的，应当及时移送有权处理的部门。

有关部门应当对举报人的相关信息予以保密，保护举报人的合法权益。

第二章 网络安全支持与促进

第十五条 国家建立和完善网络安全标准体系。国务院标准化行政主管部门和国务院其他有关部门根据各自的职责，组织制定并适时修订有关网络安全管理以及网络产品、服务和运行安全的国家标准、行业标准。

国家支持企业、研究机构、高等学校、网络相关行业组织参与网络安全国家标准、行业标准的制定。

第十六条 国务院和省、自治区、直辖市人民政府应当统筹规划，加大投入，扶持重点网络安全技术产业和项目，支持网络安全技术的研究开发和应用，推广安全可信的网络产品和服务，保护网络技术知识产权，支持企业、研究机构和高等学校等参与国家网络安全技术创新项目。

第十七条 国家推进网络安全社会化服务体系建设，鼓励有关企业、机构开展网络安全认证、检测和风险评估等安全服务。

第十八条 国家鼓励开发网络数据安全保护和利用技术，促进公共数据资源开放，推动技术创新和经济社会发展。

国家支持创新网络安全管理方式，运用网络新技术，提升网络安全保护水平。

第十九条 各级人民政府及其有关部门应当组织开展经常性的网络安全宣传教育，并指导、督促有关单位做好网络安全宣传教育工作。

大众传播媒介应当有针对性地面向社会进行网络安全宣传教育。

第二十条 国家支持企业和高等学校、职业学校等教育培训机构开展网络安全相关教育与培训，采取多种方式培养网络安全人才，促进网络安全人才交流。

第三章　网络运行安全

第一节　一般规定

第二十一条　国家实行网络安全等级保护制度。网络运营者应当按照网络安全等级保护制度的要求，履行下列安全保护义务，保障网络免受干扰、破坏或者未经授权的访问，防止网络数据泄露或者被窃取、篡改：

（一）制定内部安全管理制度和操作规程，确定网络安全负责人，落实网络安全保护责任；

（二）采取防范计算机病毒和网络攻击、网络侵入等危害网络安全行为的技术措施；

（三）采取监测、记录网络运行状态、网络安全事件的技术措施，并按照规定留存相关的网络日志不少于六个月；

（四）采取数据分类、重要数据备份和加密等措施；

（五）法律、行政法规规定的其他义务。

第二十二条　网络产品、服务应当符合相关国家标准的强制性要求。网络产品、服务的提供者不得设置恶意程序；发现其网络产品、服务存在安全缺陷、漏洞等风险时，应当立即采取补救措施，按照规定及时告知用户并向有关主管部门报告。

网络产品、服务的提供者应当为其产品、服务持续提供安全维护；在规定或者当事人约定的期限内，不得终止提供安全维护。

网络产品、服务具有收集用户信息功能的，其提供者应当向用户明示并取得同意；涉及用户个人信息的，还应当遵守本法和有关法律、行政法规关于个人信息保护的规定。

第二十三条　网络关键设备和网络安全专用产品应当按照相关国家标准的强制性要求，由具备资格的机构安全认证合格或者安全检测符合要求后，方可销售或者提供。国家网信部门会同国务院有关部门制定、公布网络关键设备和网络安全专用产品目录，并推动安全认证和安全检测结果互认，避免重复认证、检测。

第二十四条　网络运营者为用户办理网络接入、域名注册服务，办理固定电话、移动电话等入网手续，或者为用户提供信息发布、即时通讯等服务，在与用户签订协议或者确认提供服务时，应当要求用户提供真实身份信息。用户不提供真实身份信息的，网络运营者不得为其提供相关服务。

国家实施网络可信身份战略，支持研究开发安全、方便的电子身份认证技术，推动不同电子身份认证之间的互认。

第二十五条　网络运营者应当制定网络安全事件应急预案，及时处置系统漏洞、计算机病毒、网络攻击、网络侵入等安全风险；在发生危害网络安全的事件时，立即启动应急预案，采取相应的补救措施，并按照规定向有关主管部门报告。

第二十六条　开展网络安全认证、检测、风险评估等活动，向社会发布系统漏洞、计算机病毒、网络攻击、网络侵入等网络安全信息，应当遵守国家有关规定。

第二十七条　任何个人和组织不得从事非法侵入他人网络、干扰他人网络正常功能、窃取网络数据等危害网络安全的活动；不得提供专门用于从事侵入网络、干扰网络正常功能及防护措施、窃取网络数据等危害网络安全活动的程序、工具；明知他人从事危害网络安全的活动的，不得为其提供技术支持、广告推广、支付结算等帮助。

第二十八条　网络运营者应当为公安机关、国家安全机关依法维护国家安全和侦查犯罪的活动提供技术支持和协助。

第二十九条　国家支持网络运营者之间在网络安全信息收集、分析、通报和应急处置等方面进行合作，提高网络运营者的安全保障能力。

有关行业组织建立健全本行业的网络安全保护规范和协作机制，加强对网络安全风险的分析评估，定期向会员进行风险警示，支持、协助会员应对网络安全风险。

第三十条　网信部门和有关部门在履行网络安全保护职责中获取的信息，只能用于维护网络安全的需要，不得用于其他用途。

第二节　关键信息基础设施的运行安全

第三十一条　国家对公共通信和信息服务、能源、交通、水利、金融、公共服务、电子政务等重要行业和领域，以及其他一旦遭到破坏、丧失功能或者数据泄露，可能严重危害国家安全、国计民生、公共利益的关键信息基础设施，在网络安全等级保护制度的基础上，实行重点保护。关键信息基础设施的具体范围和安全保护办法由国务院制定。

国家鼓励关键信息基础设施以外的网络运营者自愿参与关键信息基础设施保护体系。

第三十二条　按照国务院规定的职责分工，负责关键信息基础设施安全保护工作的部门分别编制并组织实施本行业、本领域的关键信息基础设施安全规划，指导和监督关键信息基础设施运行安全保护工作。

第三十三条　建设关键信息基础设施应当确保其具有支持业务稳定、持续运行的性能，并保证安全技术措施同步规划、同步建设、同步使用。

第三十四条　除本法第二十一条的规定外，关键信息基础设施的运营者还应当履行下列安全保护义务：

（一）设置专门安全管理机构和安全管理负责人，并对该负责人和关键岗位的人员进行安全背景审查；

（二）定期对从业人员进行网络安全教育、技术培训和技能考核；

（三）对重要系统和数据库进行容灾备份；

（四）制定网络安全事件应急预案，并定期进行演练；

（五）法律、行政法规规定的其他义务。

第三十五条　关键信息基础设施的运营者采购网络产品和服务，可能影响国家安全的，应当通过国家网信部门会同国务院有关部门组织的国家安全审查。

第三十六条　关键信息基础设施的运营者采购网络产品和服务，应当按照规定与提供者签订安全保密协议，明确安全和保密义务与责任。

第三十七条　关键信息基础设施的运营者在中华人民共和国境内运营中收集和产生的个人信息和重要数据应当在境内存储。因业务需要，确需向境外提供的，应当按照国家网信部门会同国务院有关部门制定的办法进行安全评估；法律、行政法规另有规定的，依照其规定。

第三十八条 关键信息基础设施的运营者应当自行或者委托网络安全服务机构对其网络的安全性和可能存在的风险每年至少进行一次检测评估，并将检测评估情况和改进措施报送相关负责关键信息基础设施安全保护工作的部门。

第三十九条 国家网信部门应当统筹协调有关部门对关键信息基础设施的安全保护采取下列措施：

（一）对关键信息基础设施的安全风险进行抽查检测，提出改进措施，必要时可以委托网络安全服务机构对网络存在的安全风险进行检测评估；

（二）定期组织关键信息基础设施的运营者进行网络安全应急演练，提高应对网络安全事件的水平和协同配合能力；

（三）促进有关部门、关键信息基础设施的运营者以及有关研究机构、网络安全服务机构等之间的网络安全信息共享；

（四）对网络安全事件的应急处置与网络功能的恢复等，提供技术支持和协助。

第四章　网络信息安全

第四十条 网络运营者应当对其收集的用户信息严格保密，并建立健全用户信息保护制度。

第四十一条 网络运营者收集、使用个人信息，应当遵循合法、正当、必要的原则，公开收集、使用规则，明示收集、使用信息的目的、方式和范围，并经被收集者同意。

网络运营者不得收集与其提供的服务无关的个人信息，不得违反法律、行政法规的规定和双方的约定收集、使用个人信息，并应当依照法律、行政法规的规定和与用户的约定，处理其保存的个人信息。

第四十二条 网络运营者不得泄露、篡改、毁损其收集的个人信息；未经被收集者同意，不得向他人提供个人信息。但是，经过处理无法识别特定个人且不能复原的除外。

网络运营者应当采取技术措施和其他必要措施，确保其收集的个人信息安全，防止信息泄露、毁损、丢失。在发生或者可能发生个人信息泄露、毁损、丢失的情况时，应当立即采取补救措施，按照规定及时告知用户并向有关主管部门报告。

第四十三条 个人发现网络运营者违反法律、行政法规的规定或者双方的约定收集、使用其个人信息的，有权要求网络运营者删除其个人信息；发现网络运营者收集、存储的其个人信息有错误的，有权要求网络运营者予以更正。网络运营者应当采取措施予以删除或者更正。

第四十四条 任何个人和组织不得窃取或者以其他非法方式获取个人信息，不得非法出售或者非法向他人提供个人信息。

第四十五条 依法负有网络安全监督管理职责的部门及其工作人员，必须对在履行职责中知悉的个人信息、隐私和商业秘密严格保密，不得泄露、出售或者非法向他人提供。

第四十六条 任何个人和组织应当对其使用网络的行为负责，不得设立用于实施诈骗，传授犯罪方法，制作或者销售违禁物品、管制物品等违法犯罪活动的网站、通讯群组，不得利用网络发布涉及实施诈骗，制作或者销售违禁物品、管制物品以及其他违法犯罪活动的信息。

第四十七条 网络运营者应当加强对其用户发布的信息的管理，发现法律、行政法规禁止发布或者传输的信息的，应当立即停止传输该信息，采取消除等处置措施，防止信息扩散，保存有关记录，并向有关主管部门报告。

第四十八条 任何个人和组织发送的电子信息、提供的应用软件，不得设置恶意程序，不得含有法律、行政法规禁止发布或者传输的信息。

电子信息发送服务提供者和应用软件下载服务提供者，应当履行安全管理义务，知道其用户有前款规定行为的，应当停止提供服务，采取消除等处置措施，保存有关记录，并向有关主管部门报告。

第四十九条 网络运营者应当建立网络信息安全投诉、举报制度，公布投诉、举报方式等信息，及时受理并处理有关网络信息安全的投诉和举报。

网络运营者对网信部门和有关部门依法实施的监督检查，应当予以配合。

第五十条 国家网信部门和有关部门依法履行网络信息安全监督管理职

责，发现法律、行政法规禁止发布或者传输的信息的，应当要求网络运营者停止传输，采取消除等处置措施，保存有关记录；对来源于中华人民共和国境外的上述信息，应当通知有关机构采取技术措施和其他必要措施阻断传播。

第五章　监测预警与应急处置

第五十一条　国家建立网络安全监测预警和信息通报制度。国家网信部门应当统筹协调有关部门加强网络安全信息收集、分析和通报工作，按照规定统一发布网络安全监测预警信息。

第五十二条　负责关键信息基础设施安全保护工作的部门，应当建立健全本行业、本领域的网络安全监测预警和信息通报制度，并按照规定报送网络安全监测预警信息。

第五十三条　国家网信部门协调有关部门建立健全网络安全风险评估和应急工作机制，制定网络安全事件应急预案，并定期组织演练。

负责关键信息基础设施安全保护工作的部门应当制定本行业、本领域的网络安全事件应急预案，并定期组织演练。

网络安全事件应急预案应当按照事件发生后的危害程度、影响范围等因素对网络安全事件进行分级，并规定相应的应急处置措施。

第五十四条　网络安全事件发生的风险增大时，省级以上人民政府有关部门应当按照规定的权限和程序，并根据网络安全风险的特点和可能造成的危害，采取下列措施：

（一）要求有关部门、机构和人员及时收集、报告有关信息，加强对网络安全风险的监测；

（二）组织有关部门、机构和专业人员，对网络安全风险信息进行分析评估，预测事件发生的可能性、影响范围和危害程度；

（三）向社会发布网络安全风险预警，发布避免、减轻危害的措施。

第五十五条　发生网络安全事件，应当立即启动网络安全事件应急预案，对网络安全事件进行调查和评估，要求网络运营者采取技术措施和其他必要措施，消除安全隐患，防止危害扩大，并及时向社会发布与公众有关的警示信息。

第五十六条 省级以上人民政府有关部门在履行网络安全监督管理职责中，发现网络存在较大安全风险或者发生安全事件的，可以按照规定的权限和程序对该网络的运营者的法定代表人或者主要负责人进行约谈。网络运营者应当按照要求采取措施，进行整改，消除隐患。

第五十七条 因网络安全事件，发生突发事件或者生产安全事故的，应当依照《中华人民共和国突发事件应对法》《中华人民共和国安全生产法》等有关法律、行政法规的规定处置。

第五十八条 因维护国家安全和社会公共秩序，处置重大突发社会安全事件的需要，经国务院决定或者批准，可以在特定区域对网络通信采取限制等临时措施。

第六章　法律责任

第五十九条 网络运营者不履行本法第二十一条、第二十五条规定的网络安全保护义务的，由有关主管部门责令改正，给予警告；拒不改正或者导致危害网络安全等后果的，处一万元以上十万元以下罚款，对直接负责的主管人员处五千元以上五万元以下罚款。

关键信息基础设施的运营者不履行本法第三十三条、第三十四条、第三十六条、第三十八条规定的网络安全保护义务的，由有关主管部门责令改正，给予警告；拒不改正或者导致危害网络安全等后果的，处十万元以上一百万元以下罚款，对直接负责的主管人员处一万元以上十万元以下罚款。

第六十条 违反本法第二十二条第一款、第二款和第四十八条第一款规定，有下列行为之一的，由有关主管部门责令改正，给予警告；拒不改正或者导致危害网络安全等后果的，处五万元以上五十万元以下罚款，对直接负责的主管人员处一万元以上十万元以下罚款：

（一）设置恶意程序的；

（二）对其产品、服务存在的安全缺陷、漏洞等风险未立即采取补救措施，或者未按照规定及时告知用户并向有关主管部门报告的；

（三）擅自终止为其产品、服务提供安全维护的。

第六十一条 网络运营者违反本法第二十四条第一款规定，未要求用户提供真实身份信息，或者对不提供真实身份信息的用户提供相关服务的，由有关主管部门责令改正；拒不改正或者情节严重的，处五万元以上五十万元以下罚款，并可以由有关主管部门责令暂停相关业务、停业整顿、关闭网站、吊销相关业务许可证或者吊销营业执照，对直接负责的主管人员和其他直接责任人员处一万元以上十万元以下罚款。

第六十二条 违反本法第二十六条规定，开展网络安全认证、检测、风险评估等活动，或者向社会发布系统漏洞、计算机病毒、网络攻击、网络侵入等网络安全信息的，由有关主管部门责令改正，给予警告；拒不改正或者情节严重的，处一万元以上十万元以下罚款，并可以由有关主管部门责令暂停相关业务、停业整顿、关闭网站、吊销相关业务许可证或者吊销营业执照，对直接负责的主管人员和其他直接责任人员处五千元以上五万元以下罚款。

第六十三条 违反本法第二十七条规定，从事危害网络安全的活动，或者提供专门用于从事危害网络安全活动的程序、工具，或者为他人从事危害网络安全的活动提供技术支持、广告推广、支付结算等帮助，尚不构成犯罪的，由公安机关没收违法所得，处五日以下拘留，可以并处五万元以上五十万元以下罚款；情节较重的，处五日以上十五日以下拘留，可以并处十万元以上一百万元以下罚款。

单位有前款行为的，由公安机关没收违法所得，处十万元以上一百万元以下罚款，并对直接负责的主管人员和其他直接责任人员依照前款规定处罚。

违反本法第二十七条规定，受到治安管理处罚的人员，五年内不得从事网络安全管理和网络运营关键岗位的工作；受到刑事处罚的人员，终身不得从事网络安全管理和网络运营关键岗位的工作。

第六十四条 网络运营者、网络产品或者服务的提供者违反本法第二十二条第三款、第四十一条至第四十三条规定，侵害个人信息依法得到保护的权利的，由有关主管部门责令改正，可以根据情节单处或者并处警告、没收违法所得、处违法所得一倍以上十倍以下罚款，没有违法所得的，处一百万元以下罚款，对直接负责的主管人员和其他直接责任人员处一万元以上十万元以下罚款；情节严重的，并可以责令暂停相关业务、停业整顿、关闭网站、吊销相关业务许可证或者吊销营业执照。

违反本法第四十四条规定，窃取或者以其他非法方式获取、非法出售或者非法向他人提供个人信息，尚不构成犯罪的，由公安机关没收违法所得，并处违法所得一倍以上十倍以下罚款，没有违法所得的，处一百万元以下罚款。

第六十五条 关键信息基础设施的运营者违反本法第三十五条规定，使用未经安全审查或者安全审查未通过的网络产品或者服务的，由有关主管部门责令停止使用，处采购金额一倍以上十倍以下罚款；对直接负责的主管人员和其他直接责任人员处一万元以上十万元以下罚款。

第六十六条 关键信息基础设施的运营者违反本法第三十七条规定，在境外存储网络数据，或者向境外提供网络数据的，由有关主管部门责令改正，给予警告，没收违法所得，处五万元以上五十万元以下罚款，并可以责令暂停相关业务、停业整顿、关闭网站、吊销相关业务许可证或者吊销营业执照；对直接负责的主管人员和其他直接责任人员处一万元以上十万元以下罚款。

第六十七条 违反本法第四十六条规定，设立用于实施违法犯罪活动的网站、通讯群组，或者利用网络发布涉及实施违法犯罪活动的信息，尚不构成犯罪的，由公安机关处五日以下拘留，可以并处一万元以上十万元以下罚款；情节较重的，处五日以上十五日以下拘留，可以并处五万元以上五十万元以下罚款。关闭用于实施违法犯罪活动的网站、通讯群组。

单位有前款行为的，由公安机关处十万元以上五十万元以下罚款，并对直接负责的主管人员和其他直接责任人员依照前款规定处罚。

第六十八条 网络运营者违反本法第四十七条规定，对法律、行政法规禁止发布或者传输的信息未停止传输、采取消除等处置措施、保存有关记录的，由有关主管部门责令改正，给予警告，没收违法所得；拒不改正或者情节严重的，处十万元以上五十万元以下罚款，并可以责令暂停相关业务、停业整顿、关闭网站、吊销相关业务许可证或者吊销营业执照，对直接负责的主管人员和其他直接责任人员处一万元以上十万元以下罚款。

电子信息发送服务提供者、应用软件下载服务提供者，不履行本法第四十八条第二款规定的安全管理义务的，依照前款规定处罚。

第六十九条 网络运营者违反本法规定，有下列行为之一的，由有关主管部门责令改正；拒不改正或者情节严重的，处五万元以上五十万元以下罚款，对直接负责的主管人员和其他直接责任人员，处一万元以上十万元以下罚款：

（一）不按照有关部门的要求对法律、行政法规禁止发布或者传输的信息，采取停止传输、消除等处置措施的；

（二）拒绝、阻碍有关部门依法实施的监督检查的；

（三）拒不向公安机关、国家安全机关提供技术支持和协助的。

第七十条 发布或者传输本法第十二条第二款和其他法律、行政法规禁止发布或者传输的信息的，依照有关法律、行政法规的规定处罚。

第七十一条 有本法规定的违法行为的，依照有关法律、行政法规的规定记入信用档案，并予以公示。

第七十二条 国家机关政务网络的运营者不履行本法规定的网络安全保护义务的，由其上级机关或者有关机关责令改正；对直接负责的主管人员和其他直接责任人员依法给予处分。

第七十三条 网信部门和有关部门违反本法第三十条规定，将在履行网络安全保护职责中获取的信息用于其他用途的，对直接负责的主管人员和其他直接责任人员依法给予处分。

网信部门和有关部门的工作人员玩忽职守、滥用职权、徇私舞弊，尚不构成犯罪的，依法给予处分。

第七十四条 违反本法规定，给他人造成损害的，依法承担民事责任。

违反本法规定，构成违反治安管理行为的，依法给予治安管理处罚；构成犯罪的，依法追究刑事责任。

第七十五条 境外的机构、组织、个人从事攻击、侵入、干扰、破坏等危害中华人民共和国的关键信息基础设施的活动，造成严重后果的，依法追究法律责任；国务院公安部门和有关部门并可以决定对该机构、组织、个人采取冻结财产或者其他必要的制裁措施。

第七章 附 则

第七十六条 本法下列用语的含义：

（一）网络，是指由计算机或者其他信息终端及相关设备组成的按照一定的规则和程序对信息进行收集、存储、传输、交换、处理的系统。

（二）网络安全，是指通过采取必要措施，防范对网络的攻击、侵入、干扰、破坏和非法使用以及意外事故，使网络处于稳定可靠运行的状态，以及保障网络数据的完整性、保密性、可用性的能力。

（三）网络运营者，是指网络的所有者、管理者和网络服务提供者。

（四）网络数据，是指通过网络收集、存储、传输、处理和产生的各种电子数据。

（五）个人信息，是指以电子或者其他方式记录的能够单独或者与其他信息结合识别自然人个人身份的各种信息，包括但不限于自然人的姓名、出生日期、身份证件号码、个人生物识别信息、住址、电话号码等。

第七十七条 存储、处理涉及国家秘密信息的网络的运行安全保护，除应当遵守本法外，还应当遵守保密法律、行政法规的规定。

第七十八条 军事网络的安全保护，由中央军事委员会另行规定。

第七十九条 本法自 2017 年 6 月 1 日起施行。

中华人民共和国数据安全法

(2021年6月10日第十三届全国人民代表大会
常务委员会第二十九次会议通过)

第一章 总 则

第一条 为了规范数据处理活动，保障数据安全，促进数据开发利用，保护个人、组织的合法权益，维护国家主权、安全和发展利益，制定本法。

第二条 在中华人民共和国境内开展数据处理活动及其安全监管，适用本法。

在中华人民共和国境外开展数据处理活动，损害中华人民共和国国家安全、公共利益或者公民、组织合法权益的，依法追究法律责任。

第三条 本法所称数据，是指任何以电子或者其他方式对信息的记录。

数据处理，包括数据的收集、存储、使用、加工、传输、提供、公开等。

数据安全，是指通过采取必要措施，确保数据处于有效保护和合法利用的状态，以及具备保障持续安全状态的能力。

第四条 维护数据安全，应当坚持总体国家安全观，建立健全数据安全治理体系，提高数据安全保障能力。

第五条 中央国家安全领导机构负责国家数据安全工作的决策和议事协调，研究制定、指导实施国家数据安全战略和有关重大方针政策，统筹协调国家数据安全的重大事项和重要工作，建立国家数据安全工作协调机制。

第六条 各地区、各部门对本地区、本部门工作中收集和产生的数据及数据安全负责。

工业、电信、交通、金融、自然资源、卫生健康、教育、科技等主管部门承担本行业、本领域数据安全监管职责。

公安机关、国家安全机关等依照本法和有关法律、行政法规的规定，在各自职责范围内承担数据安全监管职责。

国家网信部门依照本法和有关法律、行政法规的规定，负责统筹协调网络数据安全和相关监管工作。

第七条 国家保护个人、组织与数据有关的权益，鼓励数据依法合理有效利用，保障数据依法有序自由流动，促进以数据为关键要素的数字经济发展。

第八条 开展数据处理活动，应当遵守法律、法规，尊重社会公德和伦理，遵守商业道德和职业道德，诚实守信，履行数据安全保护义务，承担社会责任，不得危害国家安全、公共利益，不得损害个人、组织的合法权益。

第九条 国家支持开展数据安全知识宣传普及，提高全社会的数据安全保护意识和水平，推动有关部门、行业组织、科研机构、企业、个人等共同参与数据安全保护工作，形成全社会共同维护数据安全和促进发展的良好环境。

第十条 相关行业组织按照章程，依法制定数据安全行为规范和团体标准，加强行业自律，指导会员加强数据安全保护，提高数据安全保护水平，促进行业健康发展。

第十一条 国家积极开展数据安全治理、数据开发利用等领域的国际交流与合作，参与数据安全相关国际规则和标准的制定，促进数据跨境安全、自由流动。

第十二条 任何个人、组织都有权对违反本法规定的行为向有关主管部门投诉、举报。收到投诉、举报的部门应当及时依法处理。

有关主管部门应当对投诉、举报人的相关信息予以保密，保护投诉、举报人的合法权益。

第二章 数据安全与发展

第十三条 国家统筹发展和安全，坚持以数据开发利用和产业发展促进数据安全，以数据安全保障数据开发利用和产业发展。

第十四条 国家实施大数据战略，推进数据基础设施建设，鼓励和支持数据在各行业、各领域的创新应用。

省级以上人民政府应当将数字经济发展纳入本级国民经济和社会发展规划，并根据需要制定数字经济发展规划。

第十五条 国家支持开发利用数据提升公共服务的智能化水平。提供智能化公共服务，应当充分考虑老年人、残疾人的需求，避免对老年人、残疾人的日常生活造成障碍。

第十六条 国家支持数据开发利用和数据安全技术研究，鼓励数据开发利用和数据安全等领域的技术推广和商业创新，培育、发展数据开发利用和数据安全产品、产业体系。

第十七条 国家推进数据开发利用技术和数据安全标准体系建设。国务院标准化行政主管部门和国务院有关部门根据各自的职责，组织制定并适时修订有关数据开发利用技术、产品和数据安全相关标准。国家支持企业、社会团体和教育、科研机构等参与标准制定。

第十八条 国家促进数据安全检测评估、认证等服务的发展，支持数据安全检测评估、认证等专业机构依法开展服务活动。

国家支持有关部门、行业组织、企业、教育和科研机构、有关专业机构等在数据安全风险评估、防范、处置等方面开展协作。

第十九条 国家建立健全数据交易管理制度，规范数据交易行为，培育数据交易市场。

第二十条 国家支持教育、科研机构和企业等开展数据开发利用技术和数据安全相关教育和培训，采取多种方式培养数据开发利用技术和数据安全专业人才，促进人才交流。

第三章　数据安全制度

第二十一条 国家建立数据分类分级保护制度，根据数据在经济社会发展中的重要程度，以及一旦遭到篡改、破坏、泄露或者非法获取、非法利用，对国家安全、公共利益或者个人、组织合法权益造成的危害程度，对数据实行分类分级保护。国家数据安全工作协调机制统筹协调有关部门制定重要数据目录，加强对重要数据的保护。

关系国家安全、国民经济命脉、重要民生、重大公共利益等数据属于国家核心数据，实行更加严格的管理制度。

各地区、各部门应当按照数据分类分级保护制度，确定本地区、本部门以及相关行业、领域的重要数据具体目录，对列入目录的数据进行重点保护。

第二十二条 国家建立集中统一、高效权威的数据安全风险评估、报告、信息共享、监测预警机制。国家数据安全工作协调机制统筹协调有关部门加强数据安全风险信息的获取、分析、研判、预警工作。

第二十三条 国家建立数据安全应急处置机制。发生数据安全事件，有关主管部门应当依法启动应急预案，采取相应的应急处置措施，防止危害扩大，消除安全隐患，并及时向社会发布与公众有关的警示信息。

第二十四条 国家建立数据安全审查制度，对影响或者可能影响国家安全的数据处理活动进行国家安全审查。

依法作出的安全审查决定为最终决定。

第二十五条 国家对与维护国家安全和利益、履行国际义务相关的属于管制物项的数据依法实施出口管制。

第二十六条 任何国家或者地区在与数据和数据开发利用技术等有关的投资、贸易等方面对中华人民共和国采取歧视性的禁止、限制或者其他类似措施的，中华人民共和国可以根据实际情况对该国家或者地区对等采取措施。

第四章　数据安全保护义务

第二十七条 开展数据处理活动应当依照法律、法规的规定，建立健全全流程数据安全管理制度，组织开展数据安全教育培训，采取相应的技术措施和其他必要措施，保障数据安全。利用互联网等信息网络开展数据处理活动，应当在网络安全等级保护制度的基础上，履行上述数据安全保护义务。

重要数据的处理者应当明确数据安全负责人和管理机构，落实数据安全保护责任。

第二十八条 开展数据处理活动以及研究开发数据新技术，应当有利于促进经济社会发展，增进人民福祉，符合社会公德和伦理。

第二十九条 开展数据处理活动应当加强风险监测，发现数据安全缺陷、漏洞等风险时，应当立即采取补救措施；发生数据安全事件时，应当立即采取处置措施，按照规定及时告知用户并向有关主管部门报告。

第三十条 重要数据的处理者应当按照规定对其数据处理活动定期开展风险评估，并向有关主管部门报送风险评估报告。

风险评估报告应当包括处理的重要数据的种类、数量，开展数据处理活动的情况，面临的数据安全风险及其应对措施等。

第三十一条 关键信息基础设施的运营者在中华人民共和国境内运营中收集和产生的重要数据的出境安全管理，适用《中华人民共和国网络安全法》的规定；其他数据处理者在中华人民共和国境内运营中收集和产生的重要数据的出境安全管理办法，由国家网信部门会同国务院有关部门制定。

第三十二条 任何组织、个人收集数据，应当采取合法、正当的方式，不得窃取或者以其他非法方式获取数据。

法律、行政法规对收集、使用数据的目的、范围有规定的，应当在法律、行政法规规定的目的和范围内收集、使用数据。

第三十三条 从事数据交易中介服务的机构提供服务，应当要求数据提供方说明数据来源，审核交易双方的身份，并留存审核、交易记录。

第三十四条 法律、行政法规规定提供数据处理相关服务应当取得行政许可的，服务提供者应当依法取得许可。

第三十五条 公安机关、国家安全机关因依法维护国家安全或者侦查犯罪的需要调取数据，应当按照国家有关规定，经过严格的批准手续，依法进行，有关组织、个人应当予以配合。

第三十六条 中华人民共和国主管机关根据有关法律和中华人民共和国缔结或者参加的国际条约、协定，或者按照平等互惠原则，处理外国司法或者执法机构关于提供数据的请求。非经中华人民共和国主管机关批准，境内的组织、个人不得向外国司法或者执法机构提供存储于中华人民共和国境内的数据。

第五章　政务数据安全与开放

第三十七条　国家大力推进电子政务建设，提高政务数据的科学性、准确性、时效性，提升运用数据服务经济社会发展的能力。

第三十八条　国家机关为履行法定职责的需要收集、使用数据，应当在其履行法定职责的范围内依照法律、行政法规规定的条件和程序进行；对在履行职责中知悉的个人隐私、个人信息、商业秘密、保密商务信息等数据应当依法予以保密，不得泄露或者非法向他人提供。

第三十九条　国家机关应当依照法律、行政法规的规定，建立健全数据安全管理制度，落实数据安全保护责任，保障政务数据安全。

第四十条　国家机关委托他人建设、维护电子政务系统，存储、加工政务数据，应当经过严格的批准程序，并应当监督受托方履行相应的数据安全保护义务。受托方应当依照法律、法规的规定和合同约定履行数据安全保护义务，不得擅自留存、使用、泄露或者向他人提供政务数据。

第四十一条　国家机关应当遵循公正、公平、便民的原则，按照规定及时、准确地公开政务数据。依法不予公开的除外。

第四十二条　国家制定政务数据开放目录，构建统一规范、互联互通、安全可控的政务数据开放平台，推动政务数据开放利用。

第四十三条　法律、法规授权的具有管理公共事务职能的组织为履行法定职责开展数据处理活动，适用本章规定。

第六章　法律责任

第四十四条　有关主管部门在履行数据安全监管职责中，发现数据处理活动存在较大安全风险的，可以按照规定的权限和程序对有关组织、个人进行约谈，并要求有关组织、个人采取措施进行整改，消除隐患。

第四十五条　开展数据处理活动的组织、个人不履行本法第二十七条、第二十九条、第三十条规定的数据安全保护义务的，由有关主管部门责令改正，给予警告，可以并处五万元以上五十万元以下罚款，对直接负责的主管人员和其他直接责任人员可以处一万元以上十万元以下罚款；拒不改正或者造成大量数据泄露等严重后果的，处五十万元以上二百万元以下罚款，并可以责令暂停相关业务、停业整顿、吊销相关业务许可证或者吊销营业执照，对直接负责的主管人员和其他直接责任人员处五万元以上二十万元以下罚款。

违反国家核心数据管理制度，危害国家主权、安全和发展利益的，由有关主管部门处二百万元以上一千万元以下罚款，并根据情况责令暂停相关业务、停业整顿、吊销相关业务许可证或者吊销营业执照；构成犯罪的，依法追究刑事责任。

第四十六条 违反本法第三十一条规定，向境外提供重要数据的，由有关主管部门责令改正，给予警告，可以并处十万元以上一百万元以下罚款，对直接负责的主管人员和其他直接责任人员可以处一万元以上十万元以下罚款；情节严重的，处一百万元以上一千万元以下罚款，并可以责令暂停相关业务、停业整顿、吊销相关业务许可证或者吊销营业执照，对直接负责的主管人员和其他直接责任人员处十万元以上一百万元以下罚款。

第四十七条 从事数据交易中介服务的机构未履行本法第三十三条规定的义务的，由有关主管部门责令改正，没收违法所得，处违法所得一倍以上十倍以下罚款，没有违法所得或者违法所得不足十万元的，处十万元以上一百万元以下罚款，并可以责令暂停相关业务、停业整顿、吊销相关业务许可证或者吊销营业执照；对直接负责的主管人员和其他直接责任人员处一万元以上十万元以下罚款。

第四十八条 违反本法第三十五条规定，拒不配合数据调取的，由有关主管部门责令改正，给予警告，并处五万元以上五十万元以下罚款，对直接负责的主管人员和其他直接责任人员处一万元以上十万元以下罚款。

违反本法第三十六条规定，未经主管机关批准向外国司法或者执法机构提供数据的，由有关主管部门给予警告，可以并处十万元以上一百万元以下罚款，对直接负责的主管人员和其他直接责任人员可以处一万元以上十万元以下罚款；造成严重后果的，处一百万元以上五百万元以下罚款，并可以责令暂停相关业务、停业整顿、吊销相关业务许可证或者吊销营业执照，对直接负责的主管人员和其他直接责任人员处五万元以上五十万元以下罚款。

第四十九条 国家机关不履行本法规定的数据安全保护义务的，对直接负责的主管人员和其他直接责任人员依法给予处分。

第五十条 履行数据安全监管职责的国家工作人员玩忽职守、滥用职权、徇私舞弊的，依法给予处分。

第五十一条 窃取或者以其他非法方式获取数据，开展数据处理活动排除、限制竞争，或者损害个人、组织合法权益的，依照有关法律、行政法规的规定处罚。

第五十二条 违反本法规定，给他人造成损害的，依法承担民事责任。

违反本法规定，构成违反治安管理行为的，依法给予治安管理处罚；构成犯罪的，依法追究刑事责任。

第七章 附 则

第五十三条 开展涉及国家秘密的数据处理活动，适用《中华人民共和国保守国家秘密法》等法律、行政法规的规定。

在统计、档案工作中开展数据处理活动，开展涉及个人信息的数据处理活动，还应当遵守有关法律、行政法规的规定。

第五十四条 军事数据安全保护的办法，由中央军事委员会依据本法另行制定。

第五十五条 本法自 2021 年 9 月 1 日起施行。

中华人民共和国个人信息保护法

(2021年8月20日第十三届全国人民代表大会
常务委会第三十次会议通过)

第一章 总 则

第一条 为了保护个人信息权益,规范个人信息处理活动,促进个人信息合理利用,根据宪法,制定本法。

第二条 自然人的个人信息受法律保护,任何组织、个人不得侵害自然人的个人信息权益。

第三条 在中华人民共和国境内处理自然人个人信息的活动,适用本法。

在中华人民共和国境外处理中华人民共和国境内自然人个人信息的活动,有下列情形之一的,也适用本法:

(一)以向境内自然人提供产品或者服务为目的;

(二)分析、评估境内自然人的行为;

(三)法律、行政法规规定的其他情形。

第四条 个人信息是以电子或者其他方式记录的与已识别或者可识别的自然人有关的各种信息,不包括匿名化处理后的信息。

个人信息的处理包括个人信息的收集、存储、使用、加工、传输、提供、公开、删除等。

第五条 处理个人信息应当遵循合法、正当、必要和诚信原则,不得通过误导、欺诈、胁迫等方式处理个人信息。

第六条 处理个人信息应当具有明确、合理的目的,并应当与处理目的直接相关,采取对个人权益影响最小的方式。

收集个人信息，应当限于实现处理目的的最小范围，不得过度收集个人信息。

第七条 处理个人信息应当遵循公开、透明原则，公开个人信息处理规则，明示处理的目的、方式和范围。

第八条 处理个人信息应当保证个人信息的质量，避免因个人信息不准确、不完整对个人权益造成不利影响。

第九条 个人信息处理者应当对其个人信息处理活动负责，并采取必要措施保障所处理的个人信息的安全。

第十条 任何组织、个人不得非法收集、使用、加工、传输他人个人信息，不得非法买卖、提供或者公开他人个人信息；不得从事危害国家安全、公共利益的个人信息处理活动。

第十一条 国家建立健全个人信息保护制度，预防和惩治侵害个人信息权益的行为，加强个人信息保护宣传教育，推动形成政府、企业、相关社会组织、公众共同参与个人信息保护的良好环境。

第十二条 国家积极参与个人信息保护国际规则的制定，促进个人信息保护方面的国际交流与合作，推动与其他国家、地区、国际组织之间的个人信息保护规则、标准等互认。

第二章 个人信息处理规则

第一节 一般规定

第十三条 符合下列情形之一的，个人信息处理者方可处理个人信息：

（一）取得个人的同意；

（二）为订立、履行个人作为一方当事人的合同所必需，或者按照依法制定的劳动规章制度和依法签订的集体合同实施人力资源管理所必需；

（三）为履行法定职责或者法定义务所必需；

（四）为应对突发公共卫生事件，或者紧急情况下为保护自然人的生命健康和财产安全所必需；

（五）为公共利益实施新闻报道、舆论监督等行为，在合理的范围内处理个人信息；

（六）依照本法规定在合理的范围内处理个人自行公开或者其他已经合法公开的个人信息；

（七）法律、行政法规规定的其他情形。

依照本法其他有关规定，处理个人信息应当取得个人同意，但是有前款第二项至第七项规定情形的，不需取得个人同意。

第十四条　基于个人同意处理个人信息的，该同意应当由个人在充分知情的前提下自愿、明确作出。法律、行政法规规定处理个人信息应当取得个人单独同意或者书面同意的，从其规定。

个人信息的处理目的、处理方式和处理的个人信息种类发生变更的，应当重新取得个人同意。

第十五条　基于个人同意处理个人信息的，个人有权撤回其同意。个人信息处理者应当提供便捷的撤回同意的方式。

个人撤回同意，不影响撤回前基于个人同意已进行的个人信息处理活动的效力。

第十六条　个人信息处理者不得以个人不同意处理其个人信息或者撤回同意为由，拒绝提供产品或者服务；处理个人信息属于提供产品或者服务所必需的除外。

第十七条　个人信息处理者在处理个人信息前，应当以显著方式、清晰易懂的语言真实、准确、完整地向个人告知下列事项：

（一）个人信息处理者的名称或者姓名和联系方式；

（二）个人信息的处理目的、处理方式，处理的个人信息种类、保存期限；

（三）个人行使本法规定权利的方式和程序；

（四）法律、行政法规规定应当告知的其他事项。

前款规定事项发生变更的，应当将变更部分告知个人。

个人信息处理者通过制定个人信息处理规则的方式告知第一款规定事项的，处理规则应当公开，并且便于查阅和保存。

第十八条　个人信息处理者处理个人信息，有法律、行政法规规定应当保密或者不需要告知的情形的，可以不向个人告知前条第一款规定的事项。

紧急情况下为保护自然人的生命健康和财产安全无法及时向个人告知的，个人信息处理者应当在紧急情况消除后及时告知。

第十九条 除法律、行政法规另有规定外，个人信息的保存期限应当为实现处理目的所必要的最短时间。

第二十条 两个以上的个人信息处理者共同决定个人信息的处理目的和处理方式的，应当约定各自的权利和义务。但是，该约定不影响个人向其中任何一个个人信息处理者要求行使本法规定的权利。

个人信息处理者共同处理个人信息，侵害个人信息权益造成损害的，应当依法承担连带责任。

第二十一条 个人信息处理者委托处理个人信息的，应当与受托人约定委托处理的目的、期限、处理方式、个人信息的种类、保护措施以及双方的权利和义务等，并对受托人的个人信息处理活动进行监督。

受托人应当按照约定处理个人信息，不得超出约定的处理目的、处理方式等处理个人信息；委托合同不生效、无效、被撤销或者终止的，受托人应当将个人信息返还个人信息处理者或者予以删除，不得保留。

未经个人信息处理者同意，受托人不得转委托他人处理个人信息。

第二十二条 个人信息处理者因合并、分立、解散、被宣告破产等原因需要转移个人信息的，应当向个人告知接收方的名称或者姓名和联系方式。接收方应当继续履行个人信息处理者的义务。接收方变更原先的处理目的、处理方式的，应当依照本法规定重新取得个人同意。

第二十三条 个人信息处理者向其他个人信息处理者提供其处理的个人信息的，应当向个人告知接收方的名称或者姓名、联系方式、处理目的、处理方式和个人信息的种类，并取得个人的单独同意。接收方应当在上述处理目的、处理方式和个人信息的种类等范围内处理个人信息。接收方变更原先的处理目的、处理方式的，应当依照本法规定重新取得个人同意。

第二十四条 个人信息处理者利用个人信息进行自动化决策，应当保证决策的透明度和结果公平、公正，不得对个人在交易价格等交易条件上实行不合理的差别待遇。

通过自动化决策方式向个人进行信息推送、商业营销，应当同时提供不针对其个人特征的选项，或者向个人提供便捷的拒绝方式。

通过自动化决策方式作出对个人权益有重大影响的决定，个人有权要求个人信息处理者予以说明，并有权拒绝个人信息处理者仅通过自动化决策的方式作出决定。

第二十五条 个人信息处理者不得公开其处理的个人信息，取得个人单独同意的除外。

第二十六条 在公共场所安装图像采集、个人身份识别设备，应当为维护公共安全所必需，遵守国家有关规定，并设置显著的提示标识。所收集的个人图像、身份识别信息只能用于维护公共安全的目的，不得用于其他目的；取得个人单独同意的除外。

第二十七条 个人信息处理者可以在合理的范围内处理个人自行公开或者其他已经合法公开的个人信息；个人明确拒绝的除外。个人信息处理者处理已公开的个人信息，对个人权益有重大影响的，应当依照本法规定取得个人同意。

第二节 敏感个人信息的处理规则

第二十八条 敏感个人信息是一旦泄露或者非法使用，容易导致自然人的人格尊严受到侵害或者人身、财产安全受到危害的个人信息，包括生物识别、宗教信仰、特定身份、医疗健康、金融账户、行踪轨迹等信息，以及不满十四周岁未成年人的个人信息。

只有在具有特定的目的和充分的必要性，并采取严格保护措施的情形下，个人信息处理者方可处理敏感个人信息。

第二十九条 处理敏感个人信息应当取得个人的单独同意；法律、行政法规规定处理敏感个人信息应当取得书面同意的，从其规定。

第三十条 个人信息处理者处理敏感个人信息的，除本法第十七条第一款规定的事项外，还应当向个人告知处理敏感个人信息的必要性以及对个人权益的影响；依照本法规定可以不向个人告知的除外。

第三十一条 个人信息处理者处理不满十四周岁未成年人个人信息的，应当取得未成年人的父母或者其他监护人的同意。

个人信息处理者处理不满十四周岁未成年人个人信息的，应当制定专门的个人信息处理规则。

第三十二条　法律、行政法规对处理敏感个人信息规定应当取得相关行政许可或者作出其他限制的，从其规定。

第三节　国家机关处理个人信息的特别规定

第三十三条　国家机关处理个人信息的活动，适用本法；本节有特别规定的，适用本节规定。

第三十四条　国家机关为履行法定职责处理个人信息，应当依照法律、行政法规规定的权限、程序进行，不得超出履行法定职责所必需的范围和限度。

第三十五条　国家机关为履行法定职责处理个人信息，应当依照本法规定履行告知义务；有本法第十八条第一款规定的情形，或者告知将妨碍国家机关履行法定职责的除外。

第三十六条　国家机关处理的个人信息应当在中华人民共和国境内存储；确需向境外提供的，应当进行安全评估。安全评估可以要求有关部门提供支持与协助。

第三十七条　法律、法规授权的具有管理公共事务职能的组织为履行法定职责处理个人信息，适用本法关于国家机关处理个人信息的规定。

第三章　个人信息跨境提供的规则

第三十八条　个人信息处理者因业务等需要，确需向中华人民共和国境外提供个人信息的，应当具备下列条件之一：

（一）依照本法第四十条的规定通过国家网信部门组织的安全评估；

（二）按照国家网信部门的规定经专业机构进行个人信息保护认证；

（三）按照国家网信部门制定的标准合同与境外接收方订立合同，约定双方的权利和义务；

（四）法律、行政法规或者国家网信部门规定的其他条件。

中华人民共和国缔结或者参加的国际条约、协定对向中华人民共和国境外提供个人信息的条件等有规定的,可以按照其规定执行。

个人信息处理者应当采取必要措施,保障境外接收方处理个人信息的活动达到本法规定的个人信息保护标准。

第三十九条 个人信息处理者向中华人民共和国境外提供个人信息的,应当向个人告知境外接收方的名称或者姓名、联系方式、处理目的、处理方式、个人信息的种类以及个人向境外接收方行使本法规定权利的方式和程序等事项,并取得个人的单独同意。

第四十条 关键信息基础设施运营者和处理个人信息达到国家网信部门规定数量的个人信息处理者,应当将在中华人民共和国境内收集和产生的个人信息存储在境内。确需向境外提供的,应当通过国家网信部门组织的安全评估;法律、行政法规和国家网信部门规定可以不进行安全评估的,从其规定。

第四十一条 中华人民共和国主管机关根据有关法律和中华人民共和国缔结或者参加的国际条约、协定,或者按照平等互惠原则,处理外国司法或者执法机构关于提供存储于境内个人信息的请求。非经中华人民共和国主管机关批准,个人信息处理者不得向外国司法或者执法机构提供存储于中华人民共和国境内的个人信息。

第四十二条 境外的组织、个人从事侵害中华人民共和国公民的个人信息权益,或者危害中华人民共和国国家安全、公共利益的个人信息处理活动的,国家网信部门可以将其列入限制或者禁止个人信息提供清单,予以公告,并采取限制或者禁止向其提供个人信息等措施。

第四十三条 任何国家或者地区在个人信息保护方面对中华人民共和国采取歧视性的禁止、限制或者其他类似措施的,中华人民共和国可以根据实际情况对该国家或者地区对等采取措施。

第四章 个人在个人信息处理活动中的权利

第四十四条 个人对其个人信息的处理享有知情权、决定权,有权限制或者拒绝他人对其个人信息进行处理;法律、行政法规另有规定的除外。

第四十五条 个人有权向个人信息处理者查阅、复制其个人信息;有本法第十八条第一款、第三十五条规定情形的除外。

个人请求查阅、复制其个人信息的，个人信息处理者应当及时提供。

个人请求将个人信息转移至其指定的个人信息处理者，符合国家网信部门规定条件的，个人信息处理者应当提供转移的途径。

第四十六条 个人发现其个人信息不准确或者不完整的，有权请求个人信息处理者更正、补充。

个人请求更正、补充其个人信息的，个人信息处理者应当对其个人信息予以核实，并及时更正、补充。

第四十七条 有下列情形之一的，个人信息处理者应当主动删除个人信息；个人信息处理者未删除的，个人有权请求删除：

（一）处理目的已实现、无法实现或者为实现处理目的不再必要；

（二）个人信息处理者停止提供产品或者服务，或者保存期限已届满；

（三）个人撤回同意；

（四）个人信息处理者违反法律、行政法规或者违反约定处理个人信息；

（五）法律、行政法规规定的其他情形。

法律、行政法规规定的保存期限未届满，或者删除个人信息从技术上难以实现的，个人信息处理者应当停止除存储和采取必要的安全保护措施之外的处理。

第四十八条 个人有权要求个人信息处理者对其个人信息处理规则进行解释说明。

第四十九条 自然人死亡的，其近亲属为了自身的合法、正当利益，可以对死者的相关个人信息行使本章规定的查阅、复制、更正、删除等权利；死者生前另有安排的除外。

第五十条 个人信息处理者应当建立便捷的个人行使权利的申请受理和处理机制。拒绝个人行使权利的请求的，应当说明理由。

个人信息处理者拒绝个人行使权利的请求的，个人可以依法向人民法院提起诉讼。

第五章 个人信息处理者的义务

第五十一条 个人信息处理者应当根据个人信息的处理目的、处理方式、个人信息的种类以及对个人权益的影响、可能存在的安全风险等,采取下列措施确保个人信息处理活动符合法律、行政法规的规定,并防止未经授权的访问以及个人信息泄露、篡改、丢失:

(一)制定内部管理制度和操作规程;

(二)对个人信息实行分类管理;

(三)采取相应的加密、去标识化等安全技术措施;

(四)合理确定个人信息处理的操作权限,并定期对从业人员进行安全教育和培训;

(五)制定并组织实施个人信息安全事件应急预案;

(六)法律、行政法规规定的其他措施。

第五十二条 处理个人信息达到国家网信部门规定数量的个人信息处理者应当指定个人信息保护负责人,负责对个人信息处理活动以及采取的保护措施等进行监督。

个人信息处理者应当公开个人信息保护负责人的联系方式,并将个人信息保护负责人的姓名、联系方式等报送履行个人信息保护职责的部门。

第五十三条 本法第三条第二款规定的中华人民共和国境外的个人信息处理者,应当在中华人民共和国境内设立专门机构或者指定代表,负责处理个人信息保护相关事务,并将有关机构的名称或者代表的姓名、联系方式等报送履行个人信息保护职责的部门。

第五十四条 个人信息处理者应当定期对其处理个人信息遵守法律、行政法规的情况进行合规审计。

第五十五条 有下列情形之一的,个人信息处理者应当事前进行个人信息保护影响评估,并对处理情况进行记录:

(一)处理敏感个人信息;

(二)利用个人信息进行自动化决策;

(三)委托处理个人信息、向其他个人信息处理者提供个人信息、公开个人信息；

（四）向境外提供个人信息；

（五）其他对个人权益有重大影响的个人信息处理活动。

第五十六条 个人信息保护影响评估应当包括下列内容：

（一）个人信息的处理目的、处理方式等是否合法、正当、必要；

（二）对个人权益的影响及安全风险；

（三）所采取的保护措施是否合法、有效并与风险程度相适应。

个人信息保护影响评估报告和处理情况记录应当至少保存三年。

第五十七条 发生或者可能发生个人信息泄露、篡改、丢失的，个人信息处理者应当立即采取补救措施，并通知履行个人信息保护职责的部门和个人。通知应当包括下列事项：

（一）发生或者可能发生个人信息泄露、篡改、丢失的信息种类、原因和可能造成的危害；

（二）个人信息处理者采取的补救措施和个人可以采取的减轻危害的措施；

（三）个人信息处理者的联系方式。

个人信息处理者采取措施能够有效避免信息泄露、篡改、丢失造成危害的，个人信息处理者可以不通知个人；履行个人信息保护职责的部门认为可能造成危害的，有权要求个人信息处理者通知个人。

第五十八条 提供重要互联网平台服务、用户数量巨大、业务类型复杂的个人信息处理者，应当履行下列义务：

（一）按照国家规定建立健全个人信息保护合规制度体系，成立主要由外部成员组成的独立机构对个人信息保护情况进行监督；

（二）遵循公开、公平、公正的原则，制定平台规则，明确平台内产品或者服务提供者处理个人信息的规范和保护个人信息的义务；

（三）对严重违反法律、行政法规处理个人信息的平台内的产品或者服务提供者，停止提供服务；

（四）定期发布个人信息保护社会责任报告，接受社会监督。

第五十九条 接受委托处理个人信息的受托人，应当依照本法和有关法律、行政法规的规定，采取必要措施保障所处理的个人信息的安全，并协助个人信息处理者履行本法规定的义务。

第六章　履行个人信息保护职责的部门

第六十条　国家网信部门负责统筹协调个人信息保护工作和相关监督管理工作。国务院有关部门依照本法和有关法律、行政法规的规定，在各自职责范围内负责个人信息保护和监督管理工作。

县级以上地方人民政府有关部门的个人信息保护和监督管理职责，按照国家有关规定确定。

前两款规定的部门统称为履行个人信息保护职责的部门。

第六十一条　履行个人信息保护职责的部门履行下列个人信息保护职责：

（一）开展个人信息保护宣传教育，指导、监督个人信息处理者开展个人信息保护工作；

（二）接受、处理与个人信息保护有关的投诉、举报；

（三）组织对应用程序等个人信息保护情况进行测评，并公布测评结果；

（四）调查、处理违法个人信息处理活动；

（五）法律、行政法规规定的其他职责。

第六十二条　国家网信部门统筹协调有关部门依据本法推进下列个人信息保护工作：

（一）制定个人信息保护具体规则、标准；

（二）针对小型个人信息处理者、处理敏感个人信息以及人脸识别、人工智能等新技术、新应用，制定专门的个人信息保护规则、标准；

（三）支持研究开发和推广应用安全、方便的电子身份认证技术，推进网络身份认证公共服务建设；

（四）推进个人信息保护社会化服务体系建设，支持有关机构开展个人信息保护评估、认证服务；

（五）完善个人信息保护投诉、举报工作机制。

第六十三条　履行个人信息保护职责的部门履行个人信息保护职责，可以采取下列措施：

（一）询问有关当事人，调查与个人信息处理活动有关的情况；

（二）查阅、复制当事人与个人信息处理活动有关的合同、记录、账簿以及其他有关资料；

（三）实施现场检查，对涉嫌违法的个人信息处理活动进行调查；

（四）检查与个人信息处理活动有关的设备、物品；对有证据证明是用于违法个人信息处理活动的设备、物品，向本部门主要负责人书面报告并经批准，可以查封或者扣押。

履行个人信息保护职责的部门依法履行职责，当事人应当予以协助、配合，不得拒绝、阻挠。

第六十四条 履行个人信息保护职责的部门在履行职责中，发现个人信息处理活动存在较大风险或者发生个人信息安全事件的，可以按照规定的权限和程序对该个人信息处理者的法定代表人或者主要负责人进行约谈，或者要求个人信息处理者委托专业机构对其个人信息处理活动进行合规审计。个人信息处理者应当按照要求采取措施，进行整改，消除隐患。

履行个人信息保护职责的部门在履行职责中，发现违法处理个人信息涉嫌犯罪的，应当及时移送公安机关依法处理。

第六十五条 任何组织、个人有权对违法个人信息处理活动向履行个人信息保护职责的部门进行投诉、举报。收到投诉、举报的部门应当依法及时处理，并将处理结果告知投诉、举报人。

履行个人信息保护职责的部门应当公布接受投诉、举报的联系方式。

第七章 法律责任

第六十六条 违反本法规定处理个人信息，或者处理个人信息未履行本法规定的个人信息保护义务的，由履行个人信息保护职责的部门责令改正，给予警告，没收违法所得，对违法处理个人信息的应用程序，责令暂停或者终止提供服务；拒不改正的，并处一百万元以下罚款；对直接负责的主管人员和其他直接责任人员处一万元以上十万元以下罚款。

有前款规定的违法行为，情节严重的，由省级以上履行个人信息保护职责的部门责令改正，没收违法所得，并处五千万元以下或者上一年度营业额百分之五以下罚款，并可以责令暂停相关业务或者停业整顿、通报有关主管部门吊销相关业务许可或者吊销营业执照；对直接负责的主管人员和其他直接责任人员处十万元以上一百万元以下罚款，并可以决定禁止其在一定期限内担任相关企业的董事、监事、高级管理人员和个人信息保护负责人。

第六十七条 有本法规定的违法行为的，依照有关法律、行政法规的规定记入信用档案，并予以公示。

第六十八条 国家机关不履行本法规定的个人信息保护义务的，由其上级机关或者履行个人信息保护职责的部门责令改正；对直接负责的主管人员和其他直接责任人员依法给予处分。

履行个人信息保护职责的部门的工作人员玩忽职守、滥用职权、徇私舞弊，尚不构成犯罪的，依法给予处分。

第六十九条 处理个人信息侵害个人信息权益造成损害，个人信息处理者不能证明自己没有过错的，应当承担损害赔偿等侵权责任。

前款规定的损害赔偿责任按照个人因此受到的损失或者个人信息处理者因此获得的利益确定；个人因此受到的损失和个人信息处理者因此获得的利益难以确定的，根据实际情况确定赔偿数额。

第七十条 个人信息处理者违反本法规定处理个人信息，侵害众多个人的权益的，人民检察院、法律规定的消费者组织和由国家网信部门确定的组织可以依法向人民法院提起诉讼。

第七十一条 违反本法规定，构成违反治安管理行为的，依法给予治安管理处罚；构成犯罪的，依法追究刑事责任。

第八章 附　则

第七十二条 自然人因个人或者家庭事务处理个人信息的，不适用本法。

法律对各级人民政府及其有关部门组织实施的统计、档案管理活动中的个人信息处理有规定的，适用其规定。

第七十三条 本法下列用语的含义：

（一）个人信息处理者，是指在个人信息处理活动中自主决定处理目的、处理方式的组织、个人。

（二）自动化决策，是指通过计算机程序自动分析、评估个人的行为习惯、兴趣爱好或者经济、健康、信用状况等，并进行决策的活动。

（三）去标识化，是指个人信息经过处理，使其在不借助额外信息的情况下无法识别特定自然人的过程。

（四）匿名化，是指个人信息经过处理无法识别特定自然人且不能复原的过程。

第七十四条 本法自 2021 年 11 月 1 日起施行。

中华人民共和国电子签名法

（2004年8月28日第十届全国人民代表大会常务委员会第十一次会议通过　根据2015年4月24日第十二届全国人民代表大会常务委员会第十四次会议《关于修改〈中华人民共和国电力法〉等六部法律的决定》第一次修正　根据2019年4月23日第十三届全国人民代表大会常务委员会第十次会议《关于修改〈中华人民共和国建筑法〉等八部法律的决定》第二次修正）

第一章　总　则

第一条　为了规范电子签名行为，确立电子签名的法律效力，维护有关各方的合法权益，制定本法。

第二条　本法所称电子签名，是指数据电文中以电子形式所含、所附用于识别签名人身份并表明签名人认可其中内容的数据。

本法所称数据电文，是指以电子、光学、磁或者类似手段生成、发送、接收或者储存的信息。

第三条　民事活动中的合同或者其他文件、单证等文书，当事人可以约定使用或者不使用电子签名、数据电文。

当事人约定使用电子签名、数据电文的文书，不得仅因为其采用电子签名、数据电文的形式而否定其法律效力。

前款规定不适用下列文书：

（一）涉及婚姻、收养、继承等人身关系的；

（二）涉及停止供水、供热、供气等公用事业服务的；

（三）法律、行政法规规定的不适用电子文书的其他情形。

第二章 数据电文

第四条 能够有形地表现所载内容，并可以随时调取查用的数据电文，视为符合法律、法规要求的书面形式。

第五条 符合下列条件的数据电文，视为满足法律、法规规定的原件形式要求：

（一）能够有效地表现所载内容并可供随时调取查用；

（二）能够可靠地保证自最终形成时起，内容保持完整、未被更改。但是，在数据电文上增加背书以及数据交换、储存和显示过程中发生的形式变化不影响数据电文的完整性。

第六条 符合下列条件的数据电文，视为满足法律、法规规定的文件保存要求：

（一）能够有效地表现所载内容并可供随时调取查用；

（二）数据电文的格式与其生成、发送或者接收时的格式相同，或者格式不相同但是能够准确表现原来生成、发送或者接收的内容；

（三）能够识别数据电文的发件人、收件人以及发送、接收的时间。

第七条 数据电文不得仅因为其是以电子、光学、磁或者类似手段生成、发送、接收或者储存的而被拒绝作为证据使用。

第八条 审查数据电文作为证据的真实性，应当考虑以下因素：

（一）生成、储存或者传递数据电文方法的可靠性；

（二）保持内容完整性方法的可靠性；

（三）用以鉴别发件人方法的可靠性；

（四）其他相关因素。

第九条 数据电文有下列情形之一的，视为发件人发送：

（一）经发件人授权发送的；

（二）发件人的信息系统自动发送的；

（三）收件人按照发件人认可的方法对数据电文进行验证后结果相符的。

当事人对前款规定的事项另有约定的，从其约定。

第十条 法律、行政法规规定或者当事人约定数据电文需要确认收讫的，应当确认收讫。发件人收到收件人的收讫确认时，数据电文视为已经收到。

第十一条 数据电文进入发件人控制之外的某个信息系统的时间，视为该数据电文的发送时间。

收件人指定特定系统接收数据电文的，数据电文进入该特定系统的时间，视为该数据电文的接收时间；未指定特定系统的，数据电文进入收件人的任何系统的首次时间，视为该数据电文的接收时间。

当事人对数据电文的发送时间、接收时间另有约定的，从其约定。

第十二条 发件人的主营业地为数据电文的发送地点，收件人的主营业地为数据电文的接收地点。没有主营业地的，其经常居住地为发送或者接收地点。

当事人对数据电文的发送地点、接收地点另有约定的，从其约定。

第三章 电子签名与认证

第十三条 电子签名同时符合下列条件的，视为可靠的电子签名：

（一）电子签名制作数据用于电子签名时，属于电子签名人专有；

（二）签署时电子签名制作数据仅由电子签名人控制；

（三）签署后对电子签名的任何改动能够被发现；

（四）签署后对数据电文内容和形式的任何改动能够被发现。

当事人也可以选择使用符合其约定的可靠条件的电子签名。

第十四条 可靠的电子签名与手写签名或者盖章具有同等的法律效力。

第十五条 电子签名人应当妥善保管电子签名制作数据。电子签名人知悉电子签名制作数据已经失密或者可能已经失密时，应当及时告知有关各方，并终止使用该电子签名制作数据。

第十六条 电子签名需要第三方认证的，由依法设立的电子认证服务提供者提供认证服务。

第十七条 提供电子认证服务，应当具备下列条件：

（一）取得企业法人资格；

（二）具有与提供电子认证服务相适应的专业技术人员和管理人员；

（三）具有与提供电子认证服务相适应的资金和经营场所；

（四）具有符合国家安全标准的技术和设备；

（五）具有国家密码管理机构同意使用密码的证明文件；

（六）法律、行政法规规定的其他条件。

第十八条 从事电子认证服务，应当向国务院信息产业主管部门提出申请，并提交符合本法第十七条规定条件的相关材料。国务院信息产业主管部门接到申请后经依法审查，征求国务院商务主管部门等有关部门的意见后，自接到申请之日起四十五日内作出许可或者不予许可的决定。予以许可的，颁发电子认证许可证书；不予许可的，应当书面通知申请人并告知理由。

取得认证资格的电子认证服务提供者，应当按照国务院信息产业主管部门的规定在互联网上公布其名称、许可证号等信息。

第十九条 电子认证服务提供者应当制定、公布符合国家有关规定的电子认证业务规则，并向国务院信息产业主管部门备案。

电子认证业务规则应当包括责任范围、作业操作规范、信息安全保障措施等事项。

第二十条 电子签名人向电子认证服务提供者申请电子签名认证证书，应当提供真实、完整和准确的信息。

电子认证服务提供者收到电子签名认证证书申请后，应当对申请人的身份进行查验，并对有关材料进行审查。

第二十一条 电子认证服务提供者签发的电子签名认证证书应当准确无误，并应当载明下列内容：

（一）电子认证服务提供者名称；

（二）证书持有人名称；

（三）证书序列号；

（四）证书有效期；

（五）证书持有人的电子签名验证数据；

（六）电子认证服务提供者的电子签名；

（七）国务院信息产业主管部门规定的其他内容。

第二十二条 电子认证服务提供者应当保证电子签名认证证书内容在有

效期内完整、准确,并保证电子签名依赖方能够证实或者了解电子签名认证证书所载内容及其他有关事项。

第二十三条 电子认证服务提供者拟暂停或者终止电子认证服务的,应当在暂停或者终止服务九十日前,就业务承接及其他有关事项通知有关各方。

电子认证服务提供者拟暂停或者终止电子认证服务的,应当在暂停或者终止服务六十日前向国务院信息产业主管部门报告,并与其他电子认证服务提供者就业务承接进行协商,作出妥善安排。

电子认证服务提供者未能就业务承接事项与其他电子认证服务提供者达成协议的,应当申请国务院信息产业主管部门安排其他电子认证服务提供者承接其业务。

电子认证服务提供者被依法吊销电子认证许可证书的,其业务承接事项的处理按照国务院信息产业主管部门的规定执行。

第二十四条 电子认证服务提供者应当妥善保存与认证相关的信息,信息保存期限至少为电子签名认证证书失效后五年。

第二十五条 国务院信息产业主管部门依照本法制定电子认证服务业的具体管理办法,对电子认证服务提供者依法实施监督管理。

第二十六条 经国务院信息产业主管部门根据有关协议或者对等原则核准后,中华人民共和国境外的电子认证服务提供者在境外签发的电子签名认证证书与依照本法设立的电子认证服务提供者签发的电子签名认证证书具有同等的法律效力。

第四章 法律责任

第二十七条 电子签名人知悉电子签名制作数据已经失密或者可能已经失密未及时告知有关各方、并终止使用电子签名制作数据,未向电子认证服务提供者提供真实、完整和准确的信息,或者有其他过错,给电子签名依赖方、电子认证服务提供者造成损失的,承担赔偿责任。

第二十八条 电子签名人或者电子签名依赖方因依据电子认证服务提供者提供的电子签名认证服务从事民事活动遭受损失,电子认证服务提供者不能证明自己无过错的,承担赔偿责任。

第二十九条　未经许可提供电子认证服务的，由国务院信息产业主管部门责令停止违法行为；有违法所得的，没收违法所得；违法所得三十万元以上的，处违法所得一倍以上三倍以下的罚款；没有违法所得或者违法所得不足三十万元的，处十万元以上三十万元以下的罚款。

第三十条　电子认证服务提供者暂停或者终止电子认证服务，未在暂停或者终止服务六十日前向国务院信息产业主管部门报告的，由国务院信息产业主管部门对其直接负责的主管人员处一万元以上五万元以下的罚款。

第三十一条　电子认证服务提供者不遵守认证业务规则、未妥善保存与认证相关的信息，或者有其他违法行为的，由国务院信息产业主管部门责令限期改正；逾期未改正的，吊销电子认证许可证书，其直接负责的主管人员和其他直接责任人员十年内不得从事电子认证服务。吊销电子认证许可证书的，应当予以公告并通知工商行政管理部门。

第三十二条　伪造、冒用、盗用他人的电子签名，构成犯罪的，依法追究刑事责任；给他人造成损失的，依法承担民事责任。

第三十三条　依照本法负责电子认证服务业监督管理工作的部门的工作人员，不依法履行行政许可、监督管理职责的，依法给予行政处分；构成犯罪的，依法追究刑事责任。

第五章　附　则

第三十四条　本法中下列用语的含义：

（一）电子签名人，是指持有电子签名制作数据并以本人身份或者以其所代表的人的名义实施电子签名的人；

（二）电子签名依赖方，是指基于对电子签名认证证书或者电子签名的信赖从事有关活动的人；

（三）电子签名认证证书，是指可证实电子签名人与电子签名制作数据有联系的数据电文或者其他电子记录；

（四）电子签名制作数据，是指在电子签名过程中使用的，将电子签名与电子签名人可靠地联系起来的字符、编码等数据；

（五）电子签名验证数据，是指用于验证电子签名的数据，包括代码、口令、算法或者公钥等。

第三十五条 国务院或者国务院规定的部门可以依据本法制定政务活动和其他社会活动中使用电子签名、数据电文的具体办法。

第三十六条 本法自2005年4月1日起施行。

中华人民共和国密码法

（2019年10月26日第十三届全国人民代表大会常务委员会第十四次会议通过）

第一章 总则

第一条 为了规范密码应用和管理，促进密码事业发展，保障网络与信息安全，维护国家安全和社会公共利益，保护公民、法人和其他组织的合法权益，制定本法。

第二条 本法所称密码，是指采用特定变换的方法对信息等进行加密保护、安全认证的技术、产品和服务。

第三条 密码工作坚持总体国家安全观，遵循统一领导、分级负责，创新发展、服务大局，依法管理、保障安全的原则。

第四条 坚持中国共产党对密码工作的领导。中央密码工作领导机构对全国密码工作实行统一领导，制定国家密码工作重大方针政策，统筹协调国家密码重大事项和重要工作，推进国家密码法治建设。

第五条 国家密码管理部门负责管理全国的密码工作。县级以上地方各级密码管理部门负责管理本行政区域的密码工作。

国家机关和涉及密码工作的单位在其职责范围内负责本机关、本单位或者本系统的密码工作。

第六条 国家对密码实行分类管理。

密码分为核心密码、普通密码和商用密码。

第七条 核心密码、普通密码用于保护国家秘密信息，核心密码保护信息的最高密级为绝密级，普通密码保护信息的最高密级为机密级。

核心密码、普通密码属于国家秘密。密码管理部门依照本法和有关法律、行政法规、国家有关规定对核心密码、普通密码实行严格统一管理。

第八条 商用密码用于保护不属于国家秘密的信息。

公民、法人和其他组织可以依法使用商用密码保护网络与信息安全。

第九条 国家鼓励和支持密码科学技术研究和应用,依法保护密码领域的知识产权,促进密码科学技术进步和创新。

国家加强密码人才培养和队伍建设,对在密码工作中作出突出贡献的组织和个人,按照国家有关规定给予表彰和奖励。

第十条 国家采取多种形式加强密码安全教育,将密码安全教育纳入国民教育体系和公务员教育培训体系,增强公民、法人和其他组织的密码安全意识。

第十一条 县级以上人民政府应当将密码工作纳入本级国民经济和社会发展规划,所需经费列入本级财政预算。

第十二条 任何组织或者个人不得窃取他人加密保护的信息或者非法侵入他人的密码保障系统。

任何组织或者个人不得利用密码从事危害国家安全、社会公共利益、他人合法权益等违法犯罪活动。

第二章 核心密码、普通密码

第十三条 国家加强核心密码、普通密码的科学规划、管理和使用,加强制度建设,完善管理措施,增强密码安全保障能力。

第十四条 在有线、无线通信中传递的国家秘密信息,以及存储、处理国家秘密信息的信息系统,应当依照法律、行政法规和国家有关规定使用核心密码、普通密码进行加密保护、安全认证。

第十五条 从事核心密码、普通密码科研、生产、服务、检测、装备、使用和销毁等工作的机构(以下统称密码工作机构)应当按照法律、行政法规、国家有关规定以及核心密码、普通密码标准的要求,建立健全安全管理制度,采取严格的保密措施和保密责任制,确保核心密码、普通密码的安全。

第十六条 密码管理部门依法对密码工作机构的核心密码、普通密码工作进行指导、监督和检查，密码工作机构应当配合。

第十七条 密码管理部门根据工作需要会同有关部门建立核心密码、普通密码的安全监测预警、安全风险评估、信息通报、重大事项会商和应急处置等协作机制，确保核心密码、普通密码安全管理的协同联动和有序高效。

密码工作机构发现核心密码、普通密码泄密或者影响核心密码、普通密码安全的重大问题、风险隐患的，应当立即采取应对措施，并及时向保密行政管理部门、密码管理部门报告，由保密行政管理部门、密码管理部门会同有关部门组织开展调查、处置，并指导有关密码工作机构及时消除安全隐患。

第十八条 国家加强密码工作机构建设，保障其履行工作职责。

国家建立适应核心密码、普通密码工作需要的人员录用、选调、保密、考核、培训、待遇、奖惩、交流、退出等管理制度。

第十九条 密码管理部门因工作需要，按照国家有关规定，可以提请公安、交通运输、海关等部门对核心密码、普通密码有关物品和人员提供免检等便利，有关部门应当予以协助。

第二十条 密码管理部门和密码工作机构应当建立健全严格的监督和安全审查制度，对其工作人员遵守法律和纪律等情况进行监督，并依法采取必要措施，定期或者不定期组织开展安全审查。

第三章　商用密码

第二十一条 国家鼓励商用密码技术的研究开发、学术交流、成果转化和推广应用，健全统一、开放、竞争、有序的商用密码市场体系，鼓励和促进商用密码产业发展。

各级人民政府及其有关部门应当遵循非歧视原则，依法平等对待包括外商投资企业在内的商用密码科研、生产、销售、服务、进出口等单位（以下统称商用密码从业单位）。国家鼓励在外商投资过程中基于自愿原则和商业规则开展商用密码技术合作。行政机关及其工作人员不得利用行政手段强制转让商用密码技术。

商用密码的科研、生产、销售、服务和进出口，不得损害国家安全、社会公共利益或者他人合法权益。

第二十二条 国家建立和完善商用密码标准体系。

国务院标准化行政主管部门和国家密码管理部门依据各自职责,组织制定商用密码国家标准、行业标准。

国家支持社会团体、企业利用自主创新技术制定高于国家标准、行业标准相关技术要求的商用密码团体标准、企业标准。

第二十三条 国家推动参与商用密码国际标准化活动,参与制定商用密码国际标准,推进商用密码中国标准与国外标准之间的转化运用。

国家鼓励企业、社会团体和教育、科研机构等参与商用密码国际标准化活动。

第二十四条 商用密码从业单位开展商用密码活动,应当符合有关法律、行政法规、商用密码强制性国家标准以及该从业单位公开标准的技术要求。

国家鼓励商用密码从业单位采用商用密码推荐性国家标准、行业标准,提升商用密码的防护能力,维护用户的合法权益。

第二十五条 国家推进商用密码检测认证体系建设,制定商用密码检测认证技术规范、规则,鼓励商用密码从业单位自愿接受商用密码检测认证,提升市场竞争力。

商用密码检测、认证机构应当依法取得相关资质,并依照法律、行政法规的规定和商用密码检测认证技术规范、规则开展商用密码检测认证。

商用密码检测、认证机构应当对其在商用密码检测认证中所知悉的国家秘密和商业秘密承担保密义务。

第二十六条 涉及国家安全、国计民生、社会公共利益的商用密码产品,应当依法列入网络关键设备和网络安全专用产品目录,由具备资格的机构检测认证合格后,方可销售或者提供。商用密码产品检测认证适用《中华人民共和国网络安全法》的有关规定,避免重复检测认证。

商用密码服务使用网络关键设备和网络安全专用产品的,应当经商用密码认证机构对该商用密码服务认证合格。

第二十七条 法律、行政法规和国家有关规定要求使用商用密码进行保护的关键信息基础设施,其运营者应当使用商用密码进行保护,自行或者委托商用密码检测机构开展商用密码应用安全性评估。商用密码应用安全性评估应当与关键信息基础设施安全检测评估、网络安全等级测评制度相衔接，避免重复评估、测评。

关键信息基础设施的运营者采购涉及商用密码的网络产品和服务，可能影响国家安全的，应当按照《中华人民共和国网络安全法》的规定，通过国家网信部门会同国家密码管理部门等有关部门组织的国家安全审查。

第二十八条 国务院商务主管部门、国家密码管理部门依法对涉及国家安全、社会公共利益且具有加密保护功能的商用密码实施进口许可，对涉及国家安全、社会公共利益或者中国承担国际义务的商用密码实施出口管制。商用密码进口许可清单和出口管制清单由国务院商务主管部门会同国家密码管理部门和海关总署制定并公布。

大众消费类产品所采用的商用密码不实行进口许可和出口管制制度。

第二十九条 国家密码管理部门对采用商用密码技术从事电子政务电子认证服务的机构进行认定，会同有关部门负责政务活动中使用电子签名、数据电文的管理。

第三十条 商用密码领域的行业协会等组织依照法律、行政法规及其章程的规定，为商用密码从业单位提供信息、技术、培训等服务，引导和督促商用密码从业单位依法开展商用密码活动，加强行业自律，推动行业诚信建设，促进行业健康发展。

第三十一条 密码管理部门和有关部门建立日常监管和随机抽查相结合的商用密码事中事后监管制度，建立统一的商用密码监督管理信息平台，推进事中事后监管与社会信用体系相衔接，强化商用密码从业单位自律和社会监督。

密码管理部门和有关部门及其工作人员不得要求商用密码从业单位和商用密码检测、认证机构向其披露源代码等密码相关专有信息，并对其在履行职责中知悉的商业秘密和个人隐私严格保密，不得泄露或者非法向他人提供。

第四章 法律责任

第三十二条 违反本法第十二条规定，窃取他人加密保护的信息，非法侵入他人的密码保障系统，或者利用密码从事危害国家安全、社会公共利益、他人合法权益等违法活动的,由有关部门依照《中华人民共和国网络安全法》和其他有关法律、行政法规的规定追究法律责任。

第三十三条 违反本法第十四条规定,未按照要求使用核心密码、普通密码的,由密码管理部门责令改正或者停止违法行为,给予警告;情节严重的,由密码管理部门建议有关国家机关、单位对直接负责的主管人员和其他直接责任人员依法给予处分或者处理。

第三十四条 违反本法规定,发生核心密码、普通密码泄密案件的,由保密行政管理部门、密码管理部门建议有关国家机关、单位对直接负责的主管人员和其他直接责任人员依法给予处分或者处理。

违反本法第十七条第二款规定,发现核心密码、普通密码泄密或者影响核心密码、普通密码安全的重大问题、风险隐患,未立即采取应对措施,或者未及时报告的,由保密行政管理部门、密码管理部门建议有关国家机关、单位对直接负责的主管人员和其他直接责任人员依法给予处分或者处理。

第三十五条 商用密码检测、认证机构违反本法第二十五条第二款、第三款规定开展商用密码检测认证的,由市场监督管理部门会同密码管理部门责令改正或者停止违法行为,给予警告,没收违法所得;违法所得三十万元以上的,可以并处违法所得一倍以上三倍以下罚款;没有违法所得或者违法所得不足三十万元的,可以并处十万元以上三十万元以下罚款;情节严重的,依法吊销相关资质。

第三十六条 违反本法第二十六条规定,销售或者提供未经检测认证或者检测认证不合格的商用密码产品,或者提供未经认证或者认证不合格的商用密码服务的,由市场监督管理部门会同密码管理部门责令改正或者停止违法行为,给予警告,没收违法产品和违法所得;违法所得十万元以上的,可以并处违法所得一倍以上三倍以下罚款;没有违法所得或者违法所得不足十万元的,可以并处三万元以上十万元以下罚款。

第三十七条 关键信息基础设施的运营者违反本法第二十七条第一款规定,未按照要求使用商用密码,或者未按照要求开展商用密码应用安全性评估的,由密码管理部门责令改正,给予警告;拒不改正或者导致危害网络安全等后果的,处十万元以上一百万元以下罚款,对直接负责的主管人员处一万元以上十万元以下罚款。

关键信息基础设施的运营者违反本法第二十七条第二款规定，使用未经安全审查或者安全审查未通过的产品或者服务的，由有关主管部门责令停止使用，处采购金额一倍以上十倍以下罚款；对直接负责的主管人员和其他直接责任人员处一万元以上十万元以下罚款。

第三十八条　违反本法第二十八条实施进口许可、出口管制的规定，进出口商用密码的，由国务院商务主管部门或者海关依法予以处罚。

第三十九条　违反本法第二十九条规定，未经认定从事电子政务电子认证服务的，由密码管理部门责令改正或者停止违法行为，给予警告，没收违法产品和违法所得；违法所得三十万元以上的，可以并处违法所得一倍以上三倍以下罚款；没有违法所得或者违法所得不足三十万元的，可以并处十万元以上三十万元以下罚款。

第四十条　密码管理部门和有关部门、单位的工作人员在密码工作中滥用职权、玩忽职守、徇私舞弊，或者泄露、非法向他人提供在履行职责中知悉的商业秘密和个人隐私的，依法给予处分。

第四十一条　违反本法规定，构成犯罪的，依法追究刑事责任；给他人造成损害的，依法承担民事责任。

第五章　附　则

第四十二条　国家密码管理部门依照法律、行政法规的规定，制定密码管理规章。

第四十三条　中国人民解放军和中国人民武装警察部队的密码工作管理办法，由中央军事委员会根据本法制定。

第四十四条　本法自 2020 年 1 月 1 日起施行。

民政部关于居民家庭经济状况核对
信息系统建设的指导意见

民发〔2014〕83号

各省、自治区、直辖市民政厅（局），各计划单列市民政局，新疆生产建设兵团民政局：

为加快推动居民家庭经济状况核对信息系统（以下简称核对信息系统）建设，促进信息共享和业务协同，提高核对工作的效率和质量，全面提升社会救助管理和服务水平，现提出如下意见。

一、充分认识加快推动核对信息系统建设的重要意义

加快推动核对信息系统建设是适应我国经济社会快速发展，提升社会救助管理服务水平的重大举措。伴随我国城镇化步伐加快，就业渠道、收入来源不断拓宽，家庭财产构成日趋复杂，对准确认定社会救助对象提出了更高要求。建立跨部门、多层次的核对信息平台，横向与涉及个人经济状况信息的部门实现数据共享，纵向形成各级核对机构的业务联动，实现救助申请家庭经济状况信息核对的业务协同，已成为社会救助事业发展的必然要求。

《社会救助暂行办法》明确规定"县级以上人民政府民政部门应当建立申请和已获得社会救助家庭经济状况信息核对平台，为审核认定社会救助对象提供依据"。通过核对信息系统开展居民家庭经济状况信息核对，是全面建立居民家庭经济状况核对机制的重要内容，是落实《社会救助暂行办法》要求、提高对象认定准确性、促进公平公正的重要手段，是创新社会救助管理方式的重要举措。各地要把开展核对信息系统建设作为织密筑牢民生安全网的一项重要基础性工作来抓，增强责任感和使命感，认真履行职责，进一步加大工作力度，加快建设步伐。

二、总体要求

（一）指导思想。

认真贯彻党的十八届三中全会精神，以邓小平理论、"三个代表"重要思想、科学发展观为指导，依据《社会救助暂行办法》（国务院令第649号）、《国务院关于进一步加强和改进最低生活保障工作的意见》（国发〔2012〕45号）、《"十二五"国家政务信息化工程建设规划》（发改高技〔2012〕1202号）和《民政信息化中长期规划纲要（2009—2020）》（民发〔2009〕121号），大力推进核对信息系统的研究开发和推广应用。立足于社会救助事业的实际，着眼于社会政策的需要，建设科学实用、安全高效并实现互联互通的核对信息系统，不断提高核对的质量和效率，更好地服务于社会救助等相关部门。

（二）基本原则。

1. 统筹规划，整体推进。加强核对信息系统建设的顶层设计，制定合理的系统总体规划、网络结构、业务规程以及安全保密措施。要根据核对工作需要和社会政策发展要求，不断完善应用系统功能和信息化基础设施。

2. 分级管理，分步建设。各地核对机构负责本级核对信息系统的总体设计、组织实施、运维管理和应用推广。要按照"数据向上集中，服务向下延伸"的思路，并根据本地实际确定建设模式，将应用服务延伸到县（区），有需要的可至乡镇（街道）。要充分考虑未来业务发展对信息系统的需求，分阶段完成建设任务。

3. 统一标准，信息共享。各地要按照民政部制定的《居民家庭经济状况核对标准》（以下简称《标准》）执行统一的业务标准、数据标准、管理标准、技术标准，保证各类数据的有效汇总和利用，确保信息系统之间的数据共享、业务协同和信息安全。建立与相关部门的数据交换和业务协同机制，推动核对信息系统与其他业务信息系统有效衔接。

4. 科学合理，经济实用。核对信息系统建设既要有整体性和前瞻性，又要注重实用性和可扩展性。加强信息安全体系建设和管理，确保信息系统安全稳定运行，保护个人隐私。要从节约成本、切合实际、有效服务出发，进行方案设计、产品选型和采购安装，避免因电子产品更新换代加快造成的投资浪费。

（三）建设目标。

在2—3年内，基本建立起覆盖全国所有省份，充分利用相关部门信息资源，上下贯通协同的全国核对信息系统，实现对居民家庭经济状况信息核对以及对相关数据的动态监测和汇总分析，为社会救助以及相关社会政策提供科学决策咨询。

——到2014年底，民政部和试点省份实现联网，保障核对机构与相关部门的信息共享和业务协同，以及各级核对机构之间的数据交换和上下联动，实现核对请求处理和核对结果生成。

——到2015年底，基本形成完善的核对业务标准体系以及与核对业务相适应的信息安全保障体系。

——到2016年底，基本完成省级核对信息系统建设，初步建成全国数据中心，显著提升全国核对信息系统的支撑能力，为大数据的开发利用创造条件。

三、重点任务

（一）明确核对业务内容和流程。各地要根据本地实际，参照相关规定，与相关部门就核对数据内容、核对地区范围、计算公式、核对工作时限、核对报告内容和形式、争议情况处理等方面共同研究制定核对工作实施细则。在此基础上，依据实施细则规范和优化相应的业务流程，与业务合作部门共同建立分工合理、权责分明、安全稳妥的业务协同机制，与上下级民政部门研究制定配合密切、响应及时的业务联动机制，明确业务流程之间的衔接要求。

最低生活保障是社会救助体系的核心，各地要切实推进核对信息系统与最低生活保障信息系统的有效衔接，保证两项业务程序合规、流程顺畅。

（二）充分利用基础平台进行系统建设。为帮助地方更好地开发应用软件、减少不必要投入、规范系统建设和创建标准落实载体，民政部正研发能够普遍适用的核对信息系统基础平台。该平台是构建各地核对信息系统的模块化生成工具，能够实现核对项目管理、机构管理、材料审核、信息核对、核对报告生成等基本业务功能，内置符合《标准》的数据项，预设常用的"委托书""授权书""经济状况申报表""核对报告"等表单和模板，具备较为完备的信息安全保障机制，便于统一维护和同步升级。

各地可在基础平台之上进行本地核对信息系统建设，通过基础平台提供的模式选择、参数配置、指标扩充等功能，实现大部分通用业务需求，对于其他特殊需求，通过基础平台专用工具进行开发。目前已完成或正在进行系统建设的地方，要根据《标准》进行改造或调整，并在系统后续升级过程中，充分利用基础平台。无论是否采用基础平台开发系统，都要实现形成对外统一受理、内部分工协作、定向反馈结果的运行模式。

（三）构建统一的信息共享平台。信息共享平台能够实现数据共享和业务协同，是核对信息系统的重要组成部分。在服务内容方面，该平台能够实现各个节点的数据采集、汇总、整合、校核、查询、分发、交换等功能，满足信息查询、全文检索、比对分析、统计汇总等数据应用需求；在安全保障方面，各个节点均能提供访问控制、数据合法性检查、病毒查杀、加密传输、内容审计等信息安全保护机制；在运行管理方面，利用该平台可形成一个中心、多个节点的一对多集中管控模式，实现运行监控的统一管理。

各地要通过信息共享平台，充分利用民政部提供的数据资源，推动本地民政系统内部和与其他部门之间的信息共享和业务协同。各地要根据民政部的总体设计，部署数据交换节点，或逐步更新已有信息共享系统。在核对信息系统项目立项过程中，各地应全面细致地分析本地区部门之间以及上下级之间的信息共享需求，建立完善信息共享目录和动态更新机制。

（四）统筹开展数据中心建设。有条件的地方可根据本地实际，建立支撑系统运行和数据服务的地方核对信息系统数据中心（以下简称地方数据中心）。地方数据中心主要为本级核对信息系统运行提供支撑，并具备监测预警、统计决策等业务信息服务功能。各地在建设地方数据中心的过程中，一是要尽量使用国家电子政务外网和民政广域网，上述两网无法全覆盖的地方，在保证高效安全的前提下，可利用专线网络进行补充；二是要配备专用的网络设备、数据库服务器、应用服务器等必要设备；三是要安装经济适用的操作系统、数据库等基础软件。各地在充分论证的基础上，可采用物联网、云计算、大数据处理、移动互联网等新技术，进一步提高信息化资源的利用效率和管理水平。

（五）完善和落实标准规范。各地应严格按照《标准》开发核对信息系统和构建配套基础设施，在与相关部门进行数据交换和业务协同时，应遵循《标准》中有关数据接口的规定，各地方系统的专用信息应遵循《标准》中相关编码规则进行设定。各地可根据业务开展情况和系统建设需要，按照有关规定，在《标准》基础上进行扩展和细化形成本地标准。民政部低收入家庭认定指导中心（以下简称部指导中心）负责标准的宣传推广，监督指导各地落实《标准》。

（六）建立健全信息安全保障体系。一是严格按照国家关于涉密信息系统分级保护和非涉密信息系统信息安全等级保护的有关规定，将核对信息系统建设与安全保密措施有机结合，做到安全保密措施先行，防止居民个人隐私及其他重要业务数据被外泄、篡改和滥用；二是加强信息安全决策、管理、执行、监管等方面制度建设，规范细化各项工作，有效落实各项规章制度；三是完善信息安全保障技术条件，紧密围绕核对业务进行需求分析和方案设计，综合利用成熟、可控的信息安全技术与产品，采用身份认证、访问控制、数据加密、入侵防范、病毒查杀、安全审计等技术手段，确保核对信息系统安全运行以及重要数据安全存储和使用；四是认真做好信息系统日常管理工作，加强安全巡检，及时排除隐患，定期开展应急演练，增强应急处置能力；五是不断完善容灾备份机制，有条件的可采取异地容灾备份，进一步增强灾难恢复能力。

部指导中心将研究制定全国统一的身份认证、数据加密、文件防伪等信息安全保障措施，各地按照总体要求，结合实际，采购和部署相关设备，严格执行有关规定。

四、保障措施

（一）加强组织领导，健全管理体制。核对信息系统建设是一项投资较大、技术复杂的系统工程，涉及大量跨部门的协调工作。各地要充分认识这项工作的重要性和复杂性，切实加强领导和组织协调，明确各部门职责，理顺关系，建立综合协调机制。抓紧建立核对机构，强化核对机构系统建设和管理职能，加快推进核对信息系统建设。

（二）强化科学管理，保证建设成效。核对信息系统建设过程中，各地要选择资质齐备、技术和管理能力较强、建设经验丰富、用户评价较好的公司参与核对信息系统建设。要遵循信息化发展规律，采取科学、专业的信息化项目管理方法，积极采用服务外包、项目代建等专业化和市场化方式，加强工程监理和第三方测试，严格控制建设成本、质量和进度。每季度末，各地应在部指导中心的"全国居民家庭经济状况核对工作信息系统"中如实填写项目立项情况、承建单位信息、开发人员培训情况、工程实施进度、系统应用成效等与核对信息系统建设相关的内容。

（三）拓宽筹资渠道，保障资金投入。科学制定核对信息系统建设内容，准确评估新建、改造、系统对接和运维保障的费用。积极与发展改革、财政等相关部门协调沟通，争取建设资金，并将系统运行维护经费纳入年度预算，形成以财政投入为主的经费保障机制。同时努力拓宽资金来源，争取各方支持，充分利用各种政策允许使用的业务资金，推动核对信息系统建设。

（四）健全培训体系，加强队伍建设。各地要大力推行核对人员岗位培训制度，从师资队伍建设、课程设计、教材编印、检查监督、行业文化创建等方面扎实开展培训工作，提高辖区内工作人员的业务理论和系统操作水平，努力培养一批既熟悉核对业务又掌握信息技术的专业人才。为确保全国核对信息系统能够实现统一的标准规范和互联互通以及安全保障，民政部在指导和支持地方培训工作的同时，将开展核对标准、规划、核心平台应用等方面的业务培训。

民政部

2014年4月9日

民政部办公厅关于印发《公安部 民政部关于信息共享快速查询的合作协议》的通知

民办函〔2014〕311号

各省、自治区、直辖市民政厅（局），新疆生产建设兵团民政局：

为加快建立部门间多层次的信息共享快速查询协作机制，7月23日，民政部、公安部签署了《关于信息共享快速查询的合作协议》（以下简称《协议》）。现将《协议》印发你们，请依据协议有关内容，加强民政部门与公安机关的沟通协调，结合本地实际，研究制定本地区信息共享、查询的具体办法，不断提升社会救助对象认定工作的科学性和婚姻登记工作的权威性。

附件：公安部 民政部关于信息共享快速查询的合作协议

民政部办公厅
2014年8月21日

中华人民共和国公安部 中华人民共和国民政部关于信息共享快速查询的合作协议

为贯彻落实《社会救助暂行办法》（国务院令第649号）、《国务院关于进一步加强和改进最低生活保障工作的意见》（国发〔2012〕45号）和《中共中央组织部关于印发〈关于领导干部个人有关事项报告抽查核实联系工作机制第一次会议纪要〉的通知》（组通字〔2014〕9号）、《关于建立实名制信息快速查询协作执法机制的实施意见》（公通字〔2011〕3号）要求，加快建立两两合作、多层次的信息共享快速查询协作机制，不断提高公安机关维护社会稳定、打击犯罪的能力，大力推进社会救助对象认定工作的科学性和婚姻登记工作的权威性，公安部与民政部决定建立信息共享快速查询协作执法机制，经协商一致，达成协议如下：

一、共享内容

双方遵循统一规划、分步实施、先易后难、逐步完善的建设原则，以公安机关人口基础信息、户籍信息、车辆管理信息和民政部门的婚姻登记信息、遗体火化信息、社会救助人员信息、行政区划信息等数据为基础，确定信息共享内容如下：

（一）民政部门向公安机关提供：

1. 婚姻登记信息。主要包括：婚姻登记所在地、登记日期、登记证字号、男女双方姓名、公民身份证号码、民族、国籍、业务类型。

2. 遗体火化信息。主要包括：遗体火化所在地、火化时间，逝者姓名、公民身份证号码、国籍、是否本地户口。

3. 社会救助人员信息。包括：姓名、公民身份证号码、申请救助所在地。

4. 行政区划代码。主要包括：当前季度最新全国县以上行政区划代码。

5. 经双方协商可提供的公安机关履行法定职责所需要的其他信息。

（二）公安机关向民政部门提供：

1. 人口基本信息核查。主要包括：姓名、性别、民族、公民身份证号码、照片、户籍所在地等信息核查。

2. 车辆基本信息核查。主要包括：车辆所有人、号牌种类、车牌号码、车辆型号、车辆品牌、初次登记日期、车辆所有人公民身份证号码等信息核查。

3. 遗体火化信息核查。主要包括姓名、公民身份证号码、出生日期、户籍所在地等信息核查。

4. 婚姻登记信息核查。主要包括姓名、公民身份证号码、出生日期、户籍所在地等信息核查，并根据民政部提供的姓名、出生年月、民族、常住户口所在地信息，核查相符后返回公民身份证号码信息。

5. 经双方协商可提供的民政部门履行法定职责所需要的其他信息。

二、共享方式

双方根据现有的信息化建设情况开展数据交换，并不断改进交换方式。数据交换在地市级以上及有条件的县级公安机关、民政部门实施。双方根据需要，配备必要的软、硬件设备，以保证数据交换工作的稳定、及时、连续、安全。

数据交换方式可以采用介质或者专用网络联网形式进行。原则上，公安部、民政部每三个月进行一次数据交换，具体交换频率可依据数据类型另行约定。省、地市级公安机关、民政部门根据各自信息化建设情况，确定数据交换方式和周期，并分阶段逐步扩展数据交换范围，丰富信息共享方式，满足各自工作需要。

公安机关向民政部门提供信息核查服务，应按照《关于稳步开展公安信息资源共享服务工作的通知》以及《关于"部门间信息共享与服务平台"建设应用的指导意见》，通过国家人口基础信息库或部门间信息共享与服务平台进行。

三、使用范围

（一）民政部门提供的信息，公安机关仅用于履行法定职责，维护国家安全和社会治安秩序，保护公民合法权益，保护公共财产，预防、制止和惩治违法犯罪活动。

（二）公安机关提供的信息，民政部门仅用于履行法定职责，保障和改善民生，提供和强化社会管理与公共服务，确保民政对象认定公正、准确、高效，促进各项民政政策公平公正实施。

（三）双方提供的信息仅作为履行职责的参考数据，不作为法定数据，不因提供信息而承担法律责任。

四、安全保障

双方应采取必要的技术手段确保共享信息在传输、存储、使用等环节安全可靠。在传输环节，使用网络交换数据应通过专线连接实现，使用介质交换应采用机要通信手段进行；在存储环节，数据存储服务器应有完善的安全防护措施；在使用环节，双方应建立完善的信息使用日志记录、安全审计等手段，能及时发现违规行为并可倒查。在使用过程中造成的一切后果，由使用方解决处理并承担责任。

民政部门应就使用管理公安机关提供信息建立相应的制度，对公安机关提供信息实行授权使用。

公安机关使用民政部门信息必须在公安通信网络环境下，通过访问控制和身份认证系统进行，并严格遵守公民个人信息使用管理规定。

五、双方责任

双方负责各自共享信息数据源的建设和完善，并承担信息共享过程中各自所需的硬件设备、基础软件采购，以及共享软件开发和维护等方面的费用。

信息提供方如发现所提供的信息存在问题，应及时告知信息接收方，并按照双方约定的方式提供更正后的信息。信息接收方如发现信息可能存在问题，应及时告知信息提供方。双方应积极配合核查并及时整改，共同促进彼此共享信息质量不断提高。对于在信息共享中出现的问题，双方应通过友好协商解决。

本协议其他未尽事宜，双方协商解决。

本协议正本一式四份，双方各执二份，具有同等效力。

本协议自双方签订之日起生效。

公安部　民政部
2014 年 7 月 23 日

民政部 中国银监会关于银行业金融机构协助开展社会救助家庭存款等金融资产信息查询工作的通知

民发〔2015〕61号

各省、自治区、直辖市民政厅（局），各计划单列市民政局，新疆生产建设兵团民政局，各银监局，各政策性银行、国有商业银行、股份制商业银行、邮储银行、各省级农村信用联社：

为贯彻落实《社会救助暂行办法》（国务院令第649号）和《国务院关于进一步加强和改进最低生活保障工作的意见》（国发〔2012〕45号），加快建立跨部门、多层次、信息共享的社会救助申请家庭经济状况核对机制，不断推进社会救助对象认定工作的科学性，根据《国务院办公厅关于印发贯彻实施〈社会救助暂行办法〉重点任务分工方案的通知》（国办函〔2014〕44号）要求，现就银行业金融机构协助民政部门开展申请和已获得社会救助家庭（以下简称社会救助家庭）存款等金融资产信息查询工作有关事项通知如下：

一、目标任务

准确认定社会救助对象是确保社会救助制度公平公正实施的前提，事关困难群众基本生活权益的保障，对维护社会和谐稳定、促进社会公平正义具有重要意义。通过户籍管理、税务、社会保险、不动产登记、工商登记、住房公积金管理、车船管理等单位和银行、保险、证券等金融机构，对社会救助家庭声明的户籍、人口及其经济状况信息进行全面、客观核对，是准确认定社会救助对象的重要基础，也是社会救助审核审批的重要环节。银行业金融机构掌握的存款等金融资产信息是客观判断居民家庭收入、财产状况的重要依据，是居民家庭经济状况核对工作的主要内容。各地要抓紧建立部门协作、信息共享的金融资产信息查询机制，加快完善居民家庭经济状况核对办法，确保社会救助制度公平公正实施，进一步提升政府公信力，促进社会公平正义，不断提升社会救助管理服务水平。

二、基本原则

（一）坚持及时高效。各银行业金融机构要根据民政部门查询需要，及时反馈社会救助家庭所有成员的存款等金融资产信息，确保在居民家庭经济状况核对中，使用的数据准确、完整、有效。

（二）坚持授权查询。民政部门在查询社会救助家庭存款等金融资产信息时，须经社会救助家庭所有成员的授权。经授权后，民政部门方可向银行业金融机构提出查询需求。银行业金融机构根据民政部门查询需求对相关信息进行查询、比对。

（三）坚持安全保密。开展存款等金融资产信息查询应坚持专人查询、手续完备、程序严密，严格按照信息保密有关规定安全实施。要建立信息查询工作责任制，落实信息安全管理责任，民政部门要指定专人负责信息查询工作，做到谁查询、谁负责，切实保护公民个人信息。

（四）坚持重点抽查与不定期复核相结合。对群众举报或在家庭经济状况审核中发现有关线索、需要进一步核实相关信息的社会救助申请家庭，要重点查询其存款等金融资产信息；对已获得社会救助的家庭，要按照动态管理的要求，不定期对其存款等金融资产信息进行查询。

三、查询内容和方式

（一）查询内容

根据社会救助对象认定工作需要，民政部门查询社会救助家庭金融资产信息，应向银行业金融机构提供社会救助家庭所有成员的姓名、证件类型、证件号码、申请原因、查询内容、查询时点等数据项。

银行业金融机构经查询比对后，向民政部门反馈的数据项包括：与申请人姓名、证件类型、证件号码对应的账户类型、账号、开户银行名称、余额，以及截止时点拥有有效的理财产品名称、理财账号、截止时点理财产品份额/价值等。

（二）查询方式

1. 介质交换方式。民政部门采用介质方式以电子表格形式将需要查询的信息数据送交银行业金融机构，银行业金融机构查询后按约定方式及时反馈民政部门。

2. 网络化交换方式。具备条件的地方应充分利用信息化基础设施，在做好安全防范措施的基础上，利用专用通道，通过前置服务器和银行业金融机构交换信息。双方根据信息交换量确定网络类型、带宽及所需的服务器配置。

四、保障措施

（一）加强组织领导。各地民政部门、银监局及银行业金融机构要充分认识社会救助家庭存款等金融资产信息查询工作的重要意义，在当地党委、政府的领导下，将加快建立存款等金融资产信息查询机制纳入本部门信息化建设的总体规划。要充分发挥"政府领导、民政部门牵头、有关部门配合、社会力量参与"的社会救助工作协调机制作用，统筹规划和组织实施信息查询工作，及时梳理和解决工作中出现的新情况、新问题，确保信息查询工作取得实效。

（二）落实工作责任。各地民政部门、银监局要按照国务院有关要求，明确工作责任，抓好任务落实。民政部门要结合当地工作实际，主动会同银监局及银行业金融机构研究制定存款等金融资产信息查询的具体办法，规范信息查询程序、时限和结果使用；银行业金融机构要根据信息查询的需要，及时向民政部门反馈社会救助家庭所有成员个人名下存款等金融资产方面的信息，确保提供数据的真实性、时效性和完整性。

（三）规范查询程序。县级民政部门认定社会救助对象需通过银行业金融机构查询社会救助家庭存款等金融资产信息的，须经社会救助家庭所有成员授权并在授权书上签字确认，无法签字确认的，应以其他合法方式确认授权。授权书应规范、统一、合法。县级民政部门可委托依法成立的居民家庭经济状况核对机构开展相关查询工作，指定专人负责查询事项。在向银行业金融机构提出存款等金融资产信息查询需求时，应按照查询工作程序，履行相关手续。对于民政部门符合要求、手续完备的查询事项，银行业金融机构不得拒绝、推诿。

（四）强化责任追究。各地民政部门、银监局要加强对存款等金融资产信息查询工作的监督指导，定期对信息查询和使用情况进行检查监督。要建立健全内部工作制度，指定专人负责，建立工作责任追究制度。对拒绝或无故拖延，不能及时提供相关信息的银行业金融机构，由有关地方银监局视情予以严肃处理；对违规使用和泄漏共享信息的民政部门工作人员，应视情节轻重给予批评教育或行政处分，涉嫌犯罪的，依法追究其法律责任。

民政部　中国银行业监督管理委员会

2015年3月24日

民政部 国家工商行政管理总局关于印发《社会救助家庭成员工商登记信息核对办法》的通知

民发〔2016〕220号

各省、自治区、直辖市民政厅（局）、工商行政管理、市场监督管理部门，新疆生产建设兵团民政局：

为加强社会救助家庭成员工商登记信息查询工作，民政部、国家工商行政管理总局根据《社会救助暂行办法》等有关法律法规，制定了《社会救助家庭成员工商登记信息核对办法》，现印发给你们。请参照本办法，结合当地实际制定相关政策措施，切实抓好工作落实。

民政部　国家工商行政管理总局
2016年12月12日

社会救助家庭成员工商登记信息核对办法

第一条　为加强申请社会救助和已获得社会救助家庭（以下简称社会救助家庭）成员工商登记信息核对工作，依据《社会救助暂行办法》、《国务院关于进一步加强和改进最低生活保障工作的意见》（国发〔2012〕45号）等法规政策，制定本办法。

第二条　本办法适用于民政部门为核对社会救助家庭经济状况而开展的对家庭成员（以下简称核对对象）工商登记信息的查询工作。

第三条　民政部是社会救助家庭经济状况核对工作的主管部门，国家工商行政管理总局（以下简称工商总局）协助民政部办理相关核对事务。

工商总局根据民政部提供的核对对象名单，采用网络技术手段向民政部提供社会救助家庭成员全国范围内工商登记信息查询服务。

第四条 民政部在核对社会救助家庭成员工商登记信息时，必须经核对对象本人或其监护人同意并书面授权。

民政部指导各地民政部门对社会救助家庭所有成员的授权进行审查，并对核对对象授权的真实性、合法性、有效性负责。

第五条 民政部向工商总局提出社会救助家庭成员工商登记信息的核对申请，应当包括核对对象的姓名、证件类型、证件号码、核对内容、核对时点等必要的数据项。

工商总局通过电子政务外网或专线，向民政部开放数据查询接口，民政部通过数据查询接口查询获取：

1. 核对对象为企业法定代表人、董事、监事、高级管理人员的，其所属企业情况包括统一社会信用代码、注册号、企业名称、姓名、证件号码、职务；

2. 核对对象为企业投资人的，其所属企业情况包括统一社会信用代码、注册号、企业名称、投资人姓名、证件号码、认缴出资额；

3. 核对对象为个体经营者的，相关信息包括统一社会信用代码、注册号、主要经营者姓名、主要经营者证件号码、经营者姓名、资金数额；

4. 核对对象为代表机构代表、首席代表的，其所属代表机构情况包括统一社会信用代码、注册号、代表机构名称、姓名、证件号码、职务等。

第六条 核对查询以网络化交换方式为主，民政部和工商总局协商明确应用需求，确定联网应用技术方案，共同组织联网应用系统建设。

第七条 民政部和工商总局工作人员应当对核对对象的个人信息，按照相关规定予以保护，不得向其他组织或个人泄露。

民政部、工商总局在处理和使用核对对象个人信息过程中，应当建立并严格执行相关登记和保密规定。

第八条 地方民政部门核对本辖区内社会救助家庭成员工商登记信息时，可以会同同级工商行政管理部门依据上述条款制定核对办法，规定具体核对规则及相关事项。

核对跨区域的社会救助家庭成员工商行政管理信息，可以通过上一级民政部门、工商行政管理部门进行。

第九条 本办法由民政部、工商总局负责解释，并分别授权民政部低收入家庭认定指导中心和工商总局经济信息中心具体承担社会救助家庭成员工商登记信息查询相关业务工作，协商确定实施方案。

第十条 本办法自发布之日起施行。

民政部 住房和城乡建设部
关于做好社会救助家庭住房公积金、住房保障、住房买卖等信息核对工作的通知

民发〔2016〕238号

各省（自治区）民政厅、住房城乡建设厅，各直辖市民政局、住房城乡建设委（国土房管局）、住房公积金管理委员会，各计划单列市民政局、住房城乡建设委（建设局、国土房屋局）、住房公积金管理委员会，新疆生产建设兵团民政局、建设局、住房公积金管理委员会：

根据《社会救助暂行办法》（国务院令第649号），现就住房城乡建设部门、住房公积金管理中心协助民政部门开展申请和已获得社会救助家庭（以下简称社会救助家庭）住房公积金、住房保障、住房买卖等信息核对工作通知如下：

一、总体要求

贯彻落实《社会救助暂行办法》（国务院令第649号），加强部门协同，逐步建立跨部门、多层次、信息共享的社会救助家庭住房公积金、住房保障、住房买卖等信息核对机制，提升社会救助家庭经济状况核对的科学性和准确性。坚持逐步推进原则，以县级为单位开展住房保障、住房买卖等信息的核对工作，以设区的市级为单位开展住房公积金信息核对工作，条件成熟的地方可以适当提升核对层级。以网络查询为主要方式，条件不具备的地方可先开展手工核对，逐步向信息化、网络化核对过渡。核对得到的住房公积金、住房保障、住房买卖等信息，仅用于政府相关部门实施社会救助、住房保障等民生保障工作，不得随意扩大使用范围。

二、核对内容

核对内容包括社会救助家庭共同生活的家庭成员名下的住房公积金、住房保障、住房买卖信息，以及核对社会救助家庭成员经济状况所需要且住房城乡建设部门、住房公积金管理中心可提供的其他信息。

（一）住房公积金信息。

1. 住房公积金的基本信息，主要包含姓名、证件类型、证件号码、个人账户状态、个人账户余额、个人账号、开户日期、个人月缴存额。

2. 住房公积金提取明细，主要包含姓名、证件类型、证件号码、个人账号、提取账户、提取金额、提取日期、提取原因等。

3. 住房公积金贷款明细，主要包含姓名、证件类型、证件号码、贷款发放额、贷款发放日期、贷款期数、回收本金总额、回收利息总额、贷款状态等。

（二）住房保障信息。

1. 享受城镇住房保障的信息，主要包括姓名、身份证号、工作单位、保障房类型、房屋坐落地址、保障房面积、购买或租赁时间、购买或租赁价格、享受租赁补贴金额、领取时间等。

2. 享受农村危房改造的相关信息，主要包括姓名、证件类型、证件号码、危房改造面积、补助金额等。

（三）住房买卖信息。

住房买卖的相关信息，主要包括社会救助家庭成员在住房买卖中的姓名、身份（购买方/出售方）、证件类型、证件号码、买卖房产的地址、面积、金额、时间等。

三、核对方式

住房公积金、住房保障、住房买卖信息核对，以网络化交换方式为主。各地民政、住房城乡建设部门、住房公积金管理中心应充分利用政府信息化基础设施，在做好安全防范的前提下，根据信息交换量、交换频次等实际需求，协商确定网络类型、带宽及其他软硬件配置，并确保及时落实到位。

不具备网络交换条件的地方，民政部门可以采用介质方式，以电子表格形式将需要核对的信息数据送交住房城乡建设部门、住房公积金管理中心，住房城乡建设部门、住房公积金管理中心核对后按约定方式、约定期限反馈民政部门。

四、核对程序

（一）授权核对。民政部门在核对社会救助人员住房公积金、住房保障、住房买卖等信息时，须取得社会救助家庭所有成员授权。经授权后，民政部门方可向住房城乡建设部门、住房公积金管理中心提出核对需求。民政部门可委托依法成立的社会救助家庭经济状况核对机构开展核对工作。

（二）信息提供。根据社会救助对象认定工作需要，民政部门核对社会救助家庭成员住房公积金、住房保障、住房买卖等信息，应向住房城乡建设部门、住房公积金管理中心提供社会救助家庭所有成员的姓名、证件类型、证件号码、申请原因、查询内容、查询时点等数据项。

（三）信息反馈。住房城乡建设部门、住房公积金管理中心要根据民政部门工作需要，按照部门间约定期限及时反馈社会救助家庭成员的住房公积金、住房保障、住房买卖等信息，并确保提供数据的真实性、时效性和完整性。对于民政部门符合要求、手续完备的查询事项，住房城乡建设部门、住房公积金管理中心应积极配合。

五、保障措施

（一）加强组织领导。各地民政、住房城乡建设部门、住房公积金管理中心要在当地党委、政府的领导下，加快建立跨部门的信息查询机制，统筹组织实施住房公积金、住房保障、住房买卖信息核对工作。要密切配合、通力协作，制定住房公积金、住房保障、住房买卖等信息的具体核对办法，规范核对程序、核对时限、核对频次和结果使用方式，确保信息核对工作取得实效。

（二）落实部门职责。各地民政、住房城乡建设部门、住房公积金管理中心要根据工作需要配备必要的软硬件设备，保证数据交换工作的稳定、及时、连续、安全。要健全内部工作制度，完善信息安全保障技术条件，严格规范信息的获取、使用及存储工作，防止个人隐私数据被外泄、篡改和滥用。

（三）强化责任追究。各地民政、住房城乡建设部门、住房公积金管理中心要加强对住房公积金、住房保障、住房买卖信息查询工作的监督指导，定期对信息查询和使用情况进行检查。对违规使用和泄露共享信息的工作人员，视情节轻重给予相应行政处分；涉嫌犯罪的，依法追究其法律责任。

民政部　住房和城乡建设部

2016 年 12 月 28 日

民政部 国土资源部关于做好社会救助家庭不动产登记信息查询核对工作的通知

民发〔2017〕188号

各省、自治区、直辖市民政厅（局）、国土资源主管部门，新疆生产建设兵团民政局、国土资源局：

为深入贯彻落实党的十九大精神，进一步完善社会救助家庭经济状况核对机制，精准认定社会救助对象，根据《社会救助暂行办法》及有关政策规定，现就做好申请或者已获得社会救助的家庭（以下简称社会救助家庭）不动产登记信息查询核对工作通知如下：

一、总体要求

不动产登记机构掌握的不动产登记信息，是客观判断居民家庭收入、财产的重要依据，是社会救助家庭经济状况核对的重要组成部分。各地要按照党中央国务院的统一部署，认真贯彻落实《社会救助暂行办法》《不动产登记暂行条例》，进一步加强部门协同，加快建立互联互通、信息共享的社会救助家庭不动产登记信息查询核对机制，提升社会救助对象认定的科学性和准确性。

二、基本原则

坚持基层起步，逐步推进。不动产登记信息查询核对工作从县（市、区）层面起步，鼓励以省级或设区的市级为单位开展查询核对工作。

坚持网络核对，逐步过渡。推动查询核对信息化、网络化建设，不断提高工作效率。条件不具备的地方，可先以介质交换方式开展工作，逐步向网络化过渡。

坚持依法查询，规范使用。查询社会救助家庭不动产登记信息，应取得社会救助家庭的委托授权。查询的不动产登记信息，仅限用于实施社会救助、社会福利等民生保障工作，不得随意扩大使用范围。

三、主要内容

（一）查询程序和内容。根据社会救助对象认定工作需要，民政部门核对社会救助家庭不动产登记信息，应在依法取得社会救助家庭委托授权后，向不动产登记机构提出查询申请，提供需查询不动产登记信息的当事人的姓名、证件类型、证件号码、查询内容以及取得查询委托授权等信息。不动产登记机构依法查询后，向民政部门反馈当事人的不动产坐落、面积、用途、共有情况、登记时间等登记信息。提供的具体数据内容、反馈方式、时限要求等，可由各地民政、国土部门根据社会救助工作需要和当地不动产登记工作实际，共同协商确定。

（二）信息交换方式。各地民政、国土部门要充分利用政府建设的信息化基础设施，在做好安全防范的前提下，通过网络交换信息。双方可根据信息交换量、交换频次等实际需求，协商确定网络类型、带宽及其他软硬件配置，并确保及时落实到位。不具备网络交换条件的地方，民政部门可以采用介质方式，以电子表格形式将信息数据送交不动产登记机构；不动产登记机构查询后按约定方式、约定期限反馈民政部门。

（三）部门工作责任。民政部门在查询核对社会救助家庭成员不动产登记信息时，须取得社会救助家庭成员的委托授权。没有获得委托授权的，民政部门不得向不动产登记机构提出查询申请，不动产登记机构不予查询。不动产登记机构根据民政部门查询申请，及时查询反馈社会救助家庭成员的各类不动产登记信息，民政部门利用不动产登记机构提供的不动产登记信息开展相关核对工作。

（四）异议处理方式。当事人对查询核对的不动产登记信息持有异议的，民政部门应及时反馈不动产登记机构进行复核。不动产登记机构复核后，民政部门应及时告知当事人复核结果。对于复核结果仍有异议的，当事人可依法自行向不动产登记机构申请查询相关信息。查询核对信息和自行查询获得的信息存在不一致的,以不动产登记机构最终确认的信息为准。

四、保障措施

(一)加强组织领导。各地民政、国土部门要在当地党委、政府的领导下,大力加强部门间信息共享,加快建设部门协同的信息查询核对机制,统筹组织实施不动产登记信息查询核对工作。要密切配合、通力协作,制定不动产登记信息查询核对的具体办法,确保不动产登记信息查询核对工作顺利开展。

(二)夯实工作基础。各地民政、国土部门要高度重视不动产登记信息安全,严格执行不动产登记资料查询制度。要建立严格的规章制度,采取签订保密协议等必要措施,确保不动产登记信息安全。各地要进一步加快推进不动产登记资料移交和不动产登记存量数据整合,提供全面、准确的不动产登记信息查询服务。各地民政、国土部门要根据工作需要配备必要的人员、设备,保证数据交换工作的稳定、及时、连续、安全。

(三)强化责任追究。各地民政、国土部门要加强对不动产登记信息核对工作的监督指导,定期对核对工作开展情况和核对信息使用情况进行检查。对违规使用和泄露不动产登记信息的工作人员,视情节轻重给予相应处分;涉嫌犯罪的,依法追究其法律责任。

民政部　国土资源部

2017年12月22日

民政部办公厅关于印发《居民家庭经济状况信息部省联网查询办法（试行）》的通知

民办发〔2018〕32号

各省、自治区、直辖市民政厅（局），新疆生产建设兵团民政局：

为做好居民家庭经济状况信息部省联网查询工作，加快推进全国居民家庭经济状况信息系统互联互通、信息共享、业务协同，更好服务于精准扶贫、精准救助，民政部制定了《居民家庭经济状况信息部省联网查询办法（试行）》。现印发你们，请认真贯彻执行。

附件：《居民家庭经济状况信息部省联网查询申请（样例）》

民政部办公厅
2018年12月18日

居民家庭经济状况信息部省联网查询办法

（试行）

第一条 为平稳有序推进居民家庭经济状况信息部省联网查询工作，完善工作机制，明确工作职责，构建信息横向共享、资源上下互补、业务紧密协同的核对模式，提高社会救助对象认定的及时性、准确性，结合工作实际，制定本办法。

第二条 居民家庭经济状况信息部省联网查询是指在民政部低收入家庭认定指导中心（以下简称"部收入认定中心"）组织协调下，通过省级核对机构与部收入认定中心之间联网的方式，开展居民家庭经济状况信息查询。

居民家庭经济状况信息部省联网查询工作由部收入认定中心负责实施。

第三条 居民家庭经济状况信息包括居民家庭的户籍、婚姻登记、遗体火化等基础信息,以及社会保险、不动产登记、工商登记、住房公积金、车船、医疗、教育等涉及收入、财产和支出等方面的信息。

居民家庭经济状况信息部省联网查询主要服务于省级民政部门。市、县有特殊需要的,须经省级民政部门同意后实施。

第四条 省级核对机构开展居民家庭经济状况信息部省联网前,应向部收入认定中心提出书面申请。部收入认定中心负责统筹安排和组织实施,并报民政部社会救助司备案。

第五条 部收入认定中心和省级核对机构分级负责部省联网安全管理和技术保障以及系统维护工作。

省级核对机构要严格落实《居民家庭经济状况信息部省联网技术规范》(以下简称《技术规范》,由部收入认定中心另行制定)和《居民家庭经济状况信息部省联网检测规范》(由部收入认定中心另行制定)、《居民家庭经济状况核对信息安全管理规范》(MZ/T 108—2018)相关规定,使用部收入认定中心统一颁发的数字证书对交换数据进行数字签名和加密。省级核对机构要将电子政务外网的 IP 地址及时报送部收入认定中心备案。

第六条 部收入认定中心依据相关要求对提出联网申请的省级核对机构进行入网前检测,对已联网的省级核对机构开展不定期巡检,并通报有关情况。

第七条 联网的省级核对机构查询部收入认定中心的信息资源,由部收入认定中心受理并反馈;查询其他联网省份信息资源,应通过部收入认定中心转交待查询数据和查询结果。

第八条 联网的省级核对机构每次提出查询申请前,应依据居民家庭经济状况信息部省联网资源目录(以下简称"资源目录")明确本次查询需求,并向部收入认定中心提交《居民家庭经济状况信息部省联网查询申请》(样例见附件,以下简称《查询申请》),明确所属业务类别、查询人数、查询信息资源、查询起止时间等内容。

第九条 省级核对机构委托部收入认定中心开展查询,应确保当地审批机关事先已经取得被查询人本人或其监护人授权。

省级核对机构应按照《居民家庭经济状况核对档案管理》（MZ/T 075—2016）规定，对查询依据性文件进行管理，确保部收入认定中心需要调阅时，能够在 5 个工作日内提交。

部收入认定中心将对省级核对机构提交的《查询申请》与待查询数据的一致性、完整性进行形式审查，对已查询人员的身份证明材料、授权书以及审批机关委托书等查询依据性文件进行抽查。对于有疑问的查询申请，部收入认定中心可以拒绝。

第十条 部收入认定中心在收到《查询申请》后 2 个工作日内启动查询。部收入认定中心和省级核对机构应按照资源目录所列的反馈期限反馈查询结果。

如遇不可抗力因素或因其他客观原因，无法在规定的时间内处理完毕的，部收入认定中心应通知申请查询的省级核对机构，共同商议解决。

如申请查询的省级核对机构需要撤销查询或对反馈结果存在异议，应向部收入认定中心提出撤销或复核申请。

第十一条 省级核对机构应按照《查询申请》事先载明的用途使用查询结果，不得以任何形式和理由提供给除委托单位以外的第三方，也不得用于或变相用于其他目的。其中委托单位是指委托核对机构开展信息核查的单位。

第十二条 部收入认定中心定期发布资源目录。资源目录包括部收入认定中心可供查询的信息和联网省级核对机构上报的可供查询的信息。

第十三条 联网省级核对机构应及时上报可供其他省份查询的本区域各级信息资源，报送要求见《技术规范》。

第十四条 省级核对机构可以根据本办法，制定实施细则。

第十五条 本办法自发布之日起实施。

附件

居民家庭经济状况信息部省联网查询申请

(样例)

民政部低收入家庭认定指导中心：

根据《社会救助暂行办法》(国务院令第649号)，我单位受_____(审批机关)委托，因_____业务，现申请你单位协助我单位对_____等_____人的相关信息(详见附表)予以查询_____。(审批机关)已获得被查询人本人或其监护人书面授权，且授权范围为全国各核对机构。被查询人员名单以_____年____月____日提交的_____电子数据为准。

请予以协助为盼。

联系人：

联系电话：

年　月　日

附表

待查信息需求表

序号	信息提供方	内容类别	时间范围
1	全国	车辆信息	2018/8/25
2	全国	殡葬信息	
3	部收入认定中心	证券资产	
4	部收入认定中心	工商登记	
5	山东	住房公积金	2018/01/01—2018/06/30
6	北京	不动产登记	2018/8/25

注：1. 本表必须依据信息资源目录进行填写。

2. 信息提供方为必填项，用来确定对应查询内容的提供方，填写内容限定为"全国"、"部中心"和省份名称。如填"全国"，表示需要所有能够提供"内容类别"

对应信息的单位进行查询；如填"部中心"，表示需要部收入认定中心提供"内容类别"对应的信息；如填"山东"，表示需要山东省民政厅低收入家庭经济状况核对指导中心提供"内容类别"对应的信息。

3. 内容类别为必填项，用来确定所要查询内容的类别。由于部收入认定中心和各省份所能提供的信息存在差异，因此具体内容项以资源目录所列为准。

4. 时间范围表示查询的时间范围，如查询某一天的信息，则填写具体日期，格式为 YYYY/MM/DD，如查询某一时间段的信息，则填写起始和截止日期，格式为 YYYY/MM/DD—YYYY/MM/DD，如查询最新数据，则不填写任何内容。

民政部 人力资源社会保障部
关于开展社会救助与就业和社会保险等信息共享核查工作的通知

民发〔2020〕95号

各省、自治区、直辖市民政厅（局）、人力资源社会保障厅（局），新疆生产建设兵团民政局、人力资源社会保障局：

为深入贯彻落实党的十九大和十九届四中全会精神，深化"放管服"改革，让"信息多跑路，群众少跑腿"，现就开展社会救助与就业和社会保险等信息共享核查工作通知如下。

一、基本要求

各地民政、人力资源社会保障部门要按照党中央、国务院统一部署，抓紧建立完善两部门信息共享核查机制，通过共享实现对申领相关待遇资格的辅助核验，简化优化业务流程，支持社会救助、就业和社会保险的高效服务，方便群众及时获得民生保障。

二、工作内容

（一）共享内容。

1. 为做好社会救助家庭成员参加社会保险信息核对等工作，民政部门提供社会救助家庭成员个人身份信息，人力资源社会保障部门核查反馈参保地行政区划代码、参保单位名称、参保险种类型（基本养老保险、失业保险）、个人缴费状态、个人缴费基数（档次）、个人待遇领取状态、个人待遇领取金额（基本养老金、失业保险金）等信息。

2. 为做好对社会救助对象的就业帮扶工作，落实城乡居民养老保险扶贫政策，民政部门向人力资源社会保障部门共享社会救助家庭中劳动年龄内的低保对象、特困人员身份信息等，用于人力资源社会保障部门就业服务和代缴城乡居民养老保险费服务工作。

3. 各地可根据工作需要，统筹开展婚姻登记、殡葬、失业登记、农民工等其他信息共享工作，支持相关工作开展。

（二）共享方式。

各地民政、人力资源社会保障部门应优先依托本地区政务数据共享交换平台实现信息在线交换，也可根据数据共享量级、交换频次等实际需求，构建两部门间数据共享交换机制，通过系统接口对接或系统批量比对的方式开展。不具备系统对接条件的，可暂时采用线下交换方式，并加快过渡到系统对接方式。两部门查询后按约定方式、约定期限向对方反馈数据，约定期限原则上不超过 5 个工作日。

（三）共享层级。

各地民政、人力资源社会保障部门优先在省级层面开展全省份范围的信息共享，条件不具备的地区可根据数据管理层级因地制宜开展信息共享。民政部与人力资源社会保障部进一步加快推进部级层面"总对总"共享核查机制，支持跨省份共享核查需求。

（四）共享责任。

各地民政、人力资源社会保障部门应依法依规开展共享，各类共享数据仅用于支持本业务领域的民生保障工作，不得随意扩大使用范围。信息核查类的共享应取得当事人授权。在信息共享中不断提升数据准确性、信息交换及时性和信息核对科学性，确保数据安全和个人隐私保护。定期对共享工作开展情况和共享数据使用情况进行检查，确保合规性。

（五）共享异议处理。

当事人对核查信息有异议的，民政部门、人力资源社会保障部门应及时沟通，对相关共享信息进行复核，复核结果应由数据使用部门及时告知当事人。对于复核结果仍有异议的，当事人可按有关规定申请异议处理。

三、保障措施

（一）加强组织领导。各地民政、人力资源社会保障部门要在当地党委和政府的领导下，大力加强部门间信息共享，加快建设部门协同的信息共享核查机制。要密切配合、通力协作，制定具体方案，规范共享内容、方式、时限、频次和结果使用等，确保共享工作取得实效。

（二）夯实工作基础。各地民政、人力资源社会保障部门要建立健全信息共享的相关工作流程和制度，根据工作需要配备必要的软、硬件设备，保证数据共享工作的稳定、及时、高效、安全。

（三）做好安全保护。各地民政、人力资源社会保障部门要高度重视信息安全保护，健全人员管理、设备使用、办公场地出入等规章制度，定期对相关工作人员开展保密和安全宣传教育。对违规使用、泄露信息的工作人员，视情节轻重依法依规给予相应处分处理，涉嫌犯罪的，依法追究其法律责任。

民政部　人力资源社会保障部

2020 年 8 月 7 日

脱贫攻坚与乡村振兴

中共中央 国务院关于打赢脱贫攻坚战的决定

(2015年11月29日)

确保到2020年农村贫困人口实现脱贫,是全面建成小康社会最艰巨的任务。现就打赢脱贫攻坚战作出如下决定。

一、增强打赢脱贫攻坚战的使命感紧迫感

消除贫困、改善民生、逐步实现共同富裕,是社会主义的本质要求,是我们党的重要使命。改革开放以来,我们实施大规模扶贫开发,使7亿农村贫困人口摆脱贫困,取得了举世瞩目的伟大成就,谱写了人类反贫困历史上的辉煌篇章。党的十八大以来,我们把扶贫开发工作纳入"四个全面"战略布局,作为实现第一个百年奋斗目标的重点工作,摆在更加突出的位置,大力实施精准扶贫,不断丰富和拓展中国特色扶贫开发道路,不断开创扶贫开发事业新局面。

我国扶贫开发已进入啃硬骨头、攻坚拔寨的冲刺期。中西部一些省(自治区、直辖市)贫困人口规模依然较大,剩下的贫困人口贫困程度较深,减贫成本更高,脱贫难度更大。实现到2020年让7000多万农村贫困人口摆脱贫困的既定目标,时间十分紧迫、任务相当繁重。必须在现有基础上不断创新扶贫开发思路和办法,坚决打赢这场攻坚战。

扶贫开发事关全面建成小康社会,事关人民福祉,事关巩固党的执政基础,事关国家长治久安,事关我国国际形象。打赢脱贫攻坚战,是促进全体人民共享改革发展成果、实现共同富裕的重大举措,是体现中国特色社会主义制度优越性的重要标志,也是经济发展新常态下扩大国内需求、促进经济增长的重要途径。各级党委和政府必须把扶贫开发工作作为重大政治任务来

抓，切实增强责任感、使命感和紧迫感，切实解决好思想认识不到位、体制机制不健全、工作措施不落实等突出问题，不辱使命、勇于担当，只争朝夕、真抓实干，加快补齐全面建成小康社会中的这块突出短板，决不让一个地区、一个民族掉队，实现《中共中央关于制定国民经济和社会发展第十三个五年规划的建议》确定的脱贫攻坚目标。

二、打赢脱贫攻坚战的总体要求

（一）指导思想

全面贯彻落实党的十八大和十八届二中、三中、四中、五中全会精神，以邓小平理论、"三个代表"重要思想、科学发展观为指导，深入贯彻习近平总书记系列重要讲话精神，围绕"四个全面"战略布局，牢固树立并切实贯彻创新、协调、绿色、开放、共享的发展理念，充分发挥政治优势和制度优势，把精准扶贫、精准脱贫作为基本方略，坚持扶贫开发与经济社会发展相互促进，坚持精准帮扶与集中连片特殊困难地区开发紧密结合，坚持扶贫开发与生态保护并重，坚持扶贫开发与社会保障有效衔接，咬定青山不放松，采取超常规举措，拿出过硬办法，举全党全社会之力，坚决打赢脱贫攻坚战。

（二）总体目标

到2020年，稳定实现农村贫困人口不愁吃、不愁穿，义务教育、基本医疗和住房安全有保障。实现贫困地区农民人均可支配收入增长幅度高于全国平均水平，基本公共服务主要领域指标接近全国平均水平。确保我国现行标准下农村贫困人口实现脱贫，贫困县全部摘帽，解决区域性整体贫困。

（三）基本原则

——坚持党的领导，夯实组织基础。充分发挥各级党委总揽全局、协调各方的领导核心作用，严格执行脱贫攻坚一把手负责制，省市县乡村五级书记一起抓。切实加强贫困地区农村基层党组织建设，使其成为带领群众脱贫致富的坚强战斗堡垒。

——坚持政府主导，增强社会合力。强化政府责任，引领市场、社会协同发力，鼓励先富帮后富，构建专项扶贫、行业扶贫、社会扶贫互为补充的大扶贫格局。

——坚持精准扶贫，提高扶贫成效。扶贫开发贵在精准，重在精准，必须解决好扶持谁、谁来扶、怎么扶的问题，做到扶真贫、真扶贫、真脱贫，切实提高扶贫成果可持续性，让贫困人口有更多的获得感。

——坚持保护生态，实现绿色发展。牢固树立绿水青山就是金山银山的理念，把生态保护放在优先位置，扶贫开发不能以牺牲生态为代价，探索生态脱贫新路子，让贫困人口从生态建设与修复中得到更多实惠。

——坚持群众主体，激发内生动力。继续推进开发式扶贫，处理好国家、社会帮扶和自身努力的关系，发扬自力更生、艰苦奋斗、勤劳致富精神，充分调动贫困地区干部群众积极性和创造性，注重扶贫先扶智，增强贫困人口自我发展能力。

——坚持因地制宜，创新体制机制。突出问题导向，创新扶贫开发路径，由"大水漫灌"向"精准滴灌"转变；创新扶贫资源使用方式，由多头分散向统筹集中转变；创新扶贫开发模式，由偏重"输血"向注重"造血"转变；创新扶贫考评体系，由侧重考核地区生产总值向主要考核脱贫成效转变。

三、实施精准扶贫方略，加快贫困人口精准脱贫

（四）健全精准扶贫工作机制。抓好精准识别、建档立卡这个关键环节，为打赢脱贫攻坚战打好基础，为推进城乡发展一体化、逐步实现基本公共服务均等化创造条件。按照扶持对象精准、项目安排精准、资金使用精准、措施到户精准、因村派人精准、脱贫成效精准的要求，使建档立卡贫困人口中有5000万人左右通过产业扶持、转移就业、易地搬迁、教育支持、医疗救助等措施实现脱贫，其余完全或部分丧失劳动能力的贫困人口实行社保政策兜底脱贫。对建档立卡贫困村、贫困户和贫困人口定期进行全面核查，建立精准扶贫台账，实行有进有出的动态管理。根据致贫原因和脱贫需求，对贫困人口实行分类扶持。建立贫困户脱贫认定机制，对已经脱贫的农户，在一定时期内让其继续享受扶贫相关政策，避免出现边脱贫、边返贫现象，切实做到应进则进、应扶则扶。抓紧制定严格、规范、透明的国家扶贫开发工作重点县退出标准、程序、核查办法。重点县退出，由县提出申请，市（地）初审，省级审定，报国务院扶贫开发领导小组备案。重点县退出后，在攻坚期

内国家原有扶贫政策保持不变，抓紧制定攻坚期后国家帮扶政策。加强对扶贫工作绩效的社会监督，开展贫困地区群众扶贫满意度调查，建立对扶贫政策落实情况和扶贫成效的第三方评估机制。评价精准扶贫成效，既要看减贫数量，更要看脱贫质量，不提不切实际的指标，对弄虚作假搞"数字脱贫"的，要严肃追究责任。

（五）发展特色产业脱贫。制定贫困地区特色产业发展规划。出台专项政策，统筹使用涉农资金，重点支持贫困村、贫困户因地制宜发展种养业和传统手工业等。实施贫困村"一村一品"产业推进行动，扶持建设一批贫困人口参与度高的特色农业基地。加强贫困地区农民合作社和龙头企业培育，发挥其对贫困人口的组织和带动作用，强化其与贫困户的利益联结机制。支持贫困地区发展农产品加工业，加快一二三产业融合发展，让贫困户更多分享农业全产业链和价值链增值收益。加大对贫困地区农产品品牌推介营销支持力度。依托贫困地区特有的自然人文资源，深入实施乡村旅游扶贫工程。科学合理有序开发贫困地区水电、煤炭、油气等资源，调整完善资源开发收益分配政策。探索水电利益共享机制，将从发电中提取的资金优先用于水库移民和库区后续发展。引导中央企业、民营企业分别设立贫困地区产业投资基金，采取市场化运作方式，主要用于吸引企业到贫困地区从事资源开发、产业园区建设、新型城镇化发展等。

（六）引导劳务输出脱贫。加大劳务输出培训投入，统筹使用各类培训资源，以就业为导向，提高培训的针对性和有效性。加大职业技能提升计划和贫困户教育培训工程实施力度，引导企业扶贫与职业教育相结合，鼓励职业院校和技工学校招收贫困家庭子女，确保贫困家庭劳动力至少掌握一门致富技能，实现靠技能脱贫。进一步加大就业专项资金向贫困地区转移支付力度。支持贫困地区建设县乡基层劳动就业和社会保障服务平台，引导和支持用人企业在贫困地区建立劳务培训基地，开展好订单定向培训，建立和完善输出地与输入地劳务对接机制。鼓励地方对跨省务工的农村贫困人口给予交通补助。大力支持家政服务、物流配送、养老服务等产业发展，拓展贫困地区劳动力外出就业空间。加大对贫困地区农民工返乡创业政策扶持力度。对在城镇工作生活一年以上的农村贫困人口，输入地政府要承担相应的帮扶责任，并优先提供基本公共服务，促进有能力在城镇稳定就业和生活的农村贫困人口有序实现市民化。

（七）实施易地搬迁脱贫。对居住在生存条件恶劣、生态环境脆弱、自然灾害频发等地区的农村贫困人口，加快实施易地扶贫搬迁工程。坚持群众自愿、积极稳妥的原则，因地制宜选择搬迁安置方式，合理确定住房建设标准，完善搬迁后续扶持政策，确保搬迁对象有业可就、稳定脱贫，做到搬得出、稳得住、能致富。要紧密结合推进新型城镇化，编制实施易地扶贫搬迁规划，支持有条件的地方依托小城镇、工业园区安置搬迁群众，帮助其尽快实现转移就业，享有与当地群众同等的基本公共服务。加大中央预算内投资和地方各级政府投入力度，创新投融资机制，拓宽资金来源渠道，提高补助标准。积极整合交通建设、农田水利、土地整治、地质灾害防治、林业生态等支农资金和社会资金，支持安置区配套公共设施建设和迁出区生态修复。利用城乡建设用地增减挂钩政策支持易地扶贫搬迁。为符合条件的搬迁户提供建房、生产、创业贴息贷款支持。支持搬迁安置点发展物业经济，增加搬迁户财产性收入。探索利用农民进城落户后自愿有偿退出的农村空置房屋和土地安置易地搬迁农户。

（八）结合生态保护脱贫。国家实施的退耕还林还草、天然林保护、防护林建设、石漠化治理、防沙治沙、湿地保护与恢复、坡耕地综合整治、退牧还草、水生态治理等重大生态工程，在项目和资金安排上进一步向贫困地区倾斜，提高贫困人口参与度和受益水平。加大贫困地区生态保护修复力度，增加重点生态功能区转移支付。结合建立国家公园体制，创新生态资金使用方式，利用生态补偿和生态保护工程资金使当地有劳动能力的部分贫困人口转为护林员等生态保护人员。合理调整贫困地区基本农田保有指标，加大贫困地区新一轮退耕还林还草力度。开展贫困地区生态综合补偿试点，健全公益林补偿标准动态调整机制，完善草原生态保护补助奖励政策，推动地区间建立横向生态补偿制度。

（九）着力加强教育脱贫。加快实施教育扶贫工程，让贫困家庭子女都能接受公平有质量的教育，阻断贫困代际传递。国家教育经费向贫困地区、基础教育倾斜。健全学前教育资助制度，帮助农村贫困家庭幼儿接受学前教育。

稳步推进贫困地区农村义务教育阶段学生营养改善计划。加大对乡村教师队伍建设的支持力度，特岗计划、国培计划向贫困地区基层倾斜，为贫困地区乡村学校定向培养留得下、稳得住的一专多能教师，制定符合基层实际的教师招聘引进办法，建立省级统筹乡村教师补充机制，推动城乡教师合理流动和对口支援。全面落实连片特困地区乡村教师生活补助政策，建立乡村教师荣誉制度。合理布局贫困地区农村中小学校，改善基本办学条件，加快标准化建设，加强寄宿制学校建设，提高义务教育巩固率。普及高中阶段教育，率先从建档立卡的家庭经济困难学生实施普通高中免除学杂费、中等职业教育免除学杂费，让未升入普通高中的初中毕业生都能接受中等职业教育。加强有专业特色并适应市场需求的中等职业学校建设，提高中等职业教育国家助学金资助标准。努力办好贫困地区特殊教育和远程教育。建立保障农村和贫困地区学生上重点高校的长效机制，加大对贫困家庭大学生的救助力度。对贫困家庭离校未就业的高校毕业生提供就业支持。实施教育扶贫结对帮扶行动计划。

（十）开展医疗保险和医疗救助脱贫。实施健康扶贫工程，保障贫困人口享有基本医疗卫生服务，努力防止因病致贫、因病返贫。对贫困人口参加新型农村合作医疗个人缴费部分由财政给予补贴。新型农村合作医疗和大病保险制度对贫困人口实行政策倾斜，门诊统筹率先覆盖所有贫困地区，降低贫困人口大病费用实际支出，对新型农村合作医疗和大病保险支付后自负费用仍有困难的，加大医疗救助、临时救助、慈善救助等帮扶力度，将贫困人口全部纳入重特大疾病救助范围，使贫困人口大病医治得到有效保障。加大农村贫困残疾人康复服务和医疗救助力度，扩大纳入基本医疗保险范围的残疾人医疗康复项目。建立贫困人口健康卡。对贫困人口大病实行分类救治和先诊疗后付费的结算机制。建立全国三级医院（含军队和武警部队医院）与连片特困地区县和国家扶贫开发工作重点县县级医院稳定持续的一对一帮扶关系。完成贫困地区县乡村三级医疗卫生服务网络标准化建设，积极促进远程医疗诊治和保健咨询服务向贫困地区延伸。为贫困地区县乡医疗卫生机构订单定向免费培养医学类本专科学生，支持贫困地区实施全科医生和专科医生特设岗位计划，制定符合基层实际的人才招聘引进办法。支持和引导符合条件的贫困地区乡村医生按规定参加城镇职工基本养老保险。采取针对性措施，加强贫困地区传染病、地方病、慢性病等防治工作。全面实施贫困地区儿童营养改善、新生儿疾病免费筛查、妇女"两癌"免费筛查、孕前优生健康免费检查等重大公共卫生项目。加强贫困地区计划生育服务管理工作。

（十一）实行农村最低生活保障制度兜底脱贫。完善农村最低生活保障制度，对无法依靠产业扶持和就业帮助脱贫的家庭实行政策性保障兜底。加大农村低保省级统筹力度，低保标准较低的地区要逐步达到国家扶贫标准。尽快制定农村最低生活保障制度与扶贫开发政策有效衔接的实施方案。进一步加强农村低保申请家庭经济状况核查工作，将所有符合条件的贫困家庭纳入低保范围，做到应保尽保。加大临时救助制度在贫困地区落实力度。提高农村特困人员供养水平，改善供养条件。抓紧建立农村低保和扶贫开发的数据互通、资源共享信息平台，实现动态监测管理、工作机制有效衔接。加快完善城乡居民基本养老保险制度，适时提高基础养老金标准，引导农村贫困人口积极参保续保，逐步提高保障水平。有条件、有需求地区可以实施"以粮济贫"。

（十二）探索资产收益扶贫。在不改变用途的情况下，财政专项扶贫资金和其他涉农资金投入设施农业、养殖、光伏、水电、乡村旅游等项目形成的资产，具备条件的可折股量化给贫困村和贫困户，尤其是丧失劳动能力的贫困户。资产可由村集体、合作社或其他经营主体统一经营。要强化监督管理，明确资产运营方对财政资金形成资产的保值增值责任，建立健全收益分配机制，确保资产收益及时回馈持股贫困户。支持农民合作社和其他经营主体通过土地托管、牲畜托养和吸收农民土地经营权入股等方式，带动贫困户增收。贫困地区水电、矿产等资源开发，赋予土地被占用的村集体股权，让贫困人口分享资源开发收益。

（十三）健全留守儿童、留守妇女、留守老人和残疾人关爱服务体系。对农村"三留守"人员和残疾人进行全面摸底排查，建立详实完备、动态更新的信息管理系统。加强儿童福利院、救助保护机构、特困人员供养机构、残疾人康复托养机构、社区儿童之家等服务设施和队伍建设，不断提高管理服务水平。建立家庭、学校、基层组织、政府和社会力量相衔接的留守儿童关爱服务网络。加强对未成年人的监护。健全孤儿、事实无人抚养儿童、低收入家庭重病重残等困境儿童的福利保障体系。健全发现报告、应急处置、帮扶干预机制，帮助特殊贫困家庭解决实际困难。加大贫困残疾人康复工程、特殊教育、技能培训、托养服务实施力度。针对残疾人的特殊困难，全面建立困难残疾人生活补贴和重度残疾人护理补贴制度。对低保家庭中的老年人、未成年人、重度残疾人等重点救助对象，提高救助水平，确保基本生活。引导和鼓励社会力量参与特殊群体关爱服务工作。

四、加强贫困地区基础设施建设，加快破除发展瓶颈制约

（十四）加快交通、水利、电力建设。推动国家铁路网、国家高速公路网连接贫困地区的重大交通项目建设，提高国道省道技术标准，构建贫困地区外通内联的交通运输通道。大幅度增加中央投资投入中西部地区和贫困地区的铁路、公路建设，继续实施车购税对农村公路建设的专项转移政策，提高贫困地区农村公路建设补助标准，加快完成具备条件的乡镇和建制村通硬化路的建设任务，加强农村公路安全防护和危桥改造，推动一定人口规模的自然村通公路。加强贫困地区重大水利工程、病险水库水闸除险加固、灌区续建配套与节水改造等水利项目建设。实施农村饮水安全巩固提升工程，全面解决贫困人口饮水安全问题。小型农田水利、"五小水利"工程等建设向贫困村倾斜。对贫困地区农村公益性基础设施管理养护给予支持。加大对贫困地区抗旱水源建设、中小河流治理、水土流失综合治理力度。加强山洪和地质灾害防治体系建设。大力扶持贫困地区农村水电开发。加强贫困地区农村气象为农服务体系和灾害防御体系建设。加快推进贫困地区农网改造升级，全面提升农网供电能力和供电质量，制定贫困村通动力电规划，提升贫困地区电力普遍服务水平。增加贫困地区年度发电指标。提高贫困地区水电工程留存电量比例。加快推进光伏扶贫工程，支持光伏发电设施接入电网运行，发展光伏农业。

（十五）加大"互联网+"扶贫力度。完善电信普遍服务补偿机制，加快推进宽带网络覆盖贫困村。实施电商扶贫工程。加快贫困地区物流配送体系建设，支持邮政、供销合作等系统在贫困乡村建立服务网点。支持电商企业拓展农村业务，加强贫困地区农产品网上销售平台建设。加强贫困地区农村电商人才培训。对贫困家庭开设网店给予网络资费补助、小额信贷等支持。开展互联网为农便民服务，提升贫困地区农村互联网金融服务水平，扩大信息进村入户覆盖面。

（十六）加快农村危房改造和人居环境整治。加快推进贫困地区农村危房改造，统筹开展农房抗震改造，把建档立卡贫困户放在优先位置，提高补助标准，探索采用贷款贴息、建设集体公租房等多种方式，切实保障贫困户基本住房安全。加大贫困村生活垃圾处理、污水治理、改厕和村庄绿化美化力度。加大贫困地区传统村落保护力度。继续推进贫困地区农村环境连片整治。加大贫困地区以工代赈投入力度，支持农村山水田林路建设和小流域综合治理。财政支持的微小型建设项目，涉及贫困村的，允许按照一事一议方式直接委托村级组织自建自管。以整村推进为平台，加快改善贫困村生产生活条件，扎实推进美丽宜居乡村建设。

（十七）重点支持革命老区、民族地区、边疆地区、连片特困地区脱贫攻坚。出台加大脱贫攻坚力度支持革命老区开发建设指导意见，加快实施重点贫困革命老区振兴发展规划，扩大革命老区财政转移支付规模。加快推进民族地区重大基础设施项目和民生工程建设，实施少数民族特困地区和特困群体综合扶贫工程，出台人口较少民族整体脱贫的特殊政策措施。改善边疆民族地区义务教育阶段基本办学条件，建立健全双语教学体系，加大教育对口支援力度，积极发展符合民族地区实际的职业教育，加强民族地区师资培训。加强少数民族特色村镇保护与发展。大力推进兴边富民行动，加大边境地区转移支付力度，完善边民补贴机制，充分考虑边境地区特殊需要，集中改善边民生产生活条件，扶持发展边境贸易和特色经济，使边民能够安心生产生活、安心守边固边。完善片区联系协调机制，加快实施集中连片特殊困难地区区域发展与脱贫攻坚规划。加大中央投入力度，采取特殊扶持政策，推进西藏、四省藏区和新疆南疆四地州脱贫攻坚。

五、强化政策保障，健全脱贫攻坚支撑体系

（十八）加大财政扶贫投入力度。发挥政府投入在扶贫开发中的主体和主导作用,积极开辟扶贫开发新的资金渠道,确保政府扶贫投入力度与脱贫攻坚任务相适应。中央财政继续加大对贫困地区的转移支付力度,中央财政专项扶贫资金规模实现较大幅度增长,一般性转移支付资金、各类涉及民生的专项转移支付资金和中央预算内投资进一步向贫困地区和贫困人口倾斜。加大中央集中彩票公益金对扶贫的支持力度。农业综合开发、农村综合改革转移支付等涉农资金要明确一定比例用于贫困村。各部门安排的各项惠民政策、项目和工程,要最大限度地向贫困地区、贫困村、贫困人口倾斜。各省(自治区、直辖市)要根据本地脱贫攻坚需要,积极调整省级财政支出结构,切实加大扶贫资金投入。从 2016 年起通过扩大中央和地方财政支出规模,增加对贫困地区水电路气网等基础设施建设和提高基本公共服务水平的投入。建立健全脱贫攻坚多规划衔接、多部门协调长效机制,整合目标相近、方向类同的涉农资金。按照权责一致原则,支持连片特困地区县和国家扶贫开发工作重点县围绕本县突出问题,以扶贫规划为引领,以重点扶贫项目为平台,把专项扶贫资金、相关涉农资金和社会帮扶资金捆绑集中使用。严格落实国家在贫困地区安排的公益性建设项目取消县级和西部连片特困地区地市级配套资金的政策,并加大中央和省级财政投资补助比重。在扶贫开发中推广政府与社会资本合作、政府购买服务等模式。加强财政监督检查和审计、稽查等工作,建立扶贫资金违规使用责任追究制度。纪检监察机关对扶贫领域虚报冒领、截留私分、贪污挪用、挥霍浪费等违法违规问题,坚决从严惩处。推进扶贫开发领域反腐倡廉建设,集中整治和加强预防扶贫领域职务犯罪工作。贫困地区要建立扶贫公告公示制度,强化社会监督,保障资金在阳光下运行。

(十九)加大金融扶贫力度。鼓励和引导商业性、政策性、开发性、合作性等各类金融机构加大对扶贫开发的金融支持。运用多种货币政策工具,向金融机构提供长期、低成本的资金,用于支持扶贫开发。设立扶贫再贷款,实行比支农再贷款更优惠的利率,重点支持贫困地区发展特色产业和贫困人口就业创业。运用适当的政策安排,动用财政贴息资金及部分金融机构的富余资金,对接政策性、开发性金融机构的资金需求,拓宽扶贫资金来源渠道。由国家开发银行和中国农业发展银行发行政策性金融债,按照微利或保本的原则发放长期贷款，中央财政给予90%的贷款贴息，专项用于易地扶贫搬迁。国家开发银行、中国农业发展银行分别设立"扶贫金融事业部"，依法享受税收优惠。中国农业银行、邮政储蓄银行、农村信用社等金融机构要延伸服务网络，创新金融产品，增加贫困地区信贷投放。对有稳定还款来源的扶贫项目，允许采用过桥贷款方式，撬动信贷资金投入。按照省（自治区、直辖市）负总责的要求，建立和完善省级扶贫开发投融资主体。支持农村信用社、村镇银行等金融机构为贫困户提供免抵押、免担保扶贫小额信贷，由财政按基础利率贴息。加大创业担保贷款、助学贷款、妇女小额贷款、康复扶贫贷款实施力度。优先支持在贫困地区设立村镇银行、小额贷款公司等机构。支持贫困地区培育发展农民资金互助组织，开展农民合作社信用合作试点。支持贫困地区设立扶贫贷款风险补偿基金。支持贫困地区设立政府出资的融资担保机构，重点开展扶贫担保业务。积极发展扶贫小额贷款保证保险，对贫困户保证保险保费予以补助。扩大农业保险覆盖面，通过中央财政以奖代补等支持贫困地区特色农产品保险发展。加强贫困地区金融服务基础设施建设，优化金融生态环境。支持贫困地区开展特色农产品价格保险，有条件的地方可给予一定保费补贴。有效拓展贫困地区抵押物担保范围。

（二十）完善扶贫开发用地政策。支持贫困地区根据第二次全国土地调查及最新年度变更调查成果，调整完善土地利用总体规划。新增建设用地计划指标优先保障扶贫开发用地需要，专项安排国家扶贫开发工作重点县年度新增建设用地计划指标。中央和省级在安排土地整治工程和项目、分配下达高标准基本农田建设计划和补助资金时，要向贫困地区倾斜。在连片特困地区和国家扶贫开发工作重点县开展易地扶贫搬迁，允许将城乡建设用地增减挂钩指标在省域范围内使用。在有条件的贫困地区，优先安排国土资源管理制度改革试点，支持开展历史遗留工矿废弃地复垦利用、城镇低效用地再开发和低丘缓坡荒滩等未利用地开发利用试点。

（二十一）发挥科技、人才支撑作用。加大科技扶贫力度，解决贫困地区特色产业发展和生态建设中的关键技术问题。加大技术创新引导专项（基金）对科技扶贫的支持，加快先进适用技术成果在贫困地区的转化。深入推行科技特派员制度，支持科技特派员开展创业式扶贫服务。强化贫困地区基层农技推广体系建设,加强新型职业农民培训。加大政策激励力度,鼓励各类人才扎根贫困地区基层建功立业,对表现优秀的人员在职称评聘等方面给予倾斜。大力实施边远贫困地区、边疆民族地区和革命老区人才支持计划,贫困地区本土人才培养计划。积极推进贫困村创业致富带头人培训工程。

六、广泛动员全社会力量,合力推进脱贫攻坚

(二十二)健全东西部扶贫协作机制。加大东西部扶贫协作力度,建立精准对接机制,使帮扶资金主要用于贫困村、贫困户。东部地区要根据财力增长情况,逐步增加对口帮扶财政投入,并列入年度预算。强化以企业合作为载体的扶贫协作,鼓励东西部按照当地主体功能定位共建产业园区,推动东部人才、资金、技术向贫困地区流动。启动实施经济强县(市)与国家扶贫开发工作重点县"携手奔小康"行动,东部各省(直辖市)在努力做好本区域内扶贫开发工作的同时,更多发挥县(市)作用,与扶贫协作省份的国家扶贫开发工作重点县开展结对帮扶。建立东西部扶贫协作考核评价机制。

(二十三)健全定点扶贫机制。进一步加强和改进定点扶贫工作,建立考核评价机制,确保各单位落实扶贫责任。深入推进中央企业定点帮扶贫困革命老区县"百县万村"活动。完善定点扶贫牵头联系机制,各牵头部门要按照分工督促指导各单位做好定点扶贫工作。

(二十四)健全社会力量参与机制。鼓励支持民营企业、社会组织、个人参与扶贫开发,实现社会帮扶资源和精准扶贫有效对接。引导社会扶贫重心下移,自愿包村包户,做到贫困户都有党员干部或爱心人士结对帮扶。吸纳农村贫困人口就业的企业,按规定享受税收优惠、职业培训补贴等就业支持政策。落实企业和个人公益扶贫捐赠所得税税前扣除政策。充分发挥各民主党派、无党派人士在人才和智力扶贫上的优势和作用。工商联系统组织民营企业开展"万企帮万村"精准扶贫行动。通过政府购买服务等方式,鼓励各类社会组织开展到村到户精准扶贫。完善扶贫龙头企业认定制度,增强企业辐射带动贫困户增收的能力。鼓励有条件的企业设立扶贫公益基金和开展扶贫公益信托。发挥好"10·17"全国扶贫日社会动员作用。实施扶贫志愿者行动计划和社会工作专业人才服务贫困地区计划。着力打造扶贫公益品牌,全面及时公开扶贫捐赠信息，提高社会扶贫公信力和美誉度。构建社会扶贫信息服务网络，探索发展公益众筹扶贫。

七、大力营造良好氛围，为脱贫攻坚提供强大精神动力

（二十五）创新中国特色扶贫开发理论。深刻领会习近平总书记关于新时期扶贫开发的重要战略思想，系统总结我们党和政府领导亿万人民摆脱贫困的历史经验，提炼升华精准扶贫的实践成果，不断丰富完善中国特色扶贫开发理论，为脱贫攻坚注入强大思想动力。

（二十六）加强贫困地区乡风文明建设。培育和践行社会主义核心价值观，大力弘扬中华民族自强不息、扶贫济困传统美德，振奋贫困地区广大干部群众精神，坚定改变贫困落后面貌的信心和决心，凝聚全党全社会扶贫开发强大合力。倡导现代文明理念和生活方式，改变落后风俗习惯，善于发挥乡规民约在扶贫济困中的积极作用，激发贫困群众奋发脱贫的热情。推动文化投入向贫困地区倾斜，集中实施一批文化惠民扶贫项目，普遍建立村级文化中心。深化贫困地区文明村镇和文明家庭创建。推动贫困地区县级公共文化体育设施达到国家标准。支持贫困地区挖掘保护和开发利用红色、民族、民间文化资源。鼓励文化单位、文艺工作者和其他社会力量为贫困地区提供文化产品和服务。

（二十七）扎实做好脱贫攻坚宣传工作。坚持正确舆论导向，全面宣传我国扶贫事业取得的重大成就，准确解读党和政府扶贫开发的决策部署、政策举措，生动报道各地区各部门精准扶贫、精准脱贫丰富实践和先进典型。建立国家扶贫荣誉制度，表彰对扶贫开发作出杰出贡献的组织和个人。加强对外宣传，讲好减贫的中国故事，传播好减贫的中国声音，阐述好减贫的中国理念。

（二十八）加强国际减贫领域交流合作。通过对外援助、项目合作、技术扩散、智库交流等多种形式，加强与发展中国家和国际机构在减贫领域的交流合作。积极借鉴国际先进减贫理念与经验。履行减贫国际责任，积极落实联合国2030年可持续发展议程，对全球减贫事业作出更大贡献。

八、切实加强党的领导,为脱贫攻坚提供坚强政治保障

(二十九)强化脱贫攻坚领导责任制。实行中央统筹、省(自治区、直辖市)负总责、市(地)县抓落实的工作机制,坚持片区为重点、精准到村到户。党中央、国务院主要负责统筹制定扶贫开发大政方针,出台重大政策举措,规划重大工程项目。省(自治区、直辖市)党委和政府对扶贫开发工作负总责,抓好目标确定、项目下达、资金投放、组织动员、监督考核等工作。市(地)党委和政府要做好上下衔接、域内协调、督促检查工作,把精力集中在贫困县如期摘帽上。县级党委和政府承担主体责任,书记和县长是第一责任人,做好进度安排、项目落地、资金使用、人力调配、推进实施等工作。要层层签订脱贫攻坚责任书,扶贫开发任务重的省(自治区、直辖市)党政主要领导要向中央签署脱贫责任书,每年要向中央作扶贫脱贫进展情况的报告。省(自治区、直辖市)党委和政府要向市(地)、县(市)、乡镇提出要求,层层落实责任制。中央和国家机关各部门要按照部门职责落实扶贫开发责任,实现部门专项规划与脱贫攻坚规划有效衔接,充分运用行业资源做好扶贫开发工作。军队和武警部队要发挥优势,积极参与地方扶贫开发。改进县级干部选拔任用机制,统筹省(自治区、直辖市)内优秀干部,选好配强扶贫任务重的县党政主要领导,把扶贫开发工作实绩作为选拔使用干部的重要依据。脱贫攻坚期内贫困县县级领导班子要保持稳定,对表现优秀、符合条件的可以就地提级。加大选派优秀年轻干部特别是后备干部到贫困地区工作的力度,有计划地安排省部级后备干部到贫困县挂职任职,各省(自治区、直辖市)党委和政府也要选派厅局级后备干部到贫困县挂职任职。各级领导干部要自觉践行党的群众路线,切实转变作风,把严的要求、实的作风贯穿于脱贫攻坚始终。

(三十)发挥基层党组织战斗堡垒作用。加强贫困乡镇领导班子建设,有针对性地选配政治素质高、工作能力强、熟悉"三农"工作的干部担任贫困乡镇党政主要领导。抓好以村党组织为领导核心的村级组织配套建设,集中整顿软弱涣散村党组织,提高贫困村党组织的创造力、凝聚力、战斗力,发挥好工会、共青团、妇联等群团组织的作用。选好配强村级领导班子,突出抓好村党组织带头人队伍建设，充分发挥党员先锋模范作用。完善村级组织运转经费保障机制，将村干部报酬、村办公经费和其他必要支出作为保障重点。注重选派思想好、作风正、能力强的优秀年轻干部到贫困地区驻村，选聘高校毕业生到贫困村工作。根据贫困村的实际需求，精准选配第一书记，精准选派驻村工作队，提高县以上机关派出干部比例。加大驻村干部考核力度，不稳定脱贫不撤队伍。对在基层一线干出成绩、群众欢迎的驻村干部，要重点培养使用。加快推进贫困村村务监督委员会建设，继续落实好"四议两公开"、村务联席会等制度，健全党组织领导的村民自治机制。在有实际需要的地区，探索在村民小组或自然村开展村民自治，通过议事协商，组织群众自觉广泛参与扶贫开发。

（三十一）严格扶贫考核督查问责。抓紧出台中央对省（自治区、直辖市）党委和政府扶贫开发工作成效考核办法。建立年度扶贫开发工作逐级督查制度，选择重点部门、重点地区进行联合督查，对落实不力的部门和地区，国务院扶贫开发领导小组要向党中央、国务院报告并提出责任追究建议，对未完成年度减贫任务的省份要对党政主要领导进行约谈。各省（自治区、直辖市）党委和政府要加快出台对贫困县扶贫绩效考核办法，大幅度提高减贫指标在贫困县经济社会发展实绩考核指标中的权重，建立扶贫工作责任清单。加快落实对限制开发区域和生态脆弱的贫困县取消地区生产总值考核的要求。落实贫困县约束机制，严禁铺张浪费，厉行勤俭节约，严格控制"三公"经费，坚决刹住穷县"富衙""戴帽"炫富之风，杜绝不切实际的形象工程。建立重大涉贫事件的处置、反馈机制，在处置典型事件中发现问题，不断提高扶贫工作水平。加强农村贫困统计监测体系建设，提高监测能力和数据质量，实现数据共享。

（三十二）加强扶贫开发队伍建设。稳定和强化各级扶贫开发领导小组和工作机构。扶贫开发任务重的省（自治区、直辖市）、市（地）、县（市）扶贫开发领导小组组长由党政主要负责同志担任，强化各级扶贫开发领导小组决策部署、统筹协调、督促落实、检查考核的职能。加强与精准扶贫工作要求相适应的扶贫开发队伍和机构建设，完善各级扶贫开发机构的设置和职能，充实配强各级扶贫开发工作力度。扶贫任务重的乡镇要有专门干部负责扶贫开发工作。加强贫困地区县级领导干部和扶贫干部思想作风建设，加大培训力度，全面提升扶贫干部队伍能力水平。

（三十三）推进扶贫开发法治建设。各级党委和政府要切实履行责任，善于运用法治思维和法治方式推进扶贫开发工作，在规划编制、项目安排、资金使用、监督管理等方面，提高规范化、制度化、法治化水平。强化贫困地区社会治安防控体系建设和基层执法队伍建设。健全贫困地区公共法律服务制度，切实保障贫困人口合法权益。完善扶贫开发法律法规，抓紧制定扶贫开发条例。

让我们更加紧密地团结在以习近平同志为总书记的党中央周围，凝心聚力，精准发力，苦干实干，坚决打赢脱贫攻坚战，为全面建成小康社会、实现中华民族伟大复兴的中国梦而努力奋斗。

中共中央 国务院关于实现巩固拓展脱贫攻坚成果同乡村振兴有效衔接的意见

（2020年12月16日）

打赢脱贫攻坚战、全面建成小康社会后，要进一步巩固拓展脱贫攻坚成果，接续推动脱贫地区发展和乡村全面振兴。为实现巩固拓展脱贫攻坚成果同乡村振兴有效衔接，现提出如下意见。

一、重大意义

党的十八大以来，以习近平同志为核心的党中央把脱贫攻坚摆在治国理政的突出位置，作为实现第一个百年奋斗目标的重点任务，纳入"五位一体"总体布局和"四个全面"战略布局，作出一系列重大部署和安排，全面打响脱贫攻坚战，困扰中华民族几千年的绝对贫困问题即将历史性地得到解决，脱贫攻坚成果举世瞩目。到2020年我国现行标准下农村贫困人口全部实现脱贫、贫困县全部摘帽、区域性整体贫困得到解决。"两不愁"质量水平明显提升，"三保障"突出问题彻底消除。贫困人口收入水平大幅度提高，自主脱贫能力稳步增强。贫困地区生产生活条件明显改善，经济社会发展明显加快。脱贫攻坚取得全面胜利，提前10年实现《联合国2030年可持续发展议程》减贫目标，实现了全面小康路上一个都不掉队，在促进全体人民共同富裕的道路上迈出了坚实一步。完成脱贫攻坚这一伟大事业，不仅在中华民族发展史上具有重要里程碑意义，更是中国人民对人类文明和全球反贫困事业的重大贡献。

脱贫攻坚的伟大实践，充分展现了我们党领导亿万人民坚持和发展中国特色社会主义创造的伟大奇迹，充分彰显了中国共产党领导和我国社会主义制度的政治优势。脱贫攻坚的伟大成就，极大增强了全党全国人民的凝聚力和向心力,极大增强了全党全国人民的道路自信、理论自信、制度自信、文化自信。

这些成就的取得,归功于以习近平同志为核心的党中央坚强领导,习近平总书记亲自谋划、亲自挂帅、亲自督战,推动实施精准扶贫精准脱贫基本方略;归功于全党全社会众志成城、共同努力,中央统筹、省负总责、市县抓落实,省市县乡村五级书记抓扶贫,构建起专项扶贫、行业扶贫、社会扶贫互为补充的大扶贫格局;归功于广大干部群众辛勤工作和不懈努力,数百万干部战斗在扶贫一线,亿万贫困群众依靠自己的双手和智慧摆脱贫困;归功于行之有效的政策体系、制度体系和工作体系,脱贫攻坚政策体系覆盖面广、含金量高,脱贫攻坚制度体系完备、上下贯通,脱贫攻坚工作体系目标明确、执行力强,为打赢脱贫攻坚战提供了坚强支撑,为全面推进乡村振兴提供了宝贵经验。

脱贫摘帽不是终点,而是新生活、新奋斗的起点。打赢脱贫攻坚战、全面建成小康社会后,要在巩固拓展脱贫攻坚成果的基础上,做好乡村振兴这篇大文章,接续推进脱贫地区发展和群众生活改善。做好巩固拓展脱贫攻坚成果同乡村振兴有效衔接,关系到构建以国内大循环为主体、国内国际双循环相互促进的新发展格局,关系到全面建设社会主义现代化国家全局和实现第二个百年奋斗目标。全党务必站在践行初心使命、坚守社会主义本质要求的政治高度,充分认识实现巩固拓展脱贫攻坚成果同乡村振兴有效衔接的重要性、紧迫性,举全党全国之力,统筹安排、强力推进,让包括脱贫群众在内的广大人民过上更加美好的生活,朝着逐步实现全体人民共同富裕的目标继续前进,彰显党的根本宗旨和我国社会主义制度优势。

二、总体要求

(一)指导思想。以习近平新时代中国特色社会主义思想为指导,深入贯彻党的十九大和十九届二中、三中、四中、五中全会精神,坚定不移贯彻新发展理念,坚持稳中求进工作总基调,坚持以人民为中心的发展思想,坚持共同富裕方向,将巩固拓展脱贫攻坚成果放在突出位置,建立农村低收入人口和欠发达地区帮扶机制,健全乡村振兴领导体制和工作体系,加快推进脱贫地区乡村产业、人才、文化、生态、组织等全面振兴，为全面建设社会主义现代化国家开好局、起好步奠定坚实基础。

（二）基本思路和目标任务。脱贫攻坚目标任务完成后，设立5年过渡期。脱贫地区要根据形势变化，理清工作思路，做好过渡期内领导体制、工作体系、发展规划、政策举措、考核机制等有效衔接，从解决建档立卡贫困人口"两不愁三保障"为重点转向实现乡村产业兴旺、生态宜居、乡风文明、治理有效、生活富裕，从集中资源支持脱贫攻坚转向巩固拓展脱贫攻坚成果和全面推进乡村振兴。到2025年，脱贫攻坚成果巩固拓展，乡村振兴全面推进，脱贫地区经济活力和发展后劲明显增强，乡村产业质量效益和竞争力进一步提高，农村基础设施和基本公共服务水平进一步提升，生态环境持续改善，美丽宜居乡村建设扎实推进，乡风文明建设取得显著进展，农村基层组织建设不断加强，农村低收入人口分类帮扶长效机制逐步完善，脱贫地区农民收入增速高于全国农民平均水平。到2035年，脱贫地区经济实力显著增强，乡村振兴取得重大进展，农村低收入人口生活水平显著提高，城乡差距进一步缩小，在促进全体人民共同富裕上取得更为明显的实质性进展。

（三）主要原则

——坚持党的全面领导。坚持中央统筹、省负总责、市县乡抓落实的工作机制，充分发挥各级党委总揽全局、协调各方的领导作用，省市县乡村五级书记抓巩固拓展脱贫攻坚成果和乡村振兴。总结脱贫攻坚经验，发挥脱贫攻坚体制机制作用。

——坚持有序调整、平稳过渡。过渡期内在巩固拓展脱贫攻坚成果上下更大功夫、想更多办法、给予更多后续帮扶支持，对脱贫县、脱贫村、脱贫人口扶上马送一程，确保脱贫群众不返贫。在主要帮扶政策保持总体稳定的基础上，分类优化调整，合理把握调整节奏、力度和时限，增强脱贫稳定性。

——坚持群众主体、激发内生动力。坚持扶志扶智相结合，防止政策养懒汉和泛福利化倾向，发挥奋进致富典型示范引领作用，激励有劳动能力的低收入人口勤劳致富。

——坚持政府推动引导、社会市场协同发力。坚持行政推动与市场机制有机结合，发挥集中力量办大事的优势，广泛动员社会力量参与，形成巩固拓展脱贫攻坚成果、全面推进乡村振兴的强大合力。

三、建立健全巩固拓展脱贫攻坚成果长效机制

（一）保持主要帮扶政策总体稳定。过渡期内严格落实"四个不摘"要求，摘帽不摘责任，防止松劲懈怠；摘帽不摘政策，防止急刹车；摘帽不摘帮扶，防止一撤了之；摘帽不摘监管，防止贫困反弹。现有帮扶政策该延续的延续、该优化的优化、该调整的调整，确保政策连续性。兜底救助类政策要继续保持稳定。落实好教育、医疗、住房、饮水等民生保障普惠性政策，并根据脱贫人口实际困难给予适度倾斜。优化产业就业等发展类政策。

（二）健全防止返贫动态监测和帮扶机制。对脱贫不稳定户、边缘易致贫户，以及因病因灾因意外事故等刚性支出较大或收入大幅缩减导致基本生活出现严重困难户，开展定期检查、动态管理，重点监测其收入支出状况、"两不愁三保障"及饮水安全状况，合理确定监测标准。建立健全易返贫致贫人口快速发现和响应机制，分层分类及时纳入帮扶政策范围，实行动态清零。健全防止返贫大数据监测平台，加强相关部门、单位数据共享和对接，充分利用先进技术手段提升监测准确性，以国家脱贫攻坚普查结果为依据，进一步完善基础数据库。建立农户主动申请、部门信息比对、基层干部定期跟踪回访相结合的易返贫致贫人口发现和核查机制，实施帮扶对象动态管理。坚持预防性措施和事后帮扶相结合，精准分析返贫致贫原因，采取有针对性的帮扶措施。

（三）巩固"两不愁三保障"成果。落实行业主管部门工作责任。健全控辍保学工作机制，确保除身体原因不具备学习条件外脱贫家庭义务教育阶段适龄儿童少年不失学辍学。有效防范因病返贫致贫风险，落实分类资助参保政策，做好脱贫人口参保动员工作。建立农村脱贫人口住房安全动态监测机制，通过农村危房改造等多种方式保障低收入人口基本住房安全。巩固维护好已建农村供水工程成果，不断提升农村供水保障水平。

（四）做好易地扶贫搬迁后续扶持工作。聚焦原深度贫困地区、大型特大型安置区，从就业需要、产业发展和后续配套设施建设提升完善等方面加大扶持力度，完善后续扶持政策体系，持续巩固易地搬迁脱贫成果，确保搬迁群众稳得住、有就业、逐步能致富。提升安置区社区管理服务水平，建立关

爱机制，促进社会融入。

（五）加强扶贫项目资产管理和监督。分类摸清各类扶贫项目形成的资产底数。公益性资产要落实管护主体，明确管护责任，确保继续发挥作用。经营性资产要明晰产权关系，防止资产流失和被侵占，资产收益重点用于项目运行管护、巩固拓展脱贫攻坚成果、村级公益事业等。确权到农户或其他经营主体的扶贫资产，依法维护其财产权利，由其自主管理和运营。

四、聚力做好脱贫地区巩固拓展脱贫攻坚成果同乡村振兴有效衔接重点工作

（六）支持脱贫地区乡村特色产业发展壮大。注重产业后续长期培育，尊重市场规律和产业发展规律，提高产业市场竞争力和抗风险能力。以脱贫县为单位规划发展乡村特色产业，实施特色种养业提升行动，完善全产业链支持措施。加快脱贫地区农产品和食品仓储保鲜、冷链物流设施建设，支持农产品流通企业、电商、批发市场与区域特色产业精准对接。现代农业产业园、科技园、产业融合发展示范园继续优先支持脱贫县。支持脱贫地区培育绿色食品、有机农产品、地理标志农产品，打造区域公用品牌。继续大力实施消费帮扶。

（七）促进脱贫人口稳定就业。搭建用工信息平台，培育区域劳务品牌，加大脱贫人口有组织劳务输出力度。支持脱贫地区在农村人居环境、小型水利、乡村道路、农田整治、水土保持、产业园区、林业草原基础设施等涉农项目建设和管护时广泛采取以工代赈方式。延续支持扶贫车间的优惠政策。过渡期内逐步调整优化生态护林员政策。统筹用好乡村公益岗位，健全按需设岗、以岗聘任、在岗领补、有序退岗的管理机制，过渡期内逐步调整优化公益岗位政策。

（八）持续改善脱贫地区基础设施条件。继续加大对脱贫地区基础设施建设的支持力度，重点谋划建设一批高速公路、客货共线铁路、水利、电力、机场、通信网络等区域性和跨区域重大基础设施建设工程。按照实施乡村建设行动统一部署，支持脱贫地区因地制宜推进农村厕所革命、生活垃圾和污水治理、村容村貌提升。推进脱贫县"四好农村路"建设，推动交通项目更多向进村入户倾斜，因地制宜推进较大人口规模自然村（组）通硬化路，加强通村公路和村内主干道连接,加大农村产业路、旅游路建设力度。加强脱贫地区农村防洪、灌溉等中小型水利工程建设。统筹推进脱贫地区县乡村三级物流体系建设,实施"快递进村"工程。支持脱贫地区电网建设和乡村电气化提升工程实施。

(九)进一步提升脱贫地区公共服务水平。继续改善义务教育办学条件,加强乡村寄宿制学校和乡村小规模学校建设。加强脱贫地区职业院校(含技工院校)基础能力建设。继续实施家庭经济困难学生资助政策和农村义务教育学生营养改善计划。在脱贫地区普遍增加公费师范生培养供给,加强城乡教师合理流动和对口支援。过渡期内保持现有健康帮扶政策基本稳定,完善大病专项救治政策,优化高血压等主要慢病签约服务,调整完善县域内先诊疗后付费政策。继续开展三级医院对口帮扶并建立长效机制,持续提升县级医院诊疗能力。加大中央倾斜支持脱贫地区医疗卫生机构基础设施建设和设备配备力度,继续改善疾病预防控制机构条件。继续实施农村危房改造和地震高烈度设防地区农房抗震改造,逐步建立农村低收入人口住房安全保障长效机制。继续加强脱贫地区村级综合服务设施建设,提升为民服务能力和水平。

五、健全农村低收入人口常态化帮扶机制

(十)加强农村低收入人口监测。以现有社会保障体系为基础,对农村低保对象、农村特困人员、农村易返贫致贫人口,以及因病因灾因意外事故等刚性支出较大或收入大幅缩减导致基本生活出现严重困难人口等农村低收入人口开展动态监测。充分利用民政、扶贫、教育、人力资源社会保障、住房城乡建设、医疗保障等政府部门现有数据平台,加强数据比对和信息共享,完善基层主动发现机制。健全多部门联动的风险预警、研判和处置机制,实现对农村低收入人口风险点的早发现和早帮扶。完善农村低收入人口定期核查和动态调整机制。

(十一)分层分类实施社会救助。完善最低生活保障制度,科学认定农村低保对象,提高政策精准性。调整优化针对原建档立卡贫困户的低保"单人户"政策。完善低保家庭收入财产认定方法。健全低保标准制定和动态调整机制。加大低保标准制定省级统筹力度。鼓励有劳动能力的农村低保对象参

与就业，在计算家庭收入时扣减必要的就业成本。完善农村特困人员救助供养制度，合理提高救助供养水平和服务质量。完善残疾儿童康复救助制度，提高救助服务质量。加强社会救助资源统筹，根据对象类型、困难程度等，及时有针对性地给予困难群众医疗、教育、住房、就业等专项救助，做到精准识别、应救尽救。对基本生活陷入暂时困难的群众加强临时救助，做到凡困必帮、有难必救。鼓励通过政府购买服务对社会救助家庭中生活不能自理的老年人、未成年人、残疾人等提供必要的访视、照料服务。

（十二）合理确定农村医疗保障待遇水平。坚持基本标准，统筹发挥基本医疗保险、大病保险、医疗救助三重保障制度综合梯次减负功能。完善城乡居民基本医疗保险参保个人缴费资助政策，继续全额资助农村特困人员，定额资助低保对象，过渡期内逐步调整脱贫人口资助政策。在逐步提高大病保障水平基础上，大病保险继续对低保对象、特困人员和返贫致贫人口进行倾斜支付。进一步夯实医疗救助托底保障，合理设定年度救助限额，合理控制救助对象政策范围内自付费用比例。分阶段、分对象、分类别调整脱贫攻坚期超常规保障措施。重点加大医疗救助资金投入，倾斜支持乡村振兴重点帮扶县。

（十三）完善养老保障和儿童关爱服务。完善城乡居民基本养老保险费代缴政策，地方政府结合当地实际情况，按照最低缴费档次为参加城乡居民养老保险的低保对象、特困人员、返贫致贫人口、重度残疾人等缴费困难群体代缴部分或全部保费。在提高城乡居民养老保险缴费档次时，对上述困难群体和其他已脱贫人口可保留现行最低缴费档次。强化县乡两级养老机构对失能、部分失能特困老年人口的兜底保障。加大对孤儿、事实无人抚养儿童等保障力度。加强残疾人托养照护、康复服务。

（十四）织密兜牢丧失劳动能力人口基本生活保障底线。对脱贫人口中完全丧失劳动能力或部分丧失劳动能力且无法通过产业就业获得稳定收入的人口，要按规定纳入农村低保或特困人员救助供养范围，并按困难类型及时给予专项救助、临时救助等，做到应保尽保、应兜尽兜。

六、着力提升脱贫地区整体发展水平

（十五）在西部地区脱贫县中集中支持一批乡村振兴重点帮扶县。按照应减尽减原则，在西部地区处于边远或高海拔、自然环境相对恶劣、经济发展基础薄弱、社会事业发展相对滞后的脱贫县中，确定一批国家乡村振兴重点帮扶县，从财政、金融、土地、人才、基础设施建设、公共服务等方面给予集中支持，增强其区域发展能力。支持各地在脱贫县中自主选择一部分县作为乡村振兴重点帮扶县。支持革命老区、民族地区、边疆地区巩固脱贫攻坚成果和乡村振兴。建立跟踪监测机制，对乡村振兴重点帮扶县进行定期监测评估。

（十六）坚持和完善东西部协作和对口支援、社会力量参与帮扶机制。继续坚持并完善东西部协作机制，在保持现有结对关系基本稳定和加强现有经济联系的基础上，调整优化结对帮扶关系，将现行一对多、多对一的帮扶办法，调整为原则上一个东部地区省份帮扶一个西部地区省份的长期固定结对帮扶关系。省际间要做好帮扶关系的衔接，防止出现工作断档、力量弱化。中部地区不再实施省际间结对帮扶。优化协作帮扶方式，在继续给予资金支持、援建项目基础上，进一步加强产业合作、劳务协作、人才支援，推进产业梯度转移，鼓励东西部共建产业园区。教育、文化、医疗卫生、科技等行业对口支援原则上纳入新的东西部协作结对关系。更加注重发挥市场作用，强化以企业合作为载体的帮扶协作。继续坚持定点帮扶机制，适当予以调整优化，安排有能力的部门、单位和企业承担更多责任。军队持续推进定点帮扶工作，健全完善长效机制，巩固提升帮扶成效。继续实施"万企帮万村"行动。定期对东西部协作和定点帮扶成效进行考核评价。

七、加强脱贫攻坚与乡村振兴政策有效衔接

（十七）做好财政投入政策衔接。过渡期内在保持财政支持政策总体稳定的前提下，根据巩固拓展脱贫攻坚成果同乡村振兴有效衔接的需要和财力状况，合理安排财政投入规模，优化支出结构，调整支持重点。保留并调整优化原财政专项扶贫资金，聚焦支持脱贫地区巩固拓展脱贫攻坚成果和乡村振兴，适当向国家乡村振兴重点帮扶县倾斜，并逐步提高用于产业发展的比例。各地要用好城乡建设用地增减挂钩政策，统筹地方可支配财力，支持"十三五"易地扶贫搬迁融资资金偿还。对农村低收入人口的救助帮扶，通过现有

资金支出渠道支持。过渡期前 3 年脱贫县继续实行涉农资金统筹整合试点政策，此后调整至国家乡村振兴重点帮扶县实施，其他地区探索建立涉农资金整合长效机制。确保以工代赈中央预算内投资落实到项目，及时足额发放劳务报酬。现有财政相关转移支付继续倾斜支持脱贫地区。对支持脱贫地区产业发展效果明显的贷款贴息、政府采购等政策，在调整优化基础上继续实施。过渡期内延续脱贫攻坚相关税收优惠政策。

（十八）做好金融服务政策衔接。继续发挥再贷款作用，现有再贷款帮扶政策在展期期间保持不变。进一步完善针对脱贫人口的小额信贷政策。对有较大贷款资金需求、符合贷款条件的对象，鼓励其申请创业担保贷款政策支持。加大对脱贫地区优势特色产业信贷和保险支持力度。鼓励各地因地制宜开发优势特色农产品保险。对脱贫地区继续实施企业上市"绿色通道"政策。探索农产品期货期权和农业保险联动。

（十九）做好土地支持政策衔接。坚持最严格耕地保护制度，强化耕地保护主体责任，严格控制非农建设占用耕地，坚决守住 18 亿亩耕地红线。以国土空间规划为依据，按照应保尽保原则，新增建设用地计划指标优先保障巩固拓展脱贫攻坚成果和乡村振兴用地需要，过渡期内专项安排脱贫县年度新增建设用地计划指标，专项指标不得挪用；原深度贫困地区计划指标不足的，由所在省份协调解决。过渡期内，对脱贫地区继续实施城乡建设用地增减挂钩节余指标省内交易政策；在东西部协作和对口支援框架下，对现行政策进行调整完善，继续开展增减挂钩节余指标跨省域调剂。

（二十）做好人才智力支持政策衔接。延续脱贫攻坚期间各项人才智力支持政策，建立健全引导各类人才服务乡村振兴长效机制。继续实施农村义务教育阶段教师特岗计划、中小学幼儿园教师国家级培训计划、银龄讲学计划、乡村教师生活补助政策，优先满足脱贫地区对高素质教师的补充需求。继续实施高校毕业生"三支一扶"计划，继续实施重点高校定向招生专项计划。全科医生特岗和农村订单定向医学生免费培养计划优先向中西部地区倾斜。在国家乡村振兴重点帮扶县对农业科技推广人员探索"县管乡用、下沉到村"的新机制。继续支持脱贫户"两后生"接受职业教育，并按规定给予相应资助。鼓励和引导各方面人才向国家乡村振兴重点帮扶县基层流动。

八、全面加强党的集中统一领导

（二十一）做好领导体制衔接。健全中央统筹、省负总责、市县乡抓落实的工作机制，构建责任清晰、各负其责、执行有力的乡村振兴领导体制，层层压实责任。充分发挥中央和地方各级党委农村工作领导小组作用，建立统一高效的实现巩固拓展脱贫攻坚成果同乡村振兴有效衔接的决策议事协调工作机制。

（二十二）做好工作体系衔接。脱贫攻坚任务完成后，要及时做好巩固拓展脱贫攻坚成果同全面推进乡村振兴在工作力量、组织保障、规划实施、项目建设、要素保障方面的有机结合，做到一盘棋、一体化推进。持续加强脱贫村党组织建设，选好用好管好乡村振兴带头人。对巩固拓展脱贫攻坚成果和乡村振兴任务重的村，继续选派驻村第一书记和工作队，健全常态化驻村工作机制。

（二十三）做好规划实施和项目建设衔接。将实现巩固拓展脱贫攻坚成果同乡村振兴有效衔接的重大举措纳入"十四五"规划。将脱贫地区巩固拓展脱贫攻坚成果和乡村振兴重大工程项目纳入"十四五"相关规划。科学编制"十四五"时期巩固拓展脱贫攻坚成果同乡村振兴有效衔接规划。

（二十四）做好考核机制衔接。脱贫攻坚任务完成后，脱贫地区开展乡村振兴考核时要把巩固拓展脱贫攻坚成果纳入市县党政领导班子和领导干部推进乡村振兴战略实绩考核范围。与高质量发展综合绩效评价做好衔接，科学设置考核指标，切实减轻基层负担。强化考核结果运用，将考核结果作为干部选拔任用、评先奖优、问责追责的重要参考。

决战脱贫攻坚目标任务胜利完成，我们要更加紧密地团结在以习近平同志为核心的党中央周围，乘势而上、埋头苦干，巩固拓展脱贫攻坚成果，全面推进乡村振兴，朝着全面建设社会主义现代化国家、实现第二个百年奋斗目标迈进。

民政部关于贯彻落实《中共中央 国务院关于打赢脱贫攻坚战的决定》的通知

民发〔2016〕57号

各省、自治区、直辖市民政厅(局),各计划单列市民政局,新疆生产建设兵团民政局,各(司)局,各直属单位:

《中共中央 国务院关于打赢脱贫攻坚战的决定》(中发〔2015〕34号,以下简称《决定》)要求举全党全社会之力,坚决打赢脱贫攻坚战,确保到2020年我国现行标准下农村贫困人口实现脱贫,贫困县全部摘帽,解决区域性整体贫困。为认真做好民政系统贯彻落实《决定》的各项工作,现就有关事项通知如下:

一、进一步提高民政系统承担脱贫攻坚任务的认识

脱贫攻坚是党中央、国务院的一项重大战略部署,事关人民福祉,事关全面建成小康社会,事关巩固党的执政基础,事关国家长治久安。打赢脱贫攻坚战,是促进全体人民共享改革发展成果、实现共同富裕的重大举措,对于保障贫困地区、民族地区、边疆地区、革命老区人民群众同步进入全面小康社会具有重要意义。各级民政部门要把思想和行动统一到党中央、国务院的决策部署上来,进一步提高对脱贫攻坚工作重要性和紧迫性的认识,讲政治、顾大局,切实增强政治责任感和工作主动性,把脱贫攻坚作为民政系统重要工作任务,尽职尽责、凝心聚力、统筹协调、精准施策,扎实推进《决定》涉及民政职能的各项工作任务落实,为打赢脱贫攻坚战做出积极贡献。

二、明确贯彻落实《决定》的重点任务

（一）实行农村最低生活保障制度兜底脱贫。完善农村低保制度，将符合农村低保条件的贫困家庭，特别是主要成员完全或部分丧失劳动能力的家庭，全部纳入农村低保范围，做到应保尽保。省级民政部门要加强统筹安排，督促指导各地及时调整农村低保标准，确保到2020年各地农村低保标准都能达到国家扶贫标准。对于农村低保标准已经达到国家扶贫标准的地区，要按照量化调整机制科学调整，确保农村低保标准不低于按年度动态调整后的国家扶贫标准。加强农村低保制度与扶贫开发政策的有效衔接，积极协调有关部门将符合条件的农村低保家庭统筹纳入产业扶持、易地搬迁、生态保护、教育扶持、医疗保障、资产收益以及社会扶贫等政策覆盖范围。对生活困难、靠家庭供养且无法单独立户的成年无业重度残疾人，经个人申请，可按照单人户纳入低保范围。对低保家庭中的老年人、未成年人、重度残疾人等重点救助对象，要采取多种措施提高救助水平，确保其基本生活。

（二）开展医疗救助脱贫。做好资助农村低保对象、特困人员参加基本医疗保险工作。积极协调有关部门落实《决定》要求，对建档立卡贫困人口参加基本医疗保险的个人缴费部分由财政给予补贴。将符合条件的建档立卡贫困人口纳入重特大疾病医疗救助范围，对其经基本医疗保险、城乡居民大病保险等报销后个人负担的合规医疗费用予以救助。各地可根据患病家庭负担能力、个人自负费用、当地筹资情况等，分类分段设置重特大疾病医疗救助比例和最高救助限额。加强医疗救助与相关医疗保障、社会救助制度的有效衔接，形成与慈善救助的高效联动和良性互动。

（三）落实特困人员救助供养政策。各地要抓紧制定《国务院关于进一步健全特困人员救助供养制度的意见》（国发〔2016〕14号）配套政策文件，加大特困人员救助供养制度在贫困地区的落实力度。研究制定特困人员认定的具体办法，全面开展特困人员摸底排查，尽快将原农村五保供养对象、城市"三无"人员统一纳入救助供养制度范围，做到应救尽救、应养尽养。积极探索救助供养标准制定、调整办法，根据当地经济社会发展水平，研究制定基本生活标准和差异化的照料护理标准。努力为失去生活自理能力的特困

人员提供日常生活照料和患病陪护服务。将政府举办特困供养服务机构的失能半失能特困人员入住率列入考核内容。结合发展养老服务体系，进一步加强农村特困人员供养服务设施建设，加快推进特困人员供养服务机构依法办理法人登记工作，提升供养服务机构托底保障能力。

（四）加大临时救助制度落实力度。充分发挥临时救助制度托底功能，根据资金使用情况及时调整救助标准，优化申请审批程序，提高兜底保障能力和救助时效。加强对"救急难"综合试点的工作指导和督促检查，及时总结、推广试点经验，普及开展"救急难"工作。组织实施"同舟工程"，为中央企业在63个贫困县参与"救急难"工作提供支持，着力解决困难群众的个案性急难问题，形成政府托底和社会参与相结合的强大合力。

（五）做好农村"三留守"人员关爱保护工作。省级民政部门要会同相关部门组织开展全面的农村"三留守"人员摸底排查，健全信息报送机制，建立详实完备、动态更新的农村留守儿童信息库；指导县级民政部门建立留守妇女、留守老人信息库。以贯彻落实《国务院关于加强农村留守儿童关爱保护工作的意见》（国发〔2016〕13号）为契机，推动建立家庭、政府、学校履职尽责、社会力量积极参与的农村留守儿童关爱保护体系。制定推进农村"三留守"人员专业社会工作服务意见，引导人口流出地农村社区加强对"三留守"人员的生产扶持、生活救助、安全保护和心理疏导，切实提高对"三留守"人员的服务能力和服务水平。推动建立健全农村留守儿童救助保护机制，深化未成年人社会保护工作，促进农村留守儿童关爱保护工作和未成年人社会保护工作在政策措施、保护机制、服务体系、工作力量和资源配置等方面的统筹运行。积极发挥民政部门职能作用，协调相关部门扎实开展受监护侵害未成年人权益保护工作，针对监护侵害个案做好应急处置、临时监护照料、调查评估、多方会商、家庭监护指导、提起监护权转移诉讼等监护干预工作。加强农村留守老年人关爱服务工作，促进城乡基本养老服务均等化。指导地方建立健全80周岁以上低收入老年人高龄津贴制度、经济困难老年人养老服务补贴制度和经济困难的失能老年人护理补贴制度。大力推进农村互助养老服务发展。鼓励农村集体经济组织依法使用自有土地，为集体经济组织内部成员兴办非营利性养老服务设施。

（六）推进贫困地区农村社区建设。各地要抓紧出台深入推进农村社区建设试点工作的具体实施意见，加强对偏远、经济欠发达地区农村社区建设的分类指导，切实增强自治功能和发展能力。脱贫攻坚任务较重的省份要着力完善贫困地区农村社区服务体系，依托综合服务设施和综合信息平台，推动政府基本公共服务向贫困村、贫困户和贫困人口延伸覆盖，率先发展生产服务、就业服务等有利于贫困人口脱贫的服务项目。促进农村社区建设规划与易地扶贫搬迁规划有效衔接，优先支持易地搬迁安置区配建农村社区综合服务设施。探索培育贫困地区农村社区社会组织、引入社区社会工作服务，动员社会各方面力量扩大贫困地区农村社区服务供给，不断提高服务贫困人口的专业化、精细化水平。

（七）完善社会工作与志愿服务力量参与脱贫攻坚机制。实施扶贫志愿者行动计划和社会工作专业人才服务贫困地区计划。联合有关部门出台专项政策，根据脱贫攻坚任务需求，推动建立专业社会工作介入农村社会救助、留守人员关爱服务长效机制，有针对性地开展社会工作服务。继续实施社会工作专业人才服务边远贫困地区、边疆民族地区和革命老区计划，到2020年底前，以国家级贫困县为重点，每年为边远贫困地区、边疆民族地区和革命老区选派1000名、培养500名社会工作专业人才，推动各地大力支持社会工作服务机构、社会工作者为贫困群众提供心理疏导、生活帮扶、资源链接、能力提升、社会融入等专业服务。大力扶持发展扶贫济困等领域志愿服务组织，鼓励支持志愿服务组织为困难群众提供各类帮扶，积极参与志愿扶贫行动。

（八）积极引导社会力量参与脱贫攻坚。大力倡导企业承担社会责任，发挥社会组织积极作用，为打赢脱贫攻坚战贡献力量。贯彻落实慈善法，积极培育发展慈善组织，对以开展扶贫济困为重点的慈善组织，实施特殊的优惠政策。建立慈善扶贫信息协调联系机制，整合扶贫对象信息和社会慈善信息资源，推进慈善资源和扶贫需求有效对接，为社会组织和慈善力量扶贫提供信息服务，引导、协调各种社会资源向贫困地区、边疆地区、民族地区和革命老区配置，帮助贫困群众脱贫增收。进一步完善政府向社会组织购买服务的相关制度，推进政府向社会组织购买服务工作。

（九）做好片区扶贫和定点扶贫工作。各地民政部门要进一步加强和改进定点扶贫工作,确保扶贫责任落实、定点扶贫任务完成。江西、湖南两省民政部门要组织罗霄山片区编制好"十三五"实施规划,做好政策衔接,推动目标任务落实。部机关各司局、直属单位要按照突出重点、同等优先、精准帮扶、务求实效的原则,协同做好片区扶贫和定点扶贫工作。加强民政技能人才培训,积极开展面向罗霄山片区贫困人员的"千名养老护理员培训就业计划",努力实现以就业促脱贫。选派好挂职干部,指导、协助罗霄山贫困片区和定点扶贫县加快民政公共服务设施建设,完善防灾减灾救灾体系、社会福利和社会事务服务设施、优抚安置服务体系,推进城乡社区服务体系建设,科学论证、优化行政区划设置,促进易地搬迁和新型城镇化融合发展。

三、强化落实《决定》的保障措施

(一)加强组织领导。各级民政部门要高度重视脱贫攻坚工作,抓紧出台民政系统贯彻落实中央脱贫攻坚决策部署的实施方案,制定重点任务责任清单,明确路线图、时间表和责任人。要针对贫困地区群众需求,推动民政各类资源要素向贫困地区和贫困人口聚集,形成民政精准扶贫工作的强大合力。

(二)加强服务能力建设。加强乡镇(街道)社会救助经办机构建设,通过政府购买服务等方式,增强基层经办能力。健全社会救助"一门受理、协同办理"机制,完善办理、分办、转办、转介程序,确保贫困人口"求助有门、受助及时"。加强特困人员供养服务机构和队伍建设,推进养老护理员培训工作,提升服务水平。指导村(居)民委员会协助做好农村"三留守"人员全面排查、定期走访等工作。

(三)加强资金保障。积极争取各级财政特别是省级财政调整支出结构,进一步加大对低保、特困人员救助供养、医疗救助、临时救助等资金的统筹安排力度,并纳入财政年度预算,增强社会救助兜底保障能力。管好、用好社会救助资金,防止挤占挪用。努力拓宽资金筹集渠道,通过增加彩票公益金投入、鼓励社会捐助资金投入等,建立多元筹资机制,助力民政脱贫攻坚工作落实。

(四)加强舆论宣传。坚持正确舆论导向,深入宣传各级民政部门在脱贫攻坚战中的重要托底作用,深入宣传民政系统扶贫的创新做法和成功经验,深入宣传基层民政干部的典型事迹，充分调动全社会关注、支持民政工作的积极性，为民政系统脱贫攻坚工作营造良好舆论氛围。坚持弘扬正能量，着力增强贫困群众脱贫信心，鼓励、引导贫困群众自立自强，在政府扶持下依靠自我奋斗实现脱贫致富。

民政部
2016年4月16日

国务院办公厅转发民政部等部门关于做好农村最低生活保障制度与扶贫开发政策有效衔接指导意见的通知

国办发〔2016〕70号

各省、自治区、直辖市人民政府，国务院各部委、各直属机构：

民政部、国务院扶贫办、中央农办、财政部、国家统计局、中国残联《关于做好农村最低生活保障制度与扶贫开发政策有效衔接的指导意见》已经国务院同意，现转发给你们，请认真贯彻执行。

国务院办公厅
2016年9月17日

关于做好农村最低生活保障制度与扶贫开发政策有效衔接的指导意见

民政部　国务院扶贫办　中央农办　财政部　国家统计局　中国残联

为贯彻落实党中央、国务院关于打赢脱贫攻坚战的决策部署，切实做好农村最低生活保障（以下简称低保）制度与扶贫开发政策有效衔接工作，确保到2020年现行扶贫标准下农村贫困人口实现脱贫，制定本意见。

一、总体要求

（一）指导思想。全面贯彻党的十八大和十八届三中、四中、五中全会精神，深入贯彻习近平总书记系列重要讲话精神特别是关于扶贫开发重要指示精神,认真落实党中央、国务院决策部署,紧紧围绕"五位一体"总体布局和"四个全面"战略布局,牢固树立创新、协调、绿色、开放、共享的发展理念,坚持精准扶贫精准脱贫基本方略,以制度有效衔接为重点,加强部门协作,完善政策措施,健全工作机制,形成制度合力,充分发挥农村低保制度在打赢脱贫攻坚战中的兜底保障作用。

(二)基本原则。

坚持应扶尽扶。精准识别农村贫困人口,将符合条件的农村低保对象全部纳入建档立卡范围,给予政策扶持,帮助其脱贫增收。

坚持应保尽保。健全农村低保制度,完善农村低保对象认定办法,加强农村低保家庭经济状况核查,及时将符合条件的建档立卡贫困户全部纳入农村低保范围,保障其基本生活。

坚持动态管理。做好农村低保对象和建档立卡贫困人口定期核查,建立精准台账,实现应进则进、应退则退。建立健全严格、规范、透明的贫困户脱贫和低保退出标准、程序、核查办法。

坚持资源统筹。统筹各类救助、扶贫资源,将政府兜底保障与扶贫开发政策相结合,形成脱贫攻坚合力,实现对农村贫困人口的全面扶持。

(三)主要目标。通过农村低保制度与扶贫开发政策的有效衔接,形成政策合力,对符合低保标准的农村贫困人口实行政策性保障兜底,确保到2020年现行扶贫标准下农村贫困人口全部脱贫。

二、重点任务

(一)加强政策衔接。在坚持依法行政、保持政策连续性的基础上,着力加强农村低保制度与扶贫开发政策衔接。对符合农村低保条件的建档立卡贫困户,按规定程序纳入低保范围,并按照家庭人均收入低于当地低保标准的差额发给低保金。对符合扶贫条件的农村低保家庭,按规定程序纳入建档立卡范围,并针对不同致贫原因予以精准帮扶。对返贫的家庭,按规定程序审核后,相应纳入临时救助、医疗救助、农村低保等社会救助制度和建档立卡贫困户扶贫开发政策覆盖范围。对不在建档立卡范围内的农村低保家庭、特困人员,各地统筹使用相关扶贫开发政策。贫困人口参加农村基本医疗保险的个人缴费部分由财政给予补贴，对基本医疗保险和大病保险支付后个人自负费用仍有困难的，加大医疗救助、临时救助、慈善救助等帮扶力度，符合条件的纳入重特大疾病医疗救助范围。对农村低保家庭中的老年人、未成年人、重度残疾人、重病患者等重点救助对象，要采取多种措施提高救助水平，保障其基本生活，严格落实困难残疾人生活补贴制度和重度残疾人护理补贴制度。

（二）加强对象衔接。县级民政、扶贫等部门和残联要密切配合，加强农村低保和扶贫开发在对象认定上的衔接。完善农村低保家庭贫困状况评估指标体系，以家庭收入、财产作为主要指标，根据地方实际情况适当考虑家庭成员因残疾、患重病等增加的刚性支出因素，综合评估家庭贫困程度。进一步完善农村低保和建档立卡贫困家庭经济状况核查机制，明确核算范围和计算方法。对参与扶贫开发项目实现就业的农村低保家庭，在核算其家庭收入时，可以扣减必要的就业成本，具体扣减办法由各地根据实际情况研究制定。"十三五"期间，在农村低保和扶贫对象认定时，中央确定的农村居民基本养老保险基础养老金暂不计入家庭收入。

（三）加强标准衔接。各地要加大省级统筹工作力度，制定农村低保标准动态调整方案，确保所有地方农村低保标准逐步达到国家扶贫标准。农村低保标准低于国家扶贫标准的地方，要按照国家扶贫标准综合确定农村低保的最低指导标准。农村低保标准已经达到国家扶贫标准的地方，要按照动态调整机制科学调整。进一步完善农村低保标准与物价上涨挂钩的联动机制，确保困难群众不因物价上涨影响基本生活。各地农村低保标准调整后应及时向社会公布，接受社会监督。

（四）加强管理衔接。对农村低保对象和建档立卡贫困人口实施动态管理。乡镇人民政府（街道办事处）要会同村（居）民委员会定期、不定期开展走访调查，及时掌握农村低保家庭、特困人员和建档立卡贫困家庭人口、收入、财产变化情况，并及时上报县级民政、扶贫部门。县级民政部门要将农村低保对象、特困人员名单提供给同级扶贫部门；县级扶贫部门要将建档立卡贫困人口名单和脱贫农村低保对象名单、脱贫家庭人均收入等情况及时提供给同级民政部门。健全信息公开机制，乡镇人民政府（街道办事处）要将农村低保和扶贫开发情况纳入政府信息公开范围，将建档立卡贫困人口和农村低保对象、特困人员名单在其居住地公示，接受社会和群众监督。

三、工作要求

（一）制定实施方案。按照中央统筹、省负总责、市县抓落实的工作机制，各省（区、市）民政、扶贫部门要会同有关部门抓紧制定本地区实施方案，各市县要进一步明确衔接工作目标、重点任务、实施步骤和行动措施，确保落到实处。2016年11月底前，各省（区、市）民政、扶贫部门要将实施方案报民政部、国务院扶贫办备案。

（二）开展摸底调查。2016年12月底前，县级民政、扶贫部门和残联要指导乡镇人民政府（街道办事处）抓紧开展一次农村低保对象和建档立卡贫困人口台账比对，逐户核对农村低保对象和建档立卡贫困人口，掌握纳入建档立卡范围的农村低保对象、特困人员、残疾人数据，摸清建档立卡贫困人口中完全或部分丧失劳动能力的贫困家庭情况，为做好农村低保制度与扶贫开发政策有效衔接奠定基础。

（三）建立沟通机制。各地要加快健全低保信息系统和扶贫开发信息系统，逐步实现低保和扶贫开发信息系统互联互通、信息共享，不断提高低保、扶贫工作信息化水平。县级残联要与民政、扶贫等部门加强贫困残疾人和重度残疾人相关信息的沟通。县级民政、扶贫部门要定期会商交流农村低保对象和建档立卡贫困人口变化情况，指导乡镇人民政府（街道办事处）及时更新农村低保对象和建档立卡贫困人口数据，加强信息核对，确保信息准确完整、更新及时，每年至少比对一次台账数据。

（四）强化考核监督。各地要将农村低保制度与扶贫开发政策衔接工作分别纳入低保工作绩效评价和脱贫攻坚工作成效考核体系。加大对农村低保制度与扶贫开发政策衔接工作的督促检查力度，加强社会监督，建立第三方评估机制，增强约束力和工作透明度。健全责任追究机制，对衔接工作中出现的违法违纪问题，要依法依纪严肃追究有关人员责任。

四、保障措施

（一）明确职责分工。各地民政、扶贫、农村工作、财政、统计等部门和残联要各负其责，加强沟通协调，定期会商交流情况，研究解决存在的问题。民政部门牵头做好农村低保制度与扶贫开发政策衔接工作；扶贫部门落实扶贫开发政策，配合做好衔接工作；农村工作部门综合指导衔接政策设计工作；财政部门做好相关资金保障工作；统计部门会同有关部门组织实施农村贫困监测，及时提供调整低保标准、扶贫标准所需的相关数据；残联会同有关部门及时核查残疾人情况，配合做好对农村低保对象和建档立卡贫困人口中残疾人的重点帮扶工作。

（二）加强资金统筹。各地财政部门要按照国务院有关要求，结合地方实际情况，推进社会救助资金统筹使用，盘活财政存量资金，增加资金有效供给；优化财政支出结构，科学合理编制预算，提升资金使用效益。中央财政安排的社会救助补助资金，重点向保障任务重、地方财政困难、工作绩效突出的地区倾斜。各地财政、民政部门要加强资金使用管理情况检查，确保资金使用安全、管理规范。

（三）提高工作能力。加强乡镇人民政府（街道办事处）社会救助能力建设，探索建立村级社会救助协理员制度，在乡镇人民政府（街道办事处）现有编制内，根据社会救助对象数量等因素配备相应工作人员，加大业务培训力度，进一步提高基层工作人员服务和管理能力。通过政府购买服务等方式，引入社会力量参与提供农村低保服务。充分发挥第一书记和驻村工作队在落实农村低保制度和扶贫开发政策中的骨干作用。进一步健全社会救助"一门受理、协同办理"工作机制，为农村低保对象和建档立卡贫困人口提供"一站式"便民服务。

（四）强化舆论引导。充分利用新闻媒体和基层政府便民服务窗口、公园广场、医疗机构、村（社区）公示栏等，组织开展有针对性的农村低保制度和扶贫开发政策宣传活动，在全社会努力营造积极参与和支持的浓厚氛围。坚持正确舆论导向，积极弘扬正能量，着力增强贫困群众脱贫信心，鼓励贫困群众在政府扶持下依靠自我奋斗实现脱贫致富。

民政部 国务院扶贫办
关于进一步加强农村最低生活保障制度与扶贫开发政策有效衔接的通知

民发〔2017〕152号

各省、自治区、直辖市民政厅（局）、扶贫办（局）：

《国务院办公厅转发民政部等部门关于做好农村最低生活保障制度与扶贫开发政策有效衔接指导意见的通知》（国办发〔2016〕70号）印发后，各地认真贯彻落实，取得一定成效。但在工作实践中，各地还不同程度存在认识不清晰、理解有偏差、落实不到位等问题，亟需研究解决。为进一步加强农村最低生活保障制度与扶贫开发政策有效衔接工作，现就有关问题通知如下。

一、正确认识建档立卡贫困人口和农村低保对象重合问题

各地要充分考虑农村低保和扶贫开发在资格条件、认定标准、收入计算等方面存在的差异，坚持实事求是，不能片面要求提高或降低两类对象重合比例。要改变简单以有无劳动能力区分建档立卡贫困人口和农村低保对象的做法，坚决杜绝搞平衡"二选一"、对象识别"互斥"等问题。要按照农村低保和建档立卡贫困人口各自识别认定的标准、程序等，分别把符合条件的对象纳入救助或帮扶范围，实现双向衔接。建档立卡贫困人口动态调整时，要把建档立卡以外的农村低保对象、特困人员等作为重点；农村低保动态调整时，要把因病、因残及其他因临时困难返贫的建档立卡贫困家庭作为重点，符合条件的及时纳入，确保实现"应扶尽扶、应保尽保"。

二、妥善处理贫困发生率和农村低保覆盖面的关系

贫困发生率是指建档立卡贫困人口占当地农村人口的比例，农村低保覆盖面是指享受农村低保政策的人口占当地农村人口的比例。建档立卡贫困人口与农村低保对象的认定标准不同，政策目标也不同，各地不应将贫困县"摘帽"时允许存在的贫困发生率2%或3%为脱贫之后的农村低保覆盖面，更不应将农村低保覆盖面硬性降低到2%或3%。农村低保覆盖面应与当地经济社会发展水平相适应，中西部地区低保覆盖面过高的，要科学调整使之逐步趋于合理；覆盖面过低的，要通过提标扩面增人逐步提高，使困难群众的基本生活得到切实保障。要精准认定脱贫对象，凡未解决"三保障"问题的扶贫建档立卡户和农村低保家庭，均不能宣布脱贫。脱贫攻坚期内"脱贫不脱政策"，宣布脱贫后，医疗、教育、住房等扶贫政策要保持不变；对于收入水平已超过扶贫标准但仍低于低保标准的，宣布脱贫后继续享受低保政策，做到"脱贫不脱保"。对于实现就业的低保对象，可通过"救助渐退"等措施，增强其就业稳定性。

三、参考国家扶贫标准科学制定农村低保标准

各地要进一步加大省级统筹工作力度，加强对深度贫困地区的工作指导，督促农村低保标准低于国家扶贫标准的地区科学制定农村低保标准，确保两项政策有效衔接。农村低保标准已达到或超过国家扶贫标准的地方，要综合考虑维持困难群众基本生活、当地物价水平、财政保障能力、低保城乡统筹等因素，科学制定农村低保标准。各地在研究制定当年农村低保标准时，既要保证农村低保标准动态、稳定地高于国家扶贫标准，也要从当地实际出发，避免增幅过高不可持续。农村低保金既可按照现行规定补差发放，也可以根据当地实际情况分档发放；同时要考虑分类施保因素，对于获得低保后生活仍有困难的老年人、未成年人、重度残疾人和重病患者等特殊困难人群，可根据当地规定适当增发低保金。

四、协同做好脱贫攻坚相关考核评估工作

各地民政、扶贫等部门要加强在脱贫攻坚考核评估等工作中的协同配合。在考核评估建档立卡的"漏评"对象时,"档"外的农村低保对象、特困人员除存在义务教育、基本医疗、安全住房"三保障"问题外,不应作为"漏评"对象。在考核评估建档立卡的"错评"对象时,因获得低保金后家庭收入超过扶贫标准但存在"三保障"问题的农村低保对象、特困人员,不应作为"错评"对象。对于有劳动能力的建档立卡贫困人口纳入农村低保范围的,都应享受产业扶持、就业促进等帮扶措施,不能"只兜不扶"。要加强信息比对工作,民政部、国务院扶贫办每季度比对一次农村低保对象和建档立卡贫困人口数据,县级民政、扶贫部门每年至少比对一次。在建档立卡贫困人口动态调整完成后,各地要及时摸清本行政区域内需兜底保障的贫困人口规模,研究兜底保障措施。

五、注意激发农村低保对象等困难群众脱贫增收的内生动力

注意调动有劳动能力和劳动条件农村低保对象的积极性、主动性,注重培育其发展生产和务工就业的基本技能,努力提高其自我发展能力,防止低保"一兜了之"。要更好发挥扶贫资金引导激励作用,将扶贫资金向农村低保对象等困难群众参与度高、带动脱贫作用强的产业项目倾斜,增强脱贫的稳定性。要注意发挥驻村第一书记、驻村工作队的宣传组织动员作用,鼓励和引导农村低保对象等困难群众参与脱贫攻坚项目,依靠自力更生脱贫致富。要大力宣传脱贫先进典型,用身边人身边事教育和引导困难群众,激发他们脱贫增收的内生动力。

各地衔接过程中出现的关键性、苗头性、倾向性问题,请及时报告民政部、国务院扶贫办。

民政部　国务院扶贫办
2017 年 9 月 13 日

民政部关于推进深度贫困地区民政领域脱贫攻坚工作的意见

民发〔2018〕43号

各省、自治区、直辖市民政厅（局），新疆生产建设兵团民政局：

为深入贯彻落实中办、国办《关于支持深度贫困地区脱贫攻坚的实施意见》（厅字〔2017〕41号），充分发挥民政部门在脱贫攻坚中的重要作用，助推深度贫困地区脱贫攻坚工作，提出以下意见。

一、充分认识在深度贫困地区开展民政领域脱贫攻坚工作的重要意义

党的十八大以来，以习近平同志为核心的党中央坚持精准扶贫精准脱贫基本方略，推动脱贫攻坚取得决定性进展，伟大成就举世瞩目。同时也要看到，随着脱贫攻坚不断深入，西藏、四省藏区、南疆四地州和四川凉山州、云南怒江州、甘肃临夏州（以下简称"三区三州"）以及其他自然条件差、经济基础弱、贫困程度深的深度贫困地区脱贫攻坚任务仍然艰巨，残疾人、孤寡老人、长期患病者等"无业可扶、无力脱贫"的贫困人口以及部分教育文化水平低、缺乏技能的贫困群众脱贫任务仍然较重。民政工作事关基本民生保障，在深度贫困地区脱贫攻坚中承担着重要职责，发挥着重要作用。各地民政部门要深入学习贯彻习近平新时代中国特色社会主义思想，全面贯彻落实党的十九大和十九届一中、二中、三中全会精神，按照习近平总书记关于深度贫困地区脱贫攻坚工作重要部署，把做好深度贫困地区民政领域脱贫攻坚工作，助推深度贫困地区脱贫攻坚作为民政系统的一项重要政治任务，摆上重要位置，增强责任担当，加大工作力度，确保取得实实在在的成效。

二、多措并举合力推进民政领域脱贫攻坚工作

（一）加强农村低保制度与扶贫开发政策有效衔接。科学制定农村低保标准，确保脱贫攻坚期内深度贫困地区的农村低保标准不低于国家扶贫标准。完善农村低保制度，将建档立卡贫困人口中完全或部分丧失劳动能力、无法依靠产业扶持和就业帮助脱贫的家庭纳入农村低保范围；对于生活困难、靠家庭供养且无法单独立户的成年无业重度残疾人，经个人申请，可按照单人户纳入低保范围。对于低保家庭中的老年人、未成年人、重度残疾人和重病患者等特殊困难人群，采取增发低保金等多种措施提高救助水平。对于参与扶贫项目的农村低保对象，在核算其家庭收入时可以扣减必要的工作成本，并给予一定期限的"渐退"期，实现稳定脱贫后再退出低保范围。对于建档立卡范围内的有劳动能力但未就业的低保对象，无正当理由连续3次拒不参加扶贫项目的，可减发或停发其本人的低保金。推动社会救助家庭经济状况核对机制建设，做好建档立卡贫困人口与农村低保对象的数据比对工作。

（二）加大临时救助、特困人员救助供养力度。加快推进深度贫困地区农村特困人员供养服务机构建设和设施改造，用三年时间确保每个深度贫困县新建或改建1—2所农村特困人员供养服务机构（农村敬老院），提升机构托底保障能力和服务质量，逐步提高生活不能自理特困人员集中供养率。参考农村特困人员分散供养模式，对于建档立卡贫困人口、低保对象中事实无人供养照料的贫困人员，采取政府购买服务的方式，委托近邻、旁系亲属等给予照料。加大深度贫困地区临时救助政策落实力度，对于脱贫再返贫的建档立卡贫困人口，及时给予临时救助，保障其基本生活。

（三）落实残疾人福利保障政策。研究建立动态调整和可持续发展机制，逐步形成与经济社会发展水平相一致的困难残疾人生活补贴制度和重度残疾人护理补贴制度。根据深度贫困地区脱贫攻坚任务要求，有效识别、区分和衔接残疾人补贴对象和建档立卡贫困人口，逐步扩大困难残疾人生活补贴和重度残疾人护理补贴覆盖面。将深度贫困地区符合条件的人员纳入"福康工程"实施范围，为其配置假肢、矫形器等康复辅助器具或开展肢体畸形矫正

手术及康复。鼓励深度贫困地区通过政府购买服务，采用托养等方式，为贫困重度残疾人提供集中或社会化照料护理服务。

（四）做好农村留守儿童、妇女和老年人关爱保护工作。进一步健全完善农村留守儿童、妇女和老年人关爱服务体系，充实基层工作力量，创新工作方式，切实把各项工作落到实处。推进深度贫困地区农村留守儿童关爱保护工作，建立发现报告、应急处置、评估帮扶和监护干预工作机制，保障农村留守儿童健康成长。切实发挥社会工作专业人才在满足农村留守儿童心理社会服务需求、促进农村留守儿童全面健康成长中的积极作用。推动落实农村留守老人关爱服务政策，建立健全农村留守老人信息台账和定期探访制度，加快农村养老服务体系建设。

（五）鼓励和引导社会力量参与深度贫困地区脱贫攻坚。引导全国性社会组织重点支持"三区三州"，推动社会组织与深度贫困地区加强信息对接和工作联系。在公益慈善项目交流展示、公益日、对口帮扶等项目活动中，增加社会组织参与"三区三州"等深度贫困地区脱贫攻坚工作内容，推动社会组织参与深度贫困地区扶贫项目。引导社会工作专业人才资源、社会组织资源、项目服务资源和社会资金资源向深度贫困地区倾斜，实施"社会工作专业人才服务边远贫困地区、边疆民族地区和革命老区计划""社会工作服务机构牵手计划""社会工作教育对口扶贫计划"。积极发展慈善信托，扩大社会捐赠、用好慈善资源，发挥慈善事业在扶贫济困中的积极作用。在第十届"中华慈善奖"评选表彰工作中，重点表彰在扶贫济困领域作出突出贡献的个人、单位、慈善项目和慈善信托项目。改进民政部补助地方彩票公益金管理，突出向深度贫困地区倾斜。

（六）加强深度贫困地区基层政权和社区建设。健全自治、法治、德治相结合的贫困地区乡村治理体系，促进乡村治理与脱贫攻坚政策协同。加强贫困地区乡镇政府服务能力建设，加强贫困村村民委员会班子成员和村民小组干部队伍建设，有效履行脱贫攻坚和乡村治理职责。加强村务监督和村务公开，及时公开脱贫攻坚过程中涉及扶贫政策、扶贫项目、扶贫资金等信息。广泛开展村级协商，引导群众在脱贫攻坚政策落实中依法有序表达意愿，凝聚发展共识。健全贫困村农村社区服务体系，推进农村社区综合服务设施建设，深入实施网络扶贫行动计划，支持将"三区三州"纳入相关省份城乡社区服务体系建设专项资金保障范围。引导群众破陋习、讲文明，推进婚姻、殡葬移风易俗改革，树立勤俭节约新风尚。

（七）推动深度贫困地区优化行政区划设置。支持贫困地区优化行政区划设置。支持优化中心城市市辖区规模结构，增强区域中心城市对贫困地区的辐射带动能力。有序推动符合条件的县改市，稳妥推进省直管县和扩权强县改革。通过适时开展行政区划调整，为转移就业脱贫拓展空间，为易地扶贫搬迁脱贫提供载体。

三、切实加强民政领域脱贫攻坚工作组织保障

各地民政部门要将深度贫困地区脱贫攻坚工作列入重要议事日程，紧紧围绕深度贫困地区民政领域脱贫攻坚任务分工，明确责任，精心组织，统筹安排。要加强与相关部门的沟通协调和信息共享，多方争取支持帮助，共同研究解决深度贫困地区民政领域脱贫攻坚中的问题。

（一）明确责任分工。各地要针对深度贫困地区民政领域脱贫攻坚工作，研究提出符合实际、具有可行性的政策措施，必要时可采取超常规的政策措施。民政部重点支持"三区三州"，有关省份民政厅（局）重点支持辖区内的深度贫困县（市、区）。

（二）加大资金支持。各地在汇总分配中央财政、省级财政安排的民政领域补助资金时，要切实加大对深度贫困地区的支持力度，降低深度贫困地区资金配套要求。民政部将争取相关部门支持，在分配中央财政安排的民政领域补助资金时，对"三区三州"予以倾斜支持。

（三）加大项目扶持。各地在推动实施"十三五"民政相关规划、安排民政领域项目时，要优先考虑深度贫困地区的重点发展任务、重大工程项目、重要改革试点。要争取有关部门支持，优先考虑、优先安排深度贫困地区的养老服务设施、特困人员供养服务设施、城乡社区建设、殡葬设施等民政基础设施建设项目。

（四）加强人才培训。各地要扎实开展好面向深度贫困地区基层民政干部和民政技能人才的培训工作，不断提高基层民政人才业务素质。民政部组织

开展的面向基层民政干部的各类培训重点向"三区三州"倾斜,优先培训来自"三区三州"的人员。

民政部

2018 年 4 月 7 日

民政部 财政部 国务院扶贫办
关于在脱贫攻坚三年行动中切实做好社会救助兜底保障工作的实施意见

民发〔2018〕90号

各省、自治区、直辖市民政厅（局）、财政厅（局）、扶贫办（农委、农办），新疆生产建设兵团民政局、财政局、扶贫办：

为深入贯彻《中共中央 国务院关于打赢脱贫攻坚战三年行动的指导意见》，在脱贫攻坚三年行动中切实做好社会救助兜底保障工作，提出如下实施意见。

一、总体要求

以习近平新时代中国特色社会主义思想为指导，全面贯彻落实党的十九大和十九届二中、三中全会精神，按照关于打赢脱贫攻坚战三年行动的指导意见要求，坚持精准扶贫精准脱贫基本方略，坚持应保尽保、兜底救助、统筹衔接、正确引导，优化政策供给，完善农村低保、特困人员救助供养、临时救助等保障性扶贫措施，充分发挥社会救助在打赢脱贫攻坚战中的兜底作用，保障完全丧失劳动能力和部分丧失劳动能力且无法依靠产业就业帮扶脱贫的未脱贫建档立卡贫困人口的基本生活。

二、任务措施

（一）进一步加强农村低保制度和扶贫开发政策有效衔接。综合考虑维持困难群众基本生活、当地物价水平、财政保障能力、城乡统筹发展需要等因素，科学制定农村低保标准。凡家庭人均收入低于当地农村低保标准且财产状况符合当地规定的未脱贫建档立卡贫困户，都要按规定程序纳入农村低保。进一步完善农村低保家庭经济状况核查机制，细化核算范围和计算方法，对于家庭成员因残疾、患重病等增加的刚性支出、必要的就业成本等，在核算家庭收入时可按规定适当扣减。加强动态管理，对纳入农村低保的建档立卡贫困户要开展定期复核，不再符合条件的按程序退出，重新符合条件的及时纳入。脱贫攻坚期内，纳入农村低保的建档立卡贫困户人均收入超过当地低保标准后，可给予一定时间的渐退期，实现稳定脱贫后再退出低保范围。具体渐退办法、渐退期限由各地根据实际情况制定。

（二）进一步完善农村低保制度，健全低保对象认定方法。对未脱贫建档立卡贫困户中靠家庭供养且无法单独立户的重度残疾人、重病患者等完全丧失劳动能力和部分丧失劳动能力的贫困人口（不含整户纳入低保范围的贫困人口），经个人申请，可参照单人户纳入农村低保范围。本意见所称重度残疾人是指未脱贫建档立卡贫困户中持有中华人民共和国残疾人证的一级、二级重度残疾人和三级智力残疾人、三级精神残疾人；重病患者是指未脱贫建档立卡贫困户中获得重特大疾病医疗救助的人员。具体认定办法由各地结合实际研究制定。

（三）全面落实特困人员救助供养制度。对农村建档立卡人员中无劳动能力、无生活来源、无法定赡养抚养扶养义务人，或者其法定义务人无履行义务能力的老年人、残疾人以及未满16周岁的未成年人，要及时纳入特困人员救助供养范围，做到应救尽救、应养尽养。合理确定特困人员救助供养标准，确保特困人员能够获得符合要求的救助供养服务。做好资金保障工作，切实加强贫困地区农村特困供养服务机构（农村敬老院）建设和设施改造，逐步提高生活不能自理特困人员集中供养率。将政府设立的农村特困人员供养服务机构（农村敬老院）运转经费列入财政预算，根据服务对象人数和照料护理需求，按照一定比例配备工作人员。鼓励有条件的农村特困供养服务机构（农村敬老院），在满足特困人员集中供养需求的前提下，逐步为农村低保、低收入家庭和建档立卡贫困家庭中的老年人、残疾人，提供低偿或无偿的集中托养服务。

（四）进一步加大临时救助力度。对遭遇突发事件、意外伤害、重大疾病或其他特殊原因导致基本生活陷入困境，其他社会救助制度暂时无法覆盖或救助之后基本生活暂时仍有严重困难的农村建档立卡贫困家庭，要及时给予临时救助。进一步细化明确临时救助对象范围和类别，优化简化审核审批程序，科学制定救助标准，积极开展"先行救助"，有效解决建档立卡贫困人口的突发性、紧迫性、临时性基本生活困难。对于重大生活困难，可采取"一事一议"方式，根据具体情形分类分档设定救助标准，适当提高救助额度。

（五）切实加强相关扶贫政策衔接。有效推进基本生活救助与教育扶贫、健康扶贫、农村危房改造等政策的衔接协同，综合解决未脱贫建档立卡贫困人口的"两不愁、三保障"问题。完善困难残疾人生活补贴和重度残疾人护理补贴制度，有条件的地方可逐步扩大政策覆盖面。支持社会组织参与脱贫攻坚，扩大社会捐赠，用好慈善资源，发挥好慈善帮扶在脱贫攻坚中的积极作用，支持引导专业社会工作和志愿服务力量积极参与精准扶贫。注意激发社会救助对象脱贫增收的内生动力，防止"一兜了之"。

三、组织保障

（一）明确职责分工。各地民政、财政、扶贫部门要各负其责，加强沟通协调，定期会商交流，研究解决脱贫攻坚三年行动中社会救助兜底保障工作出现的新情况、新问题。民政部门负责按规定把符合条件的未脱贫建档立卡贫困人口纳入农村低保、特困人员救助供养或临时救助范围。扶贫部门负责配合民政部门做好对象认定工作。财政部门负责做好社会救助资金筹集、管理工作。

（二）周密安排部署。各省（自治区、直辖市）民政部门要按照中央统筹、省负总责、市县抓落实的脱贫攻坚工作机制，会同财政、扶贫等相关部门抓紧制定本地区实施方案，指导各地做好脱贫攻坚三年行动中的社会救助兜底保障工作。各地民政、扶贫部门要加强工作配合，开展农村低保、特困人员救助供养和建档立卡贫困人口信息比对，省级层面每年至少比对一次，市县层面经常性开展比对。县级民政部门要在全国农村低保专项治理全面排查的基础上，会同扶贫等部门指导乡镇人民政府（街道办事处）进一步掌握脱贫攻坚中社会救助需求情况，提高社会救助兜底保障工作的针对性、实效性。

（三）加强督促指导。各地要加强工作指导，及时总结交流推广脱贫攻坚三年行动中社会救助兜底保障工作的成功经验、做法，及时发现并研究解决工作中出现的困难和问题。完善监督机制，对于工作推进不力、政策落实不到位的地方，采取通报批评、专案督办、工作约谈等方式督促整改。加强腐败和作风问题治理，把作风建设贯穿脱贫攻坚三年行动中社会救助兜底保障工作全过程，确保责任落实、工作到位、措施精准、作风扎实、管理规范。

各地脱贫攻坚三年行动中的社会救助兜底保障工作进展情况及工作中出现的重大问题，请及时报告民政部、财政部、国务院扶贫办。

民政部　财政部　国务院扶贫办
2018 年 7 月 16 日

民政部 财政部 国务院扶贫办关于在脱贫攻坚兜底保障中充分发挥临时救助作用的意见

民发〔2019〕87号

各省、自治区、直辖市民政厅（局）、财政厅（局）、扶贫办（农委、农办），新疆生产建设兵团民政局、财政局、扶贫办：

临时救助是保障困难群众基本生活权益的兜底性制度安排，承担着筑牢社会救助体系最后一道防线的职责任务，是解决城乡居民各类突发性、紧迫性、临时性基本生活困难的重要举措。当前，脱贫攻坚正处于决战决胜、攻城拔寨的关键节点，实施好临时救助制度，对于强化贫困人口兜底保障、助力解决"两不愁三保障"突出问题和防止脱贫群众返贫，确保如期打赢脱贫攻坚战，具有十分重要的意义。为深入贯彻落实《中共中央 国务院关于打赢脱贫攻坚战三年行动的指导意见》，在脱贫攻坚兜底保障中充分发挥临时救助作用，现提出以下意见。

一、总体要求

以习近平新时代中国特色社会主义思想为指导，深入学习贯彻习近平总书记关于扶贫工作的重要论述和关于民政工作的重要指示精神，坚持以人民为中心的发展思想，按照党中央、国务院关于打赢脱贫攻坚战的决策部署，聚焦脱贫攻坚，聚焦特殊群体，聚焦群众关切，以发挥临时救助制度效能、强化兜底保障为目标，坚持助力脱贫与防止返贫相结合、增强时效与规范管理相结合、政府主导与社会参与相结合，立足兜底线、提时效、建机制，确保救助措施精准、资金使用精准、救助成效精准，着力发挥临时救助在解决

"两不愁三保障"突出问题中的作用,切实兜住兜牢民生底线。

二、强化"两不愁"兜底保障

各地要进一步发挥临时救助的过渡、衔接功能,加强与最低生活保障、特困人员救助供养等社会救助制度的衔接,提升社会救助体系整体效益,强化对解决"两不愁"问题的兜底作用。对申请最低生活保障、特困人员救助供养的建档立卡贫困人口等困难群众,可以视情先给予临时救助,及时缓解其生活困难,再按照规定程序进行审核审批,并将符合条件的纳入相应救助范围。对已纳入最低生活保障、特困人员救助供养等社会救助的对象,基本生活遭遇突发性、紧迫性、临时性困难的,要及时给予临时救助。要进一步简化优化审核审批程序,增强临时救助时效性。实施急难型临时救助,要积极运用"先行救助"方式,简化申请人家庭经济状况核对、民主评议和公示等环节,直接予以救助,并在急难情况缓解后,登记救助对象、救助事由、救助金额等信息,补齐经办手续;实施支出型临时救助,要在严格执行审核审批程序的同时,进一步压缩办理时限,提高办理效率。对申请对象中的未脱贫建档立卡贫困户、低保对象和特困人员,重点核实其生活必需支出情况,不再进行家庭收入和财产状况调查。要全面落实县、乡两级审批有关规定,推动在乡镇(街道)建立临时救助备用金制度,合理提高乡镇(街道)审批额度。鼓励有条件的地方进一步放宽户籍地申请限制,对遭遇急难事件的申请对象,由急难发生地乡镇(街道)或县级民政部门直接实施临时救助。

三、助力解决"三保障"问题

各地要切实加强临时救助与扶贫政策的衔接,着力发挥好临时救助在促进解决"三保障"问题方面的积极作用,加快形成救助帮扶合力。对因子女就学、疾病治疗等造成家庭支出较大,正常生活受到影响的建档立卡贫困户、低保对象和特困人员,可及时给予临时救助;对在解决住房问题过程中基本生活遇到困难的建档立卡贫困户、低保对象和分散供养特困人员,要通过临时救助及时保障好他们的基本生活,增强对解决"三保障"问题的支持作用。要在做好面向全体居民家庭和个人各类急难事项临时救助的同时,加大对建档立卡贫困户、低保对象和特困人员的救助力度。进一步规范针对建档立卡贫困户、低保对象、特困人员等困难群众的各类临时性生活救助措施，统一纳入临时救助制度管理，防止和减少制度碎片化，更好发挥兜底保障作用。

四、着力防范脱贫群众返贫

各地民政部门要积极配合扶贫部门建立健全返贫预警机制，加强对已脱贫人口的动态监测和跟踪管理。对收入不稳定、持续增收能力较弱、返贫风险较高的已脱贫人口，要加强日常走访，主动发现其生活困难，及时跟进实施临时救助，积极防止其返贫；对收入水平略高于建档立卡贫困户的农村群众，要加大关注力度，加强风险因素分析，根据其家庭实际困难及时给予临时救助，防止其陷入贫困；对返贫人口，应及时按规定给予临时救助，并根据其致贫原因和困难程度，采取一次审批、分阶段救助等方式，适当提高救助标准，帮助其渡过难关，实现稳定脱贫。

五、稳步提升兜底能力

各地要立足当地经济社会发展水平，合理制定临时救助标准，稳步提高救助水平，切实兜住基本生活底线。逐步提高标准制定层级，加强区域统筹，推动在省（区、市）或设区市范围内形成相对统一的临时救助标准。要进一步加强分类分档救助，针对不同的困难情形和困难程度确定相应的救助标准。对于遭遇同一困难情形的救助对象，要突出救助重点，综合考虑其家庭经济状况、抗击风险能力等因素，细化不同的救助标准，适当提高建档立卡贫困户、低保对象和特困人员救助额度，防止其因病、因灾、因急难事件等返贫。对遭遇重大生活困难的，要在综合运用各项救助帮扶政策的基础上，充分发挥县级困难群众基本生活保障工作协调机制作用，采取一事一议方式确定救助额度，进一步加大救助力度。

各地要充分认识临时救助在脱贫攻坚兜底保障中的重要作用，进一步提高政治站位，加强组织领导，完善政策措施，加大推进力度。要进一步完善主动发现机制，充分发挥驻村干部和结对帮扶干部作用，及时了解、掌握辖区内群众，特别是建档立卡贫困户、低保对象、特困人员的生活困难，做到早发现、早上报、早救助。不断健全信息共享机制，定期开展临时救助对象和建档立卡贫困人口信息比对，动态掌握脱贫返贫情况。要加强临时救助资金监管，完善乡镇（街道）临时救助备用金管理办法，加大对深度贫困地区支持力度，确保资金精准使用，提高使用效益。大力支持和引导社会力量参与，推动建立社会力量筹资、慈善组织运作的"救急难"公益基金，加强对贫困人口的救助帮扶。要力戒形式主义、官僚主义，进一步改进工作作风，提高经办服务质量，确保党中央、国务院决策部署不折不扣落到实处。

民政部　财政部　国务院扶贫办

2019 年 9 月 19 日

民政部 国务院扶贫办
关于印发《社会救助兜底脱贫行动方案》的通知

民发〔2020〕18 号

各省、自治区、直辖市民政厅（局）、扶贫办（局），新疆生产建设兵团民政局、扶贫办：

为贯彻落实中央重大决策部署，坚决打赢脱贫攻坚社会救助兜底保障攻坚战，民政部、国务院扶贫办决定开展社会救助兜底脱贫行动。现将《社会救助兜底脱贫行动方案》印发给你们，请结合实际抓好落实。

民政部　国务院扶贫办
2020 年 2 月 20 日

社会救助兜底脱贫行动方案

社会救助兜底保障是打赢脱贫攻坚战的最后一道防线，事关完全或部分丧失劳动能力的贫困人口能否如期脱贫。当前，脱贫攻坚已到了决战决胜、全面收官的关键阶段，为进一步做好社会救助兜底保障工作，民政部、国务院扶贫办决定开展社会救助兜底脱贫行动。

一、总体要求

以习近平新时代中国特色社会主义思想为指导，全面贯彻落实党的十九大和十九届二中、三中、四中全会精神，坚持以人民为中心的发展思想，坚决履行社会救助兜底保障政治责任，聚焦脱贫攻坚、聚焦特殊群体、聚焦群众关切，编密织牢基本民生兜底保障网，切实做到兜底保障"不漏一户、不落一人"，坚决打赢社会救助兜底保障攻坚战。

二、重点任务

（一）健全完善监测预警机制。一是密切关注未脱贫和返贫致贫风险高等人口基本生活状况。民政部门、扶贫部门定期开展信息比对，掌握未脱贫人口和收入不稳定、持续增收能力较弱、返贫风险较高的已脱贫人口以及建档立卡边缘人口中，尚未纳入农村低保、特困救助供养范围人员的相关信息，分析返贫致贫风险，做好兜底保障工作。二是密切关注低收入困难人群基本生活状况。建立社会救助部门之间信息共享机制，以低保对象、特困人员、临时救助对象数据为基础，汇聚残疾人帮扶、教育救助、住房救助、医疗救助等人员相关信息，分析可能存在影响基本生活的风险，符合条件的及时给予救助。三是密切关注潜在救助对象基本生活状况。在对低保等社会救助申请人及其家庭进行经济状况核对时，分析研判申请人员困难状况，对不符合救助条件但存在一定困难的人员或家庭，作为潜在救助对象予以重点关注。各地民政、扶贫部门要指导乡镇（街道）、村（居）委会根据监测预警情况，结合主动发现机制，有针对性开展摸排核查，逐户逐人掌握兜底保障对象情况。民政部门根据兜底保障对象情况给予相应救助或转介相关部门；不符合兜底保障条件的贫困人口，由扶贫部门协调落实其他帮扶措施。

（二）落实落细兜底保障政策。一是强化农村低保兜底保障。及时把未脱贫建档立卡贫困人口、脱贫后返贫人口、新增贫困人口中符合低保政策的人员全部纳入农村低保范围。对未脱贫建档立卡贫困户中的重度残疾人、重病患者参照"单人户"纳入低保，对其家庭可不再进行经济状况核对，打赢脱贫攻坚战后按低保政策动态管理。巩固兜底保障脱贫成果，在核算低保家庭收入时按规定扣减必要的就业成本，家庭人均收入超过当地低保标准后给予一定时间的渐退期，促进有劳动能力贫困人口积极就业，防止养懒人。二是全面落实农村特困人员救助供养政策。进一步规范特困人员认定，及时将符合条件的未脱贫建档立卡贫困人口纳入救助供养范围，优先为有集中供养意愿的生活不能自理特困人员提供集中供养服务，加强对分散供养特困人员的照料服务。增强特困供养机构兜底功能，加快推进护理型床位的设置和改造，提高收住生活不能自理特困人员的服务能力。三是充分发挥临时救助制度作用。简化优化临时救助审核审批程序，健全乡镇临时救助备用金制度，适当提高救助标准，提升救助时效性。加强临时救助和低保政策衔接，对返贫人口和新增贫困人口，可视情先行给予临时救助；一段时间后生活仍然困难的，按规定纳入低保范围。四是做好与新冠肺炎疫情相关的社会救助工作。深入了解掌握新冠肺炎患者家庭以及因疫情导致难以就业、收入减少等生活困难家庭情况，优化简化审核审批程序，及时将符合条件的家庭或人员纳入临时救助等社会救助覆盖范围，切实保障其基本生活。

（三）加强特殊困难群体关爱帮扶。完善农村留守儿童、留守妇女、留守老人关爱服务体系，落实孤儿、事实无人抚养儿童生活保障政策，多措并举关爱帮扶特殊困难群体。加快形成信息完整、动态更新的全国农村留守儿童、留守妇女和留守老人基础数据库，为开展精准关爱、精准服务提供有力支撑。完善困难残疾人生活补贴和重度残疾人护理补贴制度，深入开展贫困残疾人照护服务工作，确保"应补尽补、按标施补"。发挥县级困难群众基本生活保障工作协调机制作用，通过发挥相关部门救助制度合力和引导社会组织、慈善、社会工作、志愿服务力量参与等方式，妥善解决特殊困难群体个案性困难。

（四）加大对深度贫困地区倾斜支持力度。各项扶贫政策、项目、资金、人才继续向"三区三州"等深度贫困地区倾斜，支持深度贫困县和深度贫困乡、深度贫困村做好社会救助兜底保障工作。各地民政部门要会同相关部门将困难群众救助补助资金、中央预算内投资补助资金以及民政部门管理使用的彩票公益金重点向深度贫困地区倾斜。东部省份民政部门要通过深化社会组织东西部协作等方式，加大对"三区三州"等深度贫困地区的支持力度。

三、进度安排

（一）动员部署、明确任务（2020年2月—3月）。2020年3月底前，有脱贫攻坚任务的省级民政、扶贫部门形成社会救助兜底脱贫行动实施方案，并报民政部社会救助司、国务院扶贫办政策法规司备案。要对照本方案提出的要求，在当地的实施方案中明确重点任务、时间节点、责任部门、工作举措和落实标准。湖北省等新冠肺炎疫情相对严重地区，可根据疫情防控形势合理部署安排。

（二）监测摸底、比对排查（2020年4月—6月）。民政部、国务院扶贫办开展数据监测，并将监测发现的人员信息及时反馈各地民政、扶贫部门。各地民政、扶贫部门积极争取当地党委和政府支持，指导乡镇（街道）、村（居）委会深入核查民政部、国务院扶贫办监测发现的人员以及当地通过信息共享、日常走访发现的困难人员，及时掌握贫困家庭个案情况和兜底保障需求。

（三）政策落实、应兜尽兜（2020年7月—9月）。各地民政、扶贫部门结合当地实际，按规定程序落实救助帮扶政策，及时将符合农村低保、特困人员救助供养、临时救助等社会救助政策以及其他民政帮扶政策的人员纳入救助帮扶范围，依规发放救助帮扶资金或提供救助帮扶服务。不符合民政救助帮扶政策的人员，扶贫部门会同相关部门实施其他扶贫措施，确保贫困人口能够如期脱贫。

（四）查漏补缺、巩固深化（2020年10月—12月）。各地民政、扶贫部门进一步查漏补缺，深入开展社会救助兜底脱贫行动落实情况"回头看"，及时解决发现的个案问题，确保社会救助兜底保障"不漏一户、不落一人"。民政部、国务院扶贫办系统总结梳理各地社会救助兜底脱贫行动开展情况，总结提炼行动成效和工作经验。

四、保障措施

（一）加强组织领导。各地民政、扶贫部门要深入学习领会习近平总书记关于扶贫工作重要论述和中央脱贫攻坚决策部署，进一步提高政治站位，将开展社会救助兜底脱贫行动纳入重要工作日程，加强统筹协调、配合协作，周密安排部署、层层压实责任、细化目标任务，确保取得实实在在的工作成效。要密切跟踪分析疫情对社会救助兜底脱贫的影响，及时回应群众关切，适时调整完善实施方案。没有脱贫攻坚任务的东部地区要结合当地实际，将社会救助兜底脱贫行动重点聚焦到脱贫成果巩固提升、解决相对贫困问题和加强东西部协作等方面。

（二）深化作风建设。各地民政部门要切实加强作风建设，落实落细各项社会救助兜底保障政策，确保救助对象精准、因户施策精准、资金补助精准；要持续深化农村低保专项治理，巩固前期治理成果，着力完善制度机制，严肃查处农村低保、特困人员救助供养、临时救助政策落实不到位等问题，坚决纠正工作中的形式主义、官僚主义和不作为、慢作为、乱作为问题，畅通社会救助热线，防范"脱保""漏保"，为社会救助兜底保障提供坚强纪律保证。

（三）强化督促调度。相关地方民政、扶贫部门要建立督促调度机制，定期督促调度"三区三州"等深度贫困地区和未摘帽贫困县社会救助兜底脱贫行动进展，帮助解决工作中遇到的困难问题。民政部、国务院扶贫办将视情对相关省份开展督促调度。有脱贫攻坚任务的省级民政、扶贫部门要在6月底、9月底、12月底向民政部、国务院扶贫办报送当地社会救助兜底脱贫行动实施情况。民政部、国务院扶贫办将定期汇总整理各地行动开展情况，推广宣传典型经验。

民政部关于巩固拓展民政领域脱贫攻坚成果同乡村振兴有效衔接的实施意见

民发〔2021〕16号

各省、自治区、直辖市民政厅（局），新疆生产建设兵团民政局：

党的十八大以来，民政部门扎实履行政治责任，充分发挥脱贫攻坚兜底保障作用，全力做好社会救助兜底脱贫工作，深化特殊困难群体关爱帮扶，广泛动员社会力量参与，加大对深度贫困地区倾斜支持力度，有力服务支持了脱贫攻坚大局。按照中共中央、国务院关于实现巩固拓展脱贫攻坚成果同乡村振兴有效衔接的部署，现就民政领域巩固拓展脱贫攻坚成果同乡村振兴有效衔接提出以下实施意见：

一、总体要求

以习近平新时代中国特色社会主义思想为指导，全面贯彻党的十九大和十九届二中、三中、四中、五中全会精神，坚持以人民为中心的发展思想，聚焦特殊群体、聚焦群众关切，认真履行基本民生保障、基层社会治理、基本社会服务等职责，推动民政事业高质量发展。5年过渡期内，按照中央"四个不摘"的工作要求，保持民政领域兜底保障政策总体稳定，确保符合救助条件的脱贫人口基本生活。调整优化民政政策措施，补齐民生保障短板弱项，适度扩大兜底保障和福利政策覆盖范围，提高民政服务质量和水平，更好服务乡村振兴战略实施。

二、保持过渡期政策总体稳定，巩固兜底保障成果

（一）持续做好社会救助兜底保障工作。对脱贫人口中完全丧失劳动能力

或部分丧失劳动能力，且无法通过产业就业获得稳定收入的人口，依规纳入农村低保或特困人员救助供养范围，对符合条件的及时给予临时救助，做到应保尽保、应救尽救。及时与相关部门共享信息，协助开展医疗、教育、住房、就业等专项救助。调整优化农村低保"单人户"政策，将未纳入低保或特困供养范围的低收入家庭中的重病、重残人员，参照"单人户"纳入低保。对农村低保对象就业产生的必要成本，在核算家庭收入时给予适当扣减；家庭人均收入超过当地低保标准的，给予一定期限的救助渐退期。

（二）持续做好农村"三留守"人员关爱服务工作。开展"三留守"人员定期探访，完善以农村空巢、留守老年人和留守儿童为重点的定期探访制度，加强信息动态管理。依靠村"两委"班子、驻村干部、儿童主任、社会工作者、亲朋邻里等，日常巡访掌握基本情况，及时防范、积极化解风险隐患。加强困境儿童保障工作，进一步完善事实无人抚养儿童保障政策，严格保障标准，细化保障措施，确保不漏一人，防止发生涉及事实无人抚养儿童权益保障的极端个案。加强农村留守妇女关爱服务制度建设，完善农村留守妇女关爱服务措施。

（三）持续做好残疾人、精神障碍患者福利保障工作。细化农村贫困重度残疾人照护服务对象和服务内容，推进农村残疾人社会化照护服务，为农村贫困重度残疾人提供集中照料或日间照料、邻里照护服务。鼓励社会工作者等社会力量参与农村贫困重度残疾人照护服务，不断加大农村贫困重度残疾人康复工作力度。指导农村地区做好精神障碍社区康复服务工作，为农村精神障碍患者提供社会交往、工作技能训练、心理疏导等多方面的社会服务，帮助其恢复生活自理能力和社会适应能力。

三、优化民政领域政策供给，强化同乡村振兴衔接

（四）健全农村低收入人口监测预警机制。健全多部门联动的风险预警、研判和处置机制，将符合条件的人员纳入相应的救助帮扶范围。会同相关部门健全信息共享机制，建立包括农村低保对象、农村特困人员以及其他农村低收入家庭成员在内的农村低收入人口动态监测信息库。加快构建农村低收入人口动态监测业务体系、技术体系、支撑体系，加强大数据分析比对，及

时预警存在致贫返贫风险的农村低收入人口，做到早发现、早帮扶。

（五）完善分层分类的社会救助制度体系。优化最低生活保障审核确认程序，完善低收入家庭救助、特困人员认定方法，适度扩大基本生活救助覆盖范围。健全低保标准制定和动态调整机制，推进低保制度城乡统筹发展。落实特困人员救助供养政策，提升特困人员供养服务质量。发挥社会救助部门协调机制作用，完善县级困难群众基本生活保障工作协调机制。健全社会救助家庭经济状况核对机制，扩大部门间信息共享范围，加快推进全国联网核查，促使跨区域核查更加精准、高效、安全。建立健全主动发现机制，推动乡镇（街道）"一门受理、协同办理"提质增效。

（六）健全农村养老服务网络。深入推进公办养老机构改革，充分发挥公办养老机构兜底保障作用，加强合同执行情况监管。推进县、乡、村三级农村养老服务体系建设，深入实施农村敬老院改造提升工程，重点增强县级供养机构失能照护和集中供养能力，提升护理型床位占比，并配备专业化照护人员，强化失能、部分失能特困老年人的兜底保障照护服务能力；盘活乡镇敬老院设施资源，建设区域养老服务中心，增强运行活力，将服务范围延伸至村级幸福院和居家老人；加大居家社区养老服务设施建设，实现易地搬迁安置点养老服务全覆盖；用好农村互助幸福院等设施，丰富互助养老服务内容，提高服务便捷性，满足广大农村老年人就近就便养老需求。

（七）提升残疾人保障水平。完善残疾人两项补贴制度。普遍建立残疾人两项补贴标准动态调整机制。拓展补贴发放范围，逐步把困难残疾人生活补贴覆盖至农村无固定收入、农村低收入家庭、重残无业、一户多残、老残一体、依老养残等残疾人困难群体，护理补贴覆盖至三级、四级智力和精神残疾人。推动建立基本型康复辅助器具补贴制度。加大"福康工程"等公益项目实施力度，加强公益性康复辅助器具服务机构建设，确保更多的残疾人享受到基本康复服务。

（八）加强农村基层政权建设和社区治理。加强乡镇政府服务能力建设，强化乡镇基础作用。做好易地扶贫搬迁集中安置社区治理工作。加快推进城乡社区服务体系建设，健全城乡社区综合服务设施网络，提升社区服务的精细化、专业化、科学化水平，畅通惠民政策落地"最后一公里"。重点提升定点帮扶地区城乡社区综合服务设施覆盖率和服务水平。深入推进城乡社区协商工作，创新社区工作法，畅通和规范群众诉求表达、利益协调、权益保障通道，全面开展社区协商，加强村级议事协商规范化建设。

（九）动员、引导社会力量参与乡村振兴。指导社区社会组织培育发展，在创新基层社会治理和推进乡村振兴中发挥积极作用。继续举办中国公益慈善项目交流展示会，引导、鼓励慈善力量通过投入资金、捐助物资、捐建设施、开展培训、实施项目等方式，助力乡村振兴。继续实施社会工作专业人才服务"三区计划"和社会工作服务机构"牵手计划"。鼓励和支持各地依托民政服务机构、农村社区综合服务设施和乡镇社工站设立志愿服务站点，广泛开展志愿服务。加大宣传力度，做好"中华慈善奖"评选表彰工作，大力宣传在扶贫济困慈善领域事迹突出、影响广泛的单位、个人、志愿服务等爱心团队、慈善项目、慈善信托等。

（十）持续做好乡村振兴重点帮扶县区划地名工作。支持乡村振兴重点帮扶县优化行政区划设置，指导地方优化调整城市基层和乡镇行政区划，激发乡村振兴重点帮扶县内生动力和发展活力。指导乡村振兴重点帮扶县进一步规范地名命名更名管理和地名标志设置，加强地名文化保护和信息化建设。指导乡村振兴重点帮扶县加强界线管理和平安边界建设，依法推进行政区域界线联合检查，积极消除界线纠纷隐患，防范化解风险。

四、组织实施

（十一）加强组织领导。各地民政部门要按照中央统筹、省负总责、市县乡抓落实的工作机制，将巩固拓展民政领域脱贫攻坚成果同乡村振兴有效衔接作为民政系统的重中之重，纳入民政重点工作范围，制定实施方案，明确时间表、路线图，统筹做好政策衔接相关工作。加大对乡村振兴重点帮扶县的资金倾斜和支持力度。巩固拓展定点帮扶县攻坚成果，不断提升民政保障能力和服务水平。

（十二）强化人才保障。加快乡镇社工站、未成年人工作保护站和农村社会服务人才队伍建设，分级分类开展养老服务员、儿童福利督导员、社会工作者、社区工作者业务培训，提升各类人才业务素质和综合素养，提升农村社会治理、社会管理、社会服务工作水平。

（十三）加强监督检查。紧密围绕中央关于巩固拓展脱贫攻坚成果同乡村振兴有效衔接的决策部署，加强监督检查，强化执纪问责。健全完善社会救助监督检查长效机制，开展农村低保专项治理巩固提升行动，深化拓展农村低保专项治理成果。

民政部

2021 年 2 月 10 日

民政部 财政部 国家乡村振兴局关于巩固拓展脱贫攻坚兜底保障成果进一步做好困难群众基本生活保障工作的指导意见

民发〔2021〕49号

各省、自治区、直辖市民政厅（局）、财政厅（局）、扶贫办（乡村振兴局），新疆生产建设兵团民政局、财政局、扶贫办：

为深入贯彻落实党中央、国务院关于实现巩固拓展脱贫攻坚成果同乡村振兴有效衔接的部署，进一步做好困难群众基本生活保障工作，提出如下意见。

一、总体要求

以习近平新时代中国特色社会主义思想为指导，全面贯彻落实党的十九大和十九届二中、三中、四中、五中全会精神，按照《中共中央 国务院关于实现巩固拓展脱贫攻坚成果同乡村振兴有效衔接的意见》部署，在保持农村社会救助兜底保障政策总体稳定的基础上，统筹发展城乡社会救助制度，加强低收入人口动态监测，完善分层分类的社会救助体系，适度拓展社会救助范围，创新服务方式，提升服务水平，切实做到应保尽保、应救尽救、应兜尽兜，不断增强困难群众获得感、幸福感、安全感。

二、任务措施

（一）保持过渡期内社会救助兜底政策总体稳定。对脱贫人口中完全丧失劳动能力或部分丧失劳动能力且无法通过产业就业获得稳定收入的人口，按规定纳入农村低保或特困人员救助供养范围，并按照困难类型及时给予专项救助、临时救助等。健全动态调整机制,对农村低保对象加强监测预警和动态管理,对家庭人均收入超过当地低保标准的,给予一定期限的救助渐退期,不再符合条件的按程序退出;对就业产生的必要成本,在核算家庭收入时适当给予扣减。

(二)完善基本生活救助标准动态调整机制。综合考虑居民人均消费支出或人均可支配收入等因素,结合当地财力状况,合理制定与当地经济社会发展水平相适应的低保标准和特困人员救助供养标准。各省(自治区、直辖市)制定本行政区域内相对统一的区域救助标准或最低指导标准。进一步完善社会救助和保障标准与物价上涨挂钩的联动机制,优化联动机制启动和补贴资金发放程序,确保及时足额向困难群众发放价格临时补贴。

(三)建立低收入人口动态监测预警机制。以低保对象、特困人员、农村易返贫致贫人口、因病因灾因意外事故等刚性支出较大或收入大幅缩减导致基本生活出现严重困难人口以及其他低收入人口为重点,建立完善低收入人口动态监测信息平台,为相关部门、单位和社会力量开展救助帮扶提供支持。依托国家数据共享交换平台体系,推动共享教育、人力资源社会保障、住房城乡建设、卫生健康、应急、医疗保障、乡村振兴、残联等部门和单位的相关信息数据,通过大数据比对等手段对低收入人口开展常态化监测,及时预警发现可能需要救助的低收入人口。

(四)完善主动发现快速响应机制。利用低收入人口动态监测预警机制,及时发现需要救助的困难群众。明确基层组织及相关人员责任,将走访、发现困难群众列为村(社区)组织和基层工作人员的重要工作内容。支持和引导社会力量参与主动发现,形成救助合力。在当地12345政务服务热线中设置社会救助服务模块,完善社会救助知识库,规范热线值守及群众反映事项处置流程,畅通困难群众求助渠道,实现及时发现、快速响应、即时救助。

(五)加大低收入人口救助力度。各地民政部门要加强与财政、教育、人力资源社会保障、住房城乡建设、医疗保障等部门沟通协调,推动社会救助向梯度化、多层次延伸,不断加大低收入人口救助力度。符合条件的重残人员、重病患者等低收入人口,可参照"单人户"纳入低保范围;符合教育、医疗、住房、就业等专项救助条件的,由相关部门依规纳入相应救助范围。

对刚性支出较大导致基本生活出现严重困难的低收入人口，根据实际需要给予专项救助或实施其他必要救助措施。

（六）创新发展急难社会救助。进一步完善临时救助制度，逐步取消户籍地、居住地申请限制，探索在急难发生地申请临时救助，由急难发生地审核并发放临时救助金。强化急难救助功能，实行"小金额先行救助"，事后补充说明情况。用好用足乡镇（街道）临时救助备用金制度，全面落实"先行救助""分级审批"政策规定，采取"跟进救助""一次审批、分阶段救助"等方式，增强救助时效性。开展"救急难"工作，强化县级困难群众基本生活保障工作协调机制作用，及时化解人民群众遭遇的各类重大急难问题，最大限度防止冲击社会道德和心理底线事件发生。

（七）积极开展服务类社会救助。适应困难群众多样化救助需求，加快形成社会救助服务多元供给格局，在加强物质帮扶的同时，探索通过政府购买服务等方式，为社会救助家庭成员中生活不能自理的老年人、未成年人、残疾人等提供必要的访视、照料服务，形成"物质+服务"的救助方式。鼓励、引导社会工作服务机构和社会工作者为低收入人口提供心理疏导、资源链接、能力提升、社会融入等服务。

（八）完善社会救助家庭经济状况核算方法和核对机制。完善社会救助家庭经济状况核算方法，"十四五"时期中央确定的城乡居民基本养老保险基础养老金不计入低保家庭、特困人员收入。进一步完善社会救助家庭经济状况核对机制，构建以部级核对平台为核心、省级核对平台为骨干、市县级核对平台为支撑的全国联网核对网络，不断拓展提升核对信息数据范围和质量，实现核对工作流程顺畅、服务高效、结果准确、数据安全。

（九）统筹发展城乡社会救助制度。推进城乡社会救助服务均等化，合理配置城乡社会救助资源，加大农村社会救助投入力度，构建城乡一体化的社会救助政策体系和管理体制，从对象条件、申办流程、管理服务和救助标准等方面，逐步缩小城乡差异。鼓励有条件的地区有序推进持有居住证人员在居住地申办社会救助。顺应农业转移人口市民化进程，及时将符合条件的农业转移人口纳入户籍地城镇救助范围，提供相应救助帮扶。完善城乡统一的低保对象、特困人员认定办法，规范低保标准制定和经办服务流程，推进低保、特困供养制度城乡一体化运行，促进城乡统筹发展。

三、组织保障

（一）加强组织领导。各地要按照中央统筹、省负总责、市县抓落实的工作机制，抓紧制定本地区实施方案，明确时间表、路线图，层层落实责任，周密组织实施。民政部负责牵头建立低收入人口动态监测信息库，并指导地方民政部门开展最低生活保障、特困救助供养、临时救助等工作。各地要积极推行政府购买服务，加强乡镇人民政府（街道办事处）社会救助能力建设。

（二）明确职责分工。各地民政、财政、乡村振兴部门要各负其责，加强沟通协调，及时研究解决工作中的新情况、新问题。民政部门负责按规定把符合条件的农村低收入人口纳入农村低保、特困人员救助供养或临时救助范围，加强规范管理。财政部门要按照国务院有关要求，优化财政支出结构，做好经费保障工作。乡村振兴部门要认真做好防止返贫监测和帮扶工作，加强与民政部门数据交换、实时共享。

（三）加强宣传引导。坚持正确舆论导向，深入开展政策宣传活动，加强巩固拓展脱贫攻坚兜底保障成果同乡村振兴有效衔接的政策解读，提高困难群众政策知晓度。广泛宣传困难群众基本生活保障工作取得的成功做法和典型经验，讲好社会救助故事，营造良好舆论氛围。

民政部　财政部　国家乡村振兴局
2021 年 5 月 10 日

社会救助体系

社会救助暂行办法

(2014年2月21日中华人民共和国国务院令第649号公布 根据2019年3月2日《国务院关于修改部分行政法规的决定》修定)

第一章 总 则

第一条 为了加强社会救助,保障公民的基本生活,促进社会公平,维护社会和谐稳定,根据宪法,制定本办法。

第二条 社会救助制度坚持托底线、救急难、可持续,与其他社会保障制度相衔接,社会救助水平与经济社会发展水平相适应。

社会救助工作应当遵循公开、公平、公正、及时的原则。

第三条 国务院民政部门统筹全国社会救助体系建设。国务院民政、卫生计生、教育、住房城乡建设、人力资源社会保障等部门,按照各自职责负责相应的社会救助管理工作。

县级以上地方人民政府民政、卫生计生、教育、住房城乡建设、人力资源社会保障等部门,按照各自职责负责本行政区域内相应的社会救助管理工作。

前两款所列行政部门统称社会救助管理部门。

第四条 乡镇人民政府、街道办事处负责有关社会救助的申请受理、调查审核,具体工作由社会救助经办机构或者经办人员承担。

村民委员会、居民委员会协助做好有关社会救助工作。

第五条 县级以上人民政府应当将社会救助纳入国民经济和社会发展规划,建立健全政府领导、民政部门牵头、有关部门配合、社会力量参与的社会救助工作协调机制,完善社会救助资金、物资保障机制,将政府安排的社会救助资金和社会救助工作经费纳入财政预算。

社会救助资金实行专项管理，分账核算，专款专用，任何单位或者个人不得挤占挪用。社会救助资金的支付，按照财政国库管理的有关规定执行。

第六条 县级以上人民政府应当按照国家统一规划建立社会救助管理信息系统，实现社会救助信息互联互通、资源共享。

第七条 国家鼓励、支持社会力量参与社会救助。

第八条 对在社会救助工作中作出显著成绩的单位、个人，按照国家有关规定给予表彰、奖励。

第二章　最低生活保障

第九条 国家对共同生活的家庭成员人均收入低于当地最低生活保障标准，且符合当地最低生活保障家庭财产状况规定的家庭，给予最低生活保障。

第十条 最低生活保障标准，由省、自治区、直辖市或者设区的市级人民政府按照当地居民生活必需的费用确定、公布，并根据当地经济社会发展水平和物价变动情况适时调整。

最低生活保障家庭收入状况、财产状况的认定办法，由省、自治区、直辖市或者设区的市级人民政府按照国家有关规定制定。

第十一条 申请最低生活保障，按照下列程序办理：

（一）由共同生活的家庭成员向户籍所在地的乡镇人民政府、街道办事处提出书面申请；家庭成员申请有困难的，可以委托村民委员会、居民委员会代为提出申请。

（二）乡镇人民政府、街道办事处应当通过入户调查、邻里访问、信函索证、群众评议、信息核查等方式，对申请人的家庭收入状况、财产状况进行调查核实，提出初审意见，在申请人所在村、社区公示后报县级人民政府民政部门审批。

（三）县级人民政府民政部门经审查，对符合条件的申请予以批准，并在申请人所在村、社区公布；对不符合条件的申请不予批准，并书面向申请人说明理由。

第十二条 对批准获得最低生活保障的家庭，县级人民政府民政部门按照共同生活的家庭成员人均收入低于当地最低生活保障标准的差额，按月发给最低生活保障金。

对获得最低生活保障后生活仍有困难的老年人、未成年人、重度残疾人和重病患者，县级以上地方人民政府应当采取必要措施给予生活保障。

第十三条 最低生活保障家庭的人口状况、收入状况、财产状况发生变化的，应当及时告知乡镇人民政府、街道办事处。

县级人民政府民政部门以及乡镇人民政府、街道办事处应当对获得最低生活保障家庭的人口状况、收入状况、财产状况定期核查。

最低生活保障家庭的人口状况、收入状况、财产状况发生变化的，县级人民政府民政部门应当及时决定增发、减发或者停发最低生活保障金；决定停发最低生活保障金的，应当书面说明理由。

第三章　特困人员供养

第十四条 国家对无劳动能力、无生活来源且无法定赡养、抚养、扶养义务人，或者其法定赡养、抚养、扶养义务人无赡养、抚养、扶养能力的老年人、残疾人以及未满16周岁的未成年人，给予特困人员供养。

第十五条 特困人员供养的内容包括：

（一）提供基本生活条件；

（二）对生活不能自理的给予照料；

（三）提供疾病治疗；

（四）办理丧葬事宜。

特困人员供养标准，由省、自治区、直辖市或者设区的市级人民政府确定、公布。

特困人员供养应当与城乡居民基本养老保险、基本医疗保障、最低生活保障、孤儿基本生活保障等制度相衔接。

第十六条 申请特困人员供养，由本人向户籍所在地的乡镇人民政府、街道办事处提出书面申请；本人申请有困难的，可以委托村民委员会、居民委员会代为提出申请。

特困人员供养的审批程序适用本办法第十一条规定。

第十七条 乡镇人民政府、街道办事处应当及时了解掌握居民的生活情况，发现符合特困供养条件的人员，应当主动为其依法办理供养。

第十八条 特困供养人员不再符合供养条件的，村民委员会、居民委员会或者供养服务机构应当告知乡镇人民政府、街道办事处，由乡镇人民政府、街道办事处审核并报县级人民政府民政部门核准后，终止供养并予以公示。

第十九条 特困供养人员可以在当地的供养服务机构集中供养，也可以在家分散供养。特困供养人员可以自行选择供养形式。

第四章 受灾人员救助

第二十条 国家建立健全自然灾害救助制度，对基本生活受到自然灾害严重影响的人员，提供生活救助。

自然灾害救助实行属地管理，分级负责。

第二十一条 设区的市级以上人民政府和自然灾害多发、易发地区的县级人民政府应当根据自然灾害特点、居民人口数量和分布等情况，设立自然灾害救助物资储备库，保障自然灾害发生后救助物资的紧急供应。

第二十二条 自然灾害发生后，县级以上人民政府或者人民政府的自然灾害救助应急综合协调机构应当根据情况紧急疏散、转移、安置受灾人员，及时为受灾人员提供必要的食品、饮用水、衣被、取暖、临时住所、医疗防疫等应急救助。

第二十三条 灾情稳定后，受灾地区县级以上人民政府应当评估、核定并发布自然灾害损失情况。

第二十四条 受灾地区人民政府应当在确保安全的前提下，对住房损毁严重的受灾人员进行过渡性安置。

第二十五条 自然灾害危险消除后，受灾地区人民政府民政等部门应当及时核实本行政区域内居民住房恢复重建补助对象，并给予资金、物资等救助。

第二十六条 自然灾害发生后，受灾地区人民政府应当为因当年冬寒或者次年春荒遇到生活困难的受灾人员提供基本生活救助。

第五章　医疗救助

第二十七条　国家建立健全医疗救助制度，保障医疗救助对象获得基本医疗卫生服务。

第二十八条　下列人员可以申请相关医疗救助：

（一）最低生活保障家庭成员；

（二）特困供养人员；

（三）县级以上人民政府规定的其他特殊困难人员。

第二十九条　医疗救助采取下列方式：

（一）对救助对象参加城镇居民基本医疗保险或者新型农村合作医疗的个人缴费部分，给予补贴；

（二）对救助对象经基本医疗保险、大病保险和其他补充医疗保险支付后，个人及其家庭难以承担的符合规定的基本医疗自负费用，给予补助。

医疗救助标准，由县级以上人民政府按照经济社会发展水平和医疗救助资金情况确定、公布。

第三十条　申请医疗救助的，应当向乡镇人民政府、街道办事处提出，经审核、公示后，由县级人民政府民政部门审批。最低生活保障家庭成员和特困供养人员的医疗救助，由县级人民政府民政部门直接办理。

第三十一条　县级以上人民政府应当建立健全医疗救助与基本医疗保险、大病保险相衔接的医疗费用结算机制，为医疗救助对象提供便捷服务。

第三十二条　国家建立疾病应急救助制度，对需要急救但身份不明或者无力支付急救费用的急重危伤病患者给予救助。符合规定的急救费用由疾病应急救助基金支付。

疾病应急救助制度应当与其他医疗保障制度相衔接。

第六章　教育救助

第三十三条　国家对在义务教育阶段就学的最低生活保障家庭成员、特困供养人员，给予教育救助。

对在高中教育（含中等职业教育）、普通高等教育阶段就学的最低生活保障家庭成员、特困供养人员,以及不能入学接受义务教育的残疾儿童,根据实际情况给予适当教育救助。

第三十四条　教育救助根据不同教育阶段需求,采取减免相关费用、发放助学金、给予生活补助、安排勤工助学等方式实施,保障教育救助对象基本学习、生活需求。

第三十五条　教育救助标准,由省、自治区、直辖市人民政府根据经济社会发展水平和教育救助对象的基本学习、生活需求确定、公布。

第三十六条　申请教育救助,应当按照国家有关规定向就读学校提出,按规定程序审核、确认后,由学校按照国家有关规定实施。

第七章　住房救助

第三十七条　国家对符合规定标准的住房困难的最低生活保障家庭、分散供养的特困人员,给予住房救助。

第三十八条　住房救助通过配租公共租赁住房、发放住房租赁补贴、农村危房改造等方式实施。

第三十九条　住房困难标准和救助标准,由县级以上地方人民政府根据本行政区域经济社会发展水平、住房价格水平等因素确定、公布。

第四十条　城镇家庭申请住房救助的,应当经由乡镇人民政府、街道办事处或者直接向县级人民政府住房保障部门提出,经县级人民政府民政部门审核家庭收入、财产状况和县级人民政府住房保障部门审核家庭住房状况并公示后,对符合申请条件的申请人,由县级人民政府住房保障部门优先给予保障。

农村家庭申请住房救助的,按照县级以上人民政府有关规定执行。

第四十一条　各级人民政府按照国家规定通过财政投入、用地供应等措施为实施住房救助提供保障。

第八章　就业救助

第四十二条　国家对最低生活保障家庭中有劳动能力并处于失业状态的成员,通过贷款贴息、社会保险补贴、岗位补贴、培训补贴、费用减免、公益性岗位安置等办法，给予就业救助。

第四十三条 最低生活保障家庭有劳动能力的成员均处于失业状态的，县级以上地方人民政府应当采取有针对性的措施，确保该家庭至少有一人就业。

第四十四条 申请就业救助的，应当向住所地街道、社区公共就业服务机构提出，公共就业服务机构核实后予以登记，并免费提供就业岗位信息、职业介绍、职业指导等就业服务。

第四十五条 最低生活保障家庭中有劳动能力但未就业的成员，应当接受人力资源社会保障等有关部门介绍的工作；无正当理由，连续3次拒绝接受介绍的与其健康状况、劳动能力等相适应的工作的，县级人民政府民政部门应当决定减发或者停发其本人的最低生活保障金。

第四十六条 吸纳就业救助对象的用人单位，按照国家有关规定享受社会保险补贴、税收优惠、小额担保贷款等就业扶持政策。

第九章　临时救助

第四十七条 国家对因火灾、交通事故等意外事件，家庭成员突发重大疾病等原因，导致基本生活暂时出现严重困难的家庭，或者因生活必需支出突然增加超出家庭承受能力，导致基本生活暂时出现严重困难的最低生活保障家庭，以及遭遇其他特殊困难的家庭，给予临时救助。

第四十八条 申请临时救助的，应当向乡镇人民政府、街道办事处提出，经审核、公示后，由县级人民政府民政部门审批；救助金额较小的，县级人民政府民政部门可以委托乡镇人民政府、街道办事处审批。情况紧急的，可以按照规定简化审批手续。

第四十九条 临时救助的具体事项、标准，由县级以上地方人民政府确定、公布。

第五十条 国家对生活无着的流浪、乞讨人员提供临时食宿、急病救治、协助返回等救助。

第五十一条 公安机关和其他有关行政机关的工作人员在执行公务时发现流浪、乞讨人员的，应当告知其向救助管理机构求助。对其中的残疾人、未成年人、老年人和行动不便的其他人员,应当引导、护送到救助管理机构;对突发急病人员,应当立即通知急救机构进行救治。

第十章 社会力量参与

第五十二条 国家鼓励单位和个人等社会力量通过捐赠、设立帮扶项目、创办服务机构、提供志愿服务等方式,参与社会救助。

第五十三条 社会力量参与社会救助,按照国家有关规定享受财政补贴、税收优惠、费用减免等政策。

第五十四条 县级以上地方人民政府可以将社会救助中的具体服务事项通过委托、承包、采购等方式,向社会力量购买服务。

第五十五条 县级以上地方人民政府应当发挥社会工作服务机构和社会工作者作用,为社会救助对象提供社会融入、能力提升、心理疏导等专业服务。

第五十六条 社会救助管理部门及相关机构应当建立社会力量参与社会救助的机制和渠道,提供社会救助项目、需求信息,为社会力量参与社会救助创造条件、提供便利。

第十一章 监督管理

第五十七条 县级以上人民政府及其社会救助管理部门应当加强对社会救助工作的监督检查,完善相关监督管理制度。

第五十八条 申请或者已获得社会救助的家庭,应当按照规定如实申报家庭收入状况、财产状况。

县级以上人民政府民政部门根据申请或者已获得社会救助家庭的请求、委托,可以通过户籍管理、税务、社会保险、不动产登记、工商登记、住房公积金管理、车船管理等单位和银行、保险、证券等金融机构,代为查询、核对其家庭收入状况、财产状况;有关单位和金融机构应当予以配合。

县级以上人民政府民政部门应当建立申请和已获得社会救助家庭经济状况信息核对平台,为审核认定社会救助对象提供依据。

第五十九条 县级以上人民政府社会救助管理部门和乡镇人民政府、街道办事处在履行社会救助职责过程中，可以查阅、记录、复制与社会救助事项有关的资料，询问与社会救助事项有关的单位、个人，要求其对相关情况作出说明，提供相关证明材料。有关单位、个人应当如实提供。

第六十条 申请社会救助，应当按照本办法的规定提出；申请人难以确定社会救助管理部门的，可以先向社会救助经办机构或者县级人民政府民政部门求助。社会救助经办机构或者县级人民政府民政部门接到求助后，应当及时办理或者转交其他社会救助管理部门办理。

乡镇人民政府、街道办事处应当建立统一受理社会救助申请的窗口，及时受理、转办申请事项。

第六十一条 履行社会救助职责的工作人员对在社会救助工作中知悉的公民个人信息，除按照规定应当公示的信息外，应当予以保密。

第六十二条 县级以上人民政府及其社会救助管理部门应当通过报刊、广播、电视、互联网等媒体，宣传社会救助法律、法规和政策。

县级人民政府及其社会救助管理部门应当通过公共查阅室、资料索取点、信息公告栏等便于公众知晓的途径，及时公开社会救助资金、物资的管理和使用等情况，接受社会监督。

第六十三条 履行社会救助职责的工作人员行使职权，应当接受社会监督。

任何单位、个人有权对履行社会救助职责的工作人员在社会救助工作中的违法行为进行举报、投诉。受理举报、投诉的机关应当及时核实、处理。

第六十四条 县级以上人民政府财政部门、审计机关依法对社会救助资金、物资的筹集、分配、管理和使用实施监督。

第六十五条 申请或者已获得社会救助的家庭或者人员，对社会救助管理部门作出的具体行政行为不服的，可以依法申请行政复议或者提起行政诉讼。

第十二章　法律责任

第六十六条 违反本办法规定，有下列情形之一的，由上级行政机关或者监察机关责令改正；对直接负责的主管人员和其他直接责任人员依法给予处分：

（一）对符合申请条件的救助申请不予受理的；

（二）对符合救助条件的救助申请不予批准的；

（三）对不符合救助条件的救助申请予以批准的；

（四）泄露在工作中知悉的公民个人信息，造成后果的；

（五）丢失、篡改接受社会救助款物、服务记录等数据的；

（六）不按照规定发放社会救助资金、物资或者提供相关服务的；

（七）在履行社会救助职责过程中有其他滥用职权、玩忽职守、徇私舞弊行为的。

第六十七条　违反本办法规定，截留、挤占、挪用、私分社会救助资金、物资的，由有关部门责令追回；有违法所得的，没收违法所得；对直接负责的主管人员和其他直接责任人员依法给予处分。

第六十八条　采取虚报、隐瞒、伪造等手段，骗取社会救助资金、物资或者服务的，由有关部门决定停止社会救助，责令退回非法获取的救助资金、物资，可以处非法获取的救助款额或者物资价值1倍以上3倍以下的罚款；构成违反治安管理行为的，依法给予治安管理处罚。

第六十九条　违反本办法规定，构成犯罪的，依法追究刑事责任。

第十三章　附　则

第七十条　本办法自2014年5月1日起施行。

中共中央办公厅 国务院办公厅印发《关于改革完善社会救助制度的意见》的通知

各省、自治区、直辖市党委和人民政府,中央和国家机关各部委,解放军各大单位和武警部队、中央军委机关各部门,各人民团体:

《关于改革完善社会救助制度的意见》已经中央领导同志同意,现印发给你们,请结合实际认真贯彻落实。

中共中央办公厅
国务院办公厅
2020 年 4 月 22 日

关于改革完善社会救助制度的意见

社会救助事关困难群众基本生活和衣食冷暖,是保障基本民生、促进社会公平、维护社会稳定的兜底性、基础性制度安排,也是我们党全心全意为人民服务根本宗旨的集中体现。为全面贯彻党中央、国务院决策部署,统筹发展社会救助体系,巩固脱贫攻坚成果,切实兜住兜牢基本民生保障底线,现就改革完善社会救助制度提出如下意见。

一、总体要求

(一)指导思想。以习近平新时代中国特色社会主义思想为指导,全面贯彻党的十九大和十九届二中、三中、四中全会精神,紧紧围绕统筹推进"五位一体"总体布局和协调推进"四个全面"战略布局,坚持以人民为中心的发展思想，按照保基本、兜底线、救急难、可持续的总体思路，以统筹救助资源、增强兜底功能、提升服务能力为重点，完善法规制度，健全体制机制，强化政策落实，不断增强困难群众的获得感、幸福感、安全感。

（二）基本原则。坚持党对社会救助工作的全面领导，充分发挥各级党组织作用，为保障困难群众基本生活提供有力政治保证和组织保证。坚持以人民为中心，把维护困难群众基本权益作为社会救助的根本出发点和落脚点，确保困难群众共享改革发展成果。坚持问题导向，聚焦突出问题，回应群众关切，不断增强困难群众的幸福感和满意度。坚持尽力而为、量力而行，与经济社会发展水平相适应，既不降低标准，也不吊高胃口。坚持统筹兼顾，加强政策衔接，形成兜底保障困难群众基本生活的合力。

（三）总体目标。用 2 年左右时间，健全分层分类、城乡统筹的中国特色社会救助体系，在制度更加成熟更加定型上取得明显成效。社会救助法制健全完备，体制机制高效顺畅，服务管理便民惠民，兜底保障功能有效发挥，城乡困难群众都能得到及时救助。到 2035 年，实现社会救助事业高质量发展，改革发展成果更多更公平惠及困难群众，民生兜底保障安全网密实牢靠，总体适应基本实现社会主义现代化的宏伟目标。

二、重点任务

（一）建立健全分层分类的社会救助体系。

1. 构建综合救助格局。以增强社会救助及时性、有效性为目标，加快构建政府主导、社会参与、制度健全、政策衔接、兜底有力的综合救助格局。以基本生活救助、专项社会救助、急难社会救助为主体，社会力量参与为补充，建立健全分层分类的救助制度体系。完善体制机制，运用现代信息技术推进救助信息聚合、救助资源统筹、救助效率提升，实现精准救助、高效救助、温暖救助、智慧救助。

2. 打造多层次救助体系。完善低保、特困和低收入家庭认定办法。对共同生活的家庭成员人均收入低于当地最低生活保障标准且符合财产状况规定的家庭，给予最低生活保障。对无劳动能力、无生活来源、无法定赡养抚养扶养义务人或者其法定义务人无履行义务能力的城乡老年人、残疾人、未成年人，给予特困人员救助供养。同时，根据实际需要给予相应的医疗、住房、教育、就业等专项社会救助。对不符合低保或特困供养条件的低收入家庭和刚性支出较大导致基本生活出现严重困难的家庭，根据实际需要给予相应的医疗、住房、教育、就业等专项社会救助或实施其他必要救助措施。对遭遇突发事件、意外伤害、重大疾病，受传染病疫情等突发公共卫生事件影响或由于其他特殊原因导致基本生活暂时陷入困境的家庭或个人以及临时遇困、生活无着人员，给予急难社会救助。对遭遇自然灾害的，给予受灾人员救助。

3. 创新社会救助方式。积极发展服务类社会救助，形成"物质+服务"的救助方式。探索通过政府购买服务对社会救助家庭中生活不能自理的老年人、未成年人、残疾人等提供必要的访视、照料服务。加强专业社会工作服务，帮助救助对象构建家庭和社会支持网络。完善对重度残疾人、重病患者以及老年人、未成年人等特殊困难群体的救助政策，依据困难类型、困难程度实施类别化、差异化救助。

4. 促进城乡统筹发展。推进社会救助制度城乡统筹，加快实现城乡救助服务均等化。顺应农业转移人口市民化进程，及时对符合条件的农业转移人口提供相应救助帮扶。有条件的地区有序推进持有居住证人员在居住地申办社会救助。加大农村社会救助投入，逐步缩小城乡差距。加强与乡村振兴战略衔接。推进城镇困难群众解困脱困。

（二）夯实基本生活救助。

5. 完善基本生活救助制度。规范完善最低生活保障制度，分档或根据家庭成员人均收入与低保标准的实际差额发放低保金。对不符合低保条件的低收入家庭中的重度残疾人、重病患者等完全丧失劳动能力和部分丧失劳动能力且无法依靠产业就业帮扶脱贫的人员，采取必要措施保障其基本生活。将特困救助供养覆盖的未成年人年龄从16周岁延长至18周岁。

6. 规范基本生活救助标准调整机制。综合考虑居民人均消费支出或人均可支配收入等因素，结合财力状况合理制定低保标准和特困人员供养标准并建立动态调整机制。制定基本生活救助家庭财产标准或条件。各省（自治区、直辖市）制定本行政区域内相对统一的区域救助标准或最低指导标准。进一步完善社会救助和保障标准与物价上涨挂钩的联动机制。

7. 加强分类动态管理。健全社会救助对象定期核查机制。对特困人员、短期内经济状况变化不大的低保家庭，每年核查一次；对收入来源不固定、家庭成员有劳动能力的低保家庭，每半年核查一次。复核期内救助对象家庭经济状况没有明显变化的，不再调整救助水平。规范救助对象家庭人口、经济状况重大变化报告机制。

（三）健全专项社会救助。

8. 健全医疗救助制度。健全医疗救助对象动态认定核查机制，将符合条件的救助对象纳入救助范围，做好分类资助参保和直接救助工作。完善疾病应急救助。在突发疫情等紧急情况时，确保医疗机构先救治、后收费。健全重大疫情医疗救治医保支付政策，确保贫困患者不因费用问题影响就医。加强医疗救助与其他医疗保障制度、社会救助制度衔接，发挥制度合力，减轻困难群众就医就诊后顾之忧。

9. 健全教育救助制度。对在学前教育、义务教育、高中阶段教育（含中等职业教育）和普通高等教育（含高职、大专）阶段就学的低保、特困等家庭学生以及因身心障碍等原因不方便入学接受义务教育的适龄残疾未成年人，根据不同教育阶段需求和实际情况，采取减免相关费用、发放助学金、安排勤工助学岗位、送教上门等方式，给予相应的教育救助。

10. 健全住房救助制度。对符合规定标准的住房困难的低保家庭、分散供养的特困人员等实施住房救助。对农村住房救助对象优先实施危房改造，对城镇住房救助对象优先实施公租房保障。探索建立农村低收入群体住房安全保障长效机制，稳定、持久保障农村低收入家庭住房安全。

11. 健全就业救助制度。为社会救助对象优先提供公共就业服务，按规定落实税费减免、贷款贴息、社会保险补贴、公益性岗位补贴等政策，确保零就业家庭实现动态"清零"。对已就业的低保对象，在核算其家庭收入时扣减必要的就业成本，并在其家庭成员人均收入超过当地低保标准后给予一定时间的渐退期。

12. 健全受灾人员救助制度。健全自然灾害应急救助体系，调整优化国家应急响应启动标准和条件，完善重大自然灾害应对程序和措施，逐步建立与经济社会发展水平相适应的自然灾害救助标准调整机制，统筹做好应急救助、过渡期生活救助、旱灾临时生活困难救助、冬春临时生活困难救助和因灾倒损民房恢复重建等工作。

13. 发展其他救助帮扶。鼓励各地根据城乡居民遇到的困难类型，适时给予相应救助帮扶。加强法律援助，依法为符合条件的社会救助对象提供法律援助服务。积极开展司法救助，帮助受到侵害但无法获得有效赔偿的生活困难当事人摆脱生活困境，为涉刑事案件家庭提供救助帮扶、心理疏导、关系调适等服务。开展取暖救助，使寒冷地区的困难群众冬天不受冻。做好身故困难群众基本殡葬服务，为其减免相关费用。推进残疾儿童康复救助、重度残疾人护理补贴、孤儿基本生活保障等工作，加强事实无人抚养儿童等困境儿童保障，做好与社会救助政策衔接工作。鼓励有条件的地方将困难残疾人生活补贴延伸至低收入家庭。

（四）完善急难社会救助。

14. 强化急难社会救助功能。对遭遇突发性、紧迫性、灾难性困难，生活陷入困境，靠自身和家庭无力解决，其他社会救助制度暂时无法覆盖或救助之后生活仍有困难的家庭或个人，通过临时救助或生活无着流浪乞讨人员救助给予应急性、过渡性生活保障。依据困难情况制定临时救助标准，分类分档予以救助。逐步取消户籍地、居住地申请限制，探索由急难发生地实施临时救助。畅通急难社会救助申请和急难情况及时报告、主动发现渠道，建立健全快速响应、个案会商"救急难"工作机制。

15. 完善临时救助政策措施。将临时救助分为急难型临时救助和支出型临时救助。实施急难型临时救助，可实行"小金额先行救助"，事后补充情况说明；实施支出型临时救助，按照审核审批程序办理。采取"跟进救助""一次审批、分阶段救助"等方式，增强救助时效性。必要时启动县级困难群众基本生活保障工作协调机制进行"一事一议"审批。推动在乡镇（街道）建立临时救助备用金制度。加强临时救助与其他救助制度、慈善帮扶的衔接，形成救助合力。

16. 加强和改进生活无着流浪乞讨人员救助管理。强化地方党委和政府属地管理责任，压实各级民政部门、救助管理机构和托养机构责任，切实保障流浪乞讨人员人身安全和基本生活。完善源头治理和回归稳固机制，做好长期滞留人员落户安置工作，为符合条件人员落实社会保障政策。积极为走失、务工不着、家庭暴力受害人等离家在外的临时遇困人员提供救助。

17. 做好重大疫情等突发公共事件困难群众急难救助工作。将困难群众急难救助纳入突发公共事件相关应急预案，明确应急期社会救助政策措施和紧急救助程序。重大疫情等突发公共卫生事件和其他突发公共事件发生时，要及时分析研判对困难群众造成的影响以及其他各类人员陷入生活困境的风险，积极做好应对工作，适时启动紧急救助程序，适当提高受影响地区城乡低保、特困人员救助等保障标准，把因突发公共事件陷入困境的人员纳入救助范围，对受影响严重地区人员发放临时生活补贴，及时启动相关价格补贴联动机制，强化对困难群体的基本生活保障。

（五）促进社会力量参与。

18. 发展慈善事业。鼓励支持自然人、法人及其他组织以捐赠财产、设立项目、提供服务等方式，自愿开展慈善帮扶活动。动员引导慈善组织加大社会救助方面支出。按照有关规定，对参与社会救助的慈善组织给予税收优惠、费用减免等，有突出表现的给予表彰。建立政府救助与慈善救助衔接机制。加强对慈善组织和互联网公开募捐信息平台的监管，对互联网慈善进行有效引导和规范，推进信息公开，防止诈捐、骗捐。

19. 引导社会工作专业力量参与社会救助。通过购买服务、开发岗位、政策引导、提供工作场所、设立基层社工站等方式，鼓励社会工作服务机构和社会工作者协助社会救助部门开展家庭经济状况调查评估、建档访视、需求分析等事务；并为救助对象提供心理疏导、资源链接、能力提升、社会融入等服务。鼓励引导以社会救助为主的服务机构按一定比例设置社会工作专业岗位。

20. 促进社会救助领域志愿服务发展。支持引导志愿服务组织、社会爱心人士开展扶贫济困志愿服务。加强社会救助志愿服务制度建设，积极发挥志愿服务在汇聚社会资源、帮扶困难群众、保护弱势群体、传递社会关爱等方面的作用。

21. 推进政府购买社会救助服务。进一步完善政府购买社会救助服务政策措施，鼓励社会力量和市场主体参与社会救助，扩大社会救助服务供给。制定政府购买社会救助服务清单，规范购买流程，加强监督评估。政府购买社会救助服务所需经费从已有社会救助工作经费或困难群众救助补助资金等社会救助专项经费中列支。

（六）深化"放管服"改革。

22. 建立完善主动发现机制。将走访、发现需要救助的困难群众列为村（社区）组织重要工作内容。承担社会救助工作的国家公职人员以及承担政府委托从事困难群众服务工作的企事业单位、基层群众性自治组织、社会组织等，在工作中发现困难群众基本生活难以为继的，应当及时报告有关部门。县级民政部门开通"12349"社会救助服务热线，逐步实现全国联通。

23. 全面推行"一门受理、协同办理"。乡镇（街道）经办机构统一受理社会救助申请，根据申请人困难情况、致贫原因，统筹考虑家庭人口结构、健康状况、劳动能力和劳动条件、刚性支出等因素，综合评估救助需求，提出综合实施社会救助措施的意见，并按照职责分工及时办理或转请县级相关职能部门办理。鼓励有条件的地方异地受理基本生活救助申请。

24. 优化审核确认程序。有条件的地方可按程序将低保、特困等社会救助审核确认权限下放至乡镇（街道），县级民政部门加强监督指导。对没有争议的救助申请家庭，可不再进行民主评议。取消可以通过国家或地方政务服务平台查询的相关证明材料。健全社会救助家庭经济状况核对机制，发挥各级核对机构作用。

25. 加快服务管理转型升级。加强社会救助信息化，推进互联网、大数据、人工智能、区块链、5G等现代信息技术在社会救助领域的运用。依托国家数据共享交换平台体系，完善社会救助资源库，将政府部门、群团组织等开展救助帮扶的各类信息统一汇集、互通共享，为相关部门、单位和社会力量开展救助帮扶提供支持。推动社会救助服务向移动端延伸，实现救助事项"掌上办""指尖办"，为困难群众提供方便快捷的救助事项申请、办理、查询等服务。

三、保障措施

（一）加强组织领导。强化党委领导、政府负责、民政牵头、部门协同、社会参与的工作机制。地方各级依法依规成立社会救助工作领导小组或困难群众基本生活保障工作协调机制。将社会救助政策落实情况纳入各地区各部门工作绩效评价。加快推进社会救助立法。完善社会救助统计制度。加强社会救助政策宣传和理论研究。按有关规定申报社会救助表彰奖励项目,对有突出表现的给予表彰。

(二)落实部门责任。民政部门承担社会救助体系建设牵头统筹职责,负责基本生活救助;教育、人力资源社会保障、住房城乡建设、卫生健康、应急管理、医疗保障等部门根据职责分工,分别负责相关专项社会救助;财政部门根据困难群众基本生活保障需要和物价变动等情况,做好各项社会救助资金保障。中央财政困难群众救助补助资金重点向救助任务重、财政困难地区倾斜。

(三)提高基层服务能力。实施基层社会救助能力提升工程。各省(自治区、直辖市)党委和政府要统筹研究制定按照社会救助对象数量、人员结构等因素完善救助机构、合理配备相应工作人员的具体措施。强化乡镇(街道)社会救助责任和相关保障条件。村级设立社会救助协理员,困难群众较多的村(社区)建立社会救助服务站(点)。开展社会救助所需工作经费纳入地方各级财政预算。关爱基层救助工作人员,提供必要的工作场所、交通、通信费用以及薪资待遇,保障履职需要。加强业务培训,打造政治过硬、业务素质高、对困难群众有感情的社会救助干部队伍。

(四)加强监督检查。加强资金监管,强化审计监督,对挤占、挪用、截留和滞留资金等问题,及时纠正并依法依规追究有关责任人的责任。健全"双随机、一公开"监督机制,加强社会救助事中事后监管。加大对骗取社会救助行为查处力度,依法依规追回骗取的社会救助金并追究相应责任。建立容错纠错机制,鼓励各地根据实际情况改革创新,激励基层干部担当作为,落实"三个区分开来"要求,对秉持公心、履职尽责但因客观原因出现失误偏差且能够及时纠正的经办人员依法依规免于问责。

民政部 教育部 财政部 人力资源社会保障部 住房城乡建设部 国家卫生计生委 关于贯彻落实《社会救助暂行办法》的通知

民发〔2014〕135号

各省、自治区、直辖市民政厅（局）、教育厅（教委）、财政厅（局）、人力资源社会保障厅（局）、住房城乡建设厅（局）、卫生计生委（卫生厅局），新疆生产建设兵团民政局、教育局、财务局、人力资源社会保障局、建设局、卫生局：

《社会救助暂行办法》（以下简称《办法》）已于2014年2月21日以国务院649号令颁布，自5月1日起施行。为做好《办法》的贯彻落实工作，现就有关事项通知如下：

一、充分认识《办法》颁布实施的重大意义

社会救助是国家和社会对依靠自身能力难以维持基本生活的公民提供的物质帮助和服务，是保民生、托底线、救急难、促公平的基础性制度安排，关系到困难群众切身利益的维护和保障，关系到党和政府执政理念的实现和执政根基的稳固，关系到我国社会主义制度优越性的体现。《办法》的颁布施行，从法律上确立了社会救助的地位作用、基本原则、主体责任、制度安排、基本程序等，既为保障公民基本生活、维护公民基本生存权益提供了法制保障，也为政府各部门依法救助和社会力量有序参与社会救助提供了法规依据，明确了行为规范，是社会救助事业发展新的里程碑，标志着新形势下社会救助事业迈上了法制化、体系化、规范化统筹发展的新阶段。

各地各有关部门要结合贯彻落实党的十八大和十八届二中、三中全会精

神，全面理解、准确把握《办法》的精神实质和主要内容，充分认识新形势下《办法》颁布实施的重大意义，切实增强贯彻落实的自觉性、积极性和主动性。要将贯彻落实《办法》作为当前保障困难群众基本生活、维护困难群众生存权益和人格尊严的重要举措抓紧抓好，努力让困难群众不为饥寒所迫、不为灾害所急、不为大病所困、不为住房所难、不为失业所忧，真正感受到党和政府的关怀和温暖。

二、依法完善落实各项配套政策措施

《办法》以社会救助体系为统领，对各项社会救助制度进行了全面系统规定，确立了以最低生活保障、特困人员供养、受灾人员救助以及医疗救助（含疾病应急救助）、教育救助、住房救助、就业救助和临时救助为主体，以社会力量参与为补充的社会救助制度体系框架。各地各有关部门要根据《办法》要求，结合实际，突出重点，抓紧完善相关配套政策，确保《办法》的有关规定落到实处。

（一）完善最低生活保障和特困人员供养制度。要研究制定最低生活保障家庭收入状况、财产状况的认定办法，健全最低生活保障对象认定标准体系。完善最低生活保障标准制定办法，健全社会救助和保障标准与物价上涨挂钩的联动机制，保障好困难群众基本生活。要制定健全完善特困人员供养制度的具体措施，城乡统筹实施；加强最低生活保障和特困人员供养工作管理，建立责任追究制度，畅通投诉举报渠道，适时开展绩效评估，从制度机制上杜绝关系保、人情保和骗保等违规现象。

（二）完善受灾人员救助制度。要按照属地管理，分级负责的原则，完善自然灾害救助应急预案，做好上下级预案响应标准的衔接，强化预案的科学性和可操作性。编制实施自然灾害救助物资储备规划，明确物资储备布局和规模，建立适应本地救灾需要的物资储备机制。严格按照有关规定，及时准确统计报送自然灾害损失情况，建立健全灾情核查评估机制和统一发布机制。编制和落实各级自然灾害救助资金预算，研究制定出台灾害救助标准，切实有效做好灾害紧急救助、过渡性生活救助、冬春救助和倒损农房恢复重建等工作，保障受灾人员得到及时、公平、合理的救助。

（三）完善医疗救助制度。以最低生活保障对象、特困供养人员为重点，进一步健全完善医疗救助制度。逐步将低收入家庭重病患者及县级以上人民政府规定的其他特殊困难群众纳入救助范围，逐步提高救助水平，使之真正起到托底保障、救急解难的作用。建立健全疾病应急救助制度，落实《疾病应急救助基金管理暂行办法》，为急危重伤病需要急救但身份不明或无力支付相关费用的患者提供应急医疗救治。加快建立医疗救助与基本医疗保险、大病保险相衔接的医疗费用结算机制。加快疾病应急救助制度与其他医疗保障制度的衔接。

（四）完善教育救助制度。进一步健全从学前教育到研究生教育、覆盖各教育阶段的家庭经济困难学生资助政策体系，从制度上保证"不让一个学生因家庭经济困难而失学"。完善实施教育救助的具体措施和救助体系，优先将在各级各类学校就读的最低生活保障家庭成员、特困供养人员纳入现有的学生资助体系，并动态调整资助标准和覆盖范围，努力做到应助尽助。

（五）完善住房救助制度。要根据当地经济社会发展水平、房地产市场状况以及财力可能，制定并及时调整住房困难标准和救助标准，形成科学规范、可持续的住房救助长效机制。完善实施住房救助的具体措施，规范救助程序，确保符合条件的最低生活保障家庭、分散供养的特困人员全部纳入住房保障体系，优先安排解决。

（六）完善就业救助制度。要健全完善实施就业救助的具体政策措施，依托基层公共就业服务机构，摸清就业救助对象底数和就业需求，提供政策咨询、岗位信息、职业指导、职业介绍等精细化、个性化的就业服务，通过鼓励企业吸纳、鼓励自谋职业和自主创业、公益性岗位安置等途径，对就业救助对象实行优先扶持和重点帮助，确保最低生活保障家庭中有劳动能力的成员至少有一人实现就业。

（七）建立临时救助制度。要全面建立临时救助制度，突出其"救急难"的制度特点，对遭遇突发事件、意外伤害、重大疾病或其他特殊原因导致生活陷入困境，其他社会救助制度暂时无法覆盖或救助之后基本生活仍有严重困难的家庭及时给予救助。要根据当地实际，制定具体的临时救助对象认定办法，明确救助类型、范围和标准。要加强救助管理机构建设，及时救助生活无着的流浪、乞讨人员。加强临时救助与其他社会救助制度之间的衔接，形成制度合力，消除救助盲区。

（八）加强社会力量参与。各地要细化政策措施，研究制定向社会力量购买社会救助中的具体服务事项的办法。要全面了解、掌握本地区社会组织、企事业单位等设立慈善项目的情况，搭建政府部门救助资源、社会组织救助项目与困难群众救助需求对接的信息平台，充分发挥慈善救助方法灵活、形式多样、一案一策的特点，鼓励、引导、支持社会组织、企事业单位和爱心人士等针对急难个案开展慈善救助。要广泛动员社会力量参与社会救助，充分发挥社会组织、社会工作者和志愿者队伍等社会力量参与社会救助的专业优势和服务特长，针对不同救助对象开展生活帮扶、心理疏导、精神慰藉、资源链接、能力提升、社会融入等多样化、个性化服务。要加快推进政府购买服务，健全完善促进社会力量参与社会救助的各项财政支持政策，落实好财政补贴、税收优惠、费用减免等政策，引导有影响力的慈善组织和企业设立社会救助公益基金，多渠道、多形式参与社会救助。

三、建立健全社会救助工作机制

（一）建立健全社会救助工作协调机制。各地要进一步建立健全政府领导、民政部门牵头、有关部门配合、社会力量参与的社会救助工作协调机制，加强协调配合和制度衔接，不断提高社会救助的整体效益。民政部门要发挥好牵头协调的作用，教育、财政、人力资源社会保障、住房城乡建设、卫生计生等部门要积极配合、密切协作，共同促进政府各部门之间、政府与社会力量之间救助资源的统筹使用、信息共享，以及救助资源与救助需求之间的合理配置，切实落实好各项社会救助制度。

（二）加快建立社会救助申请家庭经济状况核对机制。各地民政部门要加强与相关部门的沟通协调，会同有关部门、机构研究制定社会救助申请家庭经济状况信息核对办法，加快建立跨部门、多层次、能共享的信息核对平台，不断提高最低生活保障对象、医疗救助对象、住房救助对象、教育救助对象等社会救助对象认定的准确性。2014年底前全国70%的地区要建立社会救助家庭经济状况核对机制，"十二五"末实现全覆盖。

（三）建立健全"一门受理、协同办理"机制。各地社会救助管理部门要加强配合，密切协作，依托乡镇人民政府（街道办事处）政务大厅、办事大厅等，设立统一的社会救助申请受理窗口（疾病应急救助除外）。要根据部门职责，制定并不断优化受理、分办、转办、反馈等工作流程，明确办理时限和要求，跟踪办理结果，并将办理情况及时告知求助对象，真正做到让困难群众"求助有门"、受助及时。

（四）建立健全社会救助信息共享机制。各地社会救助管理部门要在积极推进信息化建设、提高社会救助管理服务水平的基础上，加快建立民政、教育、人力资源社会保障、住房城乡建设、卫生计生等部门救助信息共享机制。民政部门要及时为其他社会救助管理部门提供最低生活保障对象、特困供养人员及其他困难群众基本信息，为教育、住房、就业、疾病应急等救助工作的开展提供支持；教育、人力资源社会保障、住房城乡建设、卫生计生等部门要及时将教育救助对象、就业救助对象、住房救助对象和疾病应急救助对象获取相关救助的基本信息反馈民政部门，为民政部门对各项救助之后仍有困难的家庭给予临时救助提供依据。

（五）建立健全社会救助资金保障机制。各地要按照《办法》的相关规定，将社会救助资金纳入财政预算，建立与当地经济社会发展水平相适应的资金保障机制，进一步加大社会救助资金投入，确保最低生活保障、特困人员供养、受灾人员救助、医疗救助、教育救助、住房救助、就业救助、临时救助等各项社会救助制度有效落实。要严格资金管理，坚持专款专用，规范预算编制、预算下达、资金支付等环节，确保救助资金及时足额发放到困难群众手中。

（六）全面建立社会救助监督检查长效机制。各地各相关部门要依照《办法》的有关规定，加快研究制定本地区、本部门加强社会救助监督管理、责任追究、绩效评价的具体办法。加大社会救助信息披露力度，严格执行社会救助对象公示制度，在申请人居住的村民委员会或社区居民委员会，对社会救助家庭获得救助前进行审核公示和审批公示，获得救助后进行长期公示，广泛接受社会和群众监督。

四、加强贯彻落实《办法》的组织领导

（一）加强组织领导。各地要将贯彻实施《办法》列入重要议事日程，明确责任，精心组织，认真研究解决工作中存在的困难和问题；统筹安排，全面部署，切实把贯彻实施《办法》工作与贯彻落实党的十八届二中、三中全会精神，与党的群众路线教育实践活动紧密结合起来，抓出实效。要以贯彻落实《办法》为契机，将社会救助工作纳入国民经济和社会发展总体规划，纳入政府工作目标考核体系。

（二）强化能力建设。各地要加强社会救助经办机构建设，科学整合基层社会救助管理资源，确保事有人管、责有人负。加强经费保障，按照《办法》"将政府安排的社会救助工作经费纳入财政预算"的有关规定，落实好社会救助工作经费。积极探索创新社会救助经办服务方式，加大政府购买服务力度，通过设置公益岗位、聘用专业社工、吸纳志愿者、灵活用工等途径，充实基层工作力量，协助做好困难排查、信息报送、宣传引导、公示监督等工作。

（三）加强监督检查。各地要加强《办法》落实情况的督促检查和考核奖惩，定期、不定期开展督促检查，针对存在问题，提出整改措施，狠抓政策落实。对落实政策不力，在实施救助审核审批过程中滥用职权、徇私舞弊、失职渎职的责任人员，要依纪依法追究责任。民政部将会同有关部门加强《办法》贯彻落实情况监测和信息通报，及时了解掌握各地《办法》执行情况，按季度进行通报；并会同有关部门组成联合检查组，对各地贯彻落实情况适时进行专项督查。

（四）加强政策宣传。各地要结合实际，组织好《办法》的学习宣传工作，做到领导干部熟悉《办法》、工作人员精通《办法》、广大群众了解《办法》。要多渠道、多形式做好《办法》宣传工作，各级民政部门要结合社会救助宣传周等活动建立社会救助宣传长效机制；教育、人力资源社会保障、住房城乡建设、卫生计生等部门要在各自职责范围内做好相关救助政策的宣传工作。要加强与媒体的合作，充分发挥报刊、广播、电视以及互联网、微博等新媒体传播速度快、覆盖面广的优势，广泛、深入地宣传《办法》，确保困

难群众知晓政策规定，营造全社会关心支持社会救助工作的良好氛围。

各地贯彻落实《办法》有关情况请及时上报。

民政部　教育部

财政部　人力资源社会保障部

住房城乡建设部　国家卫生计生委

2014年6月20日

国务院办公厅关于加强困难群众基本生活保障有关工作的通知

国办发〔2017〕15号

各省、自治区、直辖市人民政府，国务院各部委、各直属机构：

在党中央、国务院的坚强领导下，近年来困难群众基本生活保障制度不断健全、水平稳步提升。同时，也存在部分保障政策衔接不够、保障水平与群众需求相比存在一定差距等问题。为进一步加强困难群众基本生活保障工作，经国务院同意，现通知如下：

一、进一步提高对困难群众基本生活保障工作重要性的认识

党中央、国务院历来高度重视困难群众基本生活保障工作，近年来先后出台了《社会救助暂行办法》以及临时救助、农村留守儿童关爱保护、困境儿童保障、特困人员救助供养等政策措施，全面实施了困难残疾人生活补贴和重度残疾人护理补贴制度，高效有序应对了各类重特大自然灾害，有效保障了各类困难群众的基本生活。进一步做好困难群众基本生活保障工作，是维护社会公平、防止冲破道德底线的基本要求，也是补上民生短板、促进社会和谐的内在需要。尽管近年来我国财政收入增速放缓，但是对困难群众的保障水平不能降低、力度不能减弱、工作不能放松。各地各有关部门要认真落实党中央、国务院关于社会政策要托底的部署要求和守住底线、突出重点、完善制度、引导舆论的民生工作思路，进一步加大困难群众基本生活保障工作力度，织密织牢民生兜底保障安全网。

二、进一步加强对重点群体的基本生活保障

各地要加大受灾群众困难排查力度，调整完善自然灾害生活救助政策，做好自然灾害应急救助。加快灾区倒损民房恢复重建，对 2016 年因遭受特大洪涝灾害仍住在临时安置住所的受灾群众，2017 年要全部帮助解决住房问题。进一步落实临时救助制度，建立完善部门联动和快速响应机制，做好救急难工作，及时解决好群众遭遇的突发性、紧迫性、临时性基本生活困难。开展农村贫困人口大病专项救治活动。提高失能半失能特困人员的集中供养比例，将符合特困人员救助供养有关规定的残疾人纳入救助供养范围。统筹推进农村留守儿童和困境儿童保障工作，改善孤儿和贫困残疾儿童等群体的保障条件。鼓励有条件的地方合理提高困难残疾人生活补贴和重度残疾人护理补贴标准。

三、进一步加大困难群众基本生活保障资金投入

各级财政在一般性转移支付中，要把保障困难群众基本生活放在优先位置，确保政府投入只增不减。中央财政已拨付的救助补助资金要抓紧到位。优化财政支出结构、科学合理编制困难群众生活保障资金预算，增加资金有效供给，提升资金使用效益。落实社会救助和保障标准与物价上涨挂钩联动机制，防止物价波动影响困难群众基本生活。加强资金使用管理绩效评价，推进资金使用管理公示公开，建立健全资金监管机制。完善社会救助家庭经济状况核对机制，做好救助对象准确识别，提高资金使用的精准性和有效性。

四、进一步加强对困难群众基本生活保障工作的组织领导

各有关部门要密切协作，进一步完善政策措施，加强制度衔接和工作衔接，共同做好困难群众基本生活保障工作。发挥好全国社会救助部际联席会议等机制的作用，强化资源统筹、部门联动。各级政府要把困难群众基本生活保障工作作为优先安排，进一步加强领导。全国各县（市、区）都要建立健全由政府负责人牵头，民政部门负责，发展改革、教育、财政、人力资源社会保障、住房城乡建设、卫生计生、扶贫、残联等部门和单位参加的困难

群众基本生活保障工作协调机制，定期研究解决本地区各类困难群众基本生活保障问题，确保党中央、国务院相关决策部署更好地落实到基层。各地区要完善"一门受理、协同办理"机制，确保困难群众求助有门、受助及时。推行政府购买社会救助服务，加强基层社会救助经办服务能力。

近期，各地要进一步扎实做好困难群众帮扶救助工作，真正做到解民忧、暖民心。精心组织、广泛开展春节期间对困难群众的走访慰问活动，切实解决低保家庭、建档立卡贫困户、特困人员、贫困残疾人、困难优抚安置对象等困难群众生活的实际问题。全力保障灾区群众生产生活，抓紧发放救灾救助款物。加强各级福利院、特困人员供养机构、救助管理机构等安全管理，切实消除火灾等安全隐患，提升服务保障水平。抓住春节期间外出务工人员集中返乡时机，引导外出务工父母切实履行对农村留守儿童和困境儿童的监护责任和抚养义务。加强生活无着流浪乞讨人员救助，在露宿人员集中地区设立开放式救助点和临时庇护避寒场所，确保生活无着流浪乞讨人员有饭吃、有衣穿、有场所避寒，给困难群众更多关爱和温暖。

国务院办公厅

2017 年 1 月 26 日

财政部 民政部关于印发《中央财政困难群众救助补助资金管理办法》的通知

财社〔2017〕58号

各省、自治区、直辖市、计划单列市财政厅（局）、民政厅（局），新疆生产建设兵团财务局、民政局：

为进一步加强中央财政困难群众救助补助资金管理，财政部、民政部制定了《中央财政困难群众救助补助资金管理办法》。现印发给你们，请遵照执行。

财政部　民政部
2017年6月12日

中央财政困难群众救助补助资金管理办法

第一条 为规范和加强中央财政困难群众救助补助资金（以下简称补助资金）管理，提高资金使用效益，支持地方做好困难群众救助工作，根据国家有关法律法规和财政部专项补助资金管理有关规定，制定本办法。

第二条 本办法所称补助资金是指中央财政安排用于补助各省、自治区、直辖市、计划单列市开展低保、特困人员救助供养、临时救助、流浪乞讨人员救助、孤儿和艾滋病病毒感染儿童基本生活保障工作的资金。

第三条 补助资金使用和管理要坚持公开、公平、公正的原则。

第四条 财政部负责会同民政部对补助资金实施全程预算绩效管理。按照预算管理规定，省级民政部门商同级财政部门设定补助资金区域绩效目标，明确资金与工作预期达到的效果，报民政部审核。民政部在完成绩效目标审核后提出补助资金的分配建议及当年全国整体绩效目标和分区域绩效目标，函报财政部，财政部于每年全国人民代表大会批准预算后90日内，会同民政部下达补助资金，同步下达区域绩效目标，抄送民政部和各地专员办。年度执行中，民政部会同财政部指导省级民政部门、财政部门对绩效目标实现情况进行监控，确保绩效目标如期实现。

第五条 补助资金按因素法分配，主要参考地方困难群众救助任务量、地方财政困难程度、地方财政努力程度、工作绩效等因素。每年分配资金选择的因素和权重，可根据年度工作重点适当调整。补助资金重点向贫困程度深、保障任务重、工作绩效好的地区倾斜。中央财政按照不同标准对东、中、西部地区发放孤儿和艾滋病病毒感染儿童基本生活费给予适当补助。

第六条 省级财政部门收到补助资金后，应将其与省本级财政安排的资金统筹使用，商同级民政部门制定本省（自治区、直辖市、计划单列市）资金分配方案，并于30日内正式分解下达本行政区域县级以上各级财政部门，并请参照中央做法，将本省绩效目标及时对下分解。同时将资金分配结果报财政部、民政部备案并抄送当地专员办。

第七条 各级财政部门要会同民政部门优化财政支出结构，科学合理编制预算，加强补助资金统筹使用，积极盘活财政存量资金，加大结转结余资金消化力度，增加资金有效供给，发挥补助资金合力，提升资金使用效益。

第八条 财政部、民政部应当在每年10月31日前，根据预算管理相关规定，按当年补助资金实际下达数的一定比例，将下一年度补助资金预计数提前下达省级财政部门，并抄送当地专员办。

各省级财政部门应建立相应的预算指标提前下达制度，在接到中央财政提前下达预算指标后，会同民政部门于30日内下达本行政区域县级以上各级财政部门，同时将下达文件报财政部、民政部备案，并抄送当地专员办。

第九条 各级财政部门要会同民政部门采取有效措施，加快预算执行进度，提高预算执行的均衡性和有效性。

对于全年全省（自治区、直辖市、计划单列市）困难群众救助资金支出少于当年中央财政下达该省（自治区、直辖市、计划单列市）的补助资金的省份，中央财政将在下年分配补助资金时适当减少对该省（自治区、直辖市、计划单列市）的补助。

第十条 补助资金支付按照国库集中支付制度有关规定执行。

低保金、散居特困人员救助供养金、临时救助金原则上应支付到救助对象个人账户，集中供养特困人员救助供养金应统一支付到供养服务机构集体账户。孤儿基本生活费应支付到孤儿和艾滋病病毒感染儿童本人或其监护人个人账户，集中养育的孤儿和艾滋病病毒感染儿童基本生活费应统一支付到福利机构集体账户。

县级民政、财政部门应当为救助家庭或个人在银行、信用社等代理金融机构办理接受补助资金的账户，也可依托社会保障卡、惠农资金"一卡通"等渠道发放补助资金，代理金融机构不得以任何形式向救助家庭或个人收取账户管理费用。

第十一条 补助资金要专款专用，用于为低保对象发放低保金，为特困人员提供基本生活条件、对生活不能自理的给予照料、提供疾病治疗、办理丧葬事宜，为临时救助对象发放临时救助金或实物，为孤儿和艾滋病病毒感染儿童发放基本生活费，为生活无着的流浪乞讨人员实施主动救助、生活救助、医疗救治、教育矫治、返乡救助、临时安置并实施未成年人社会保护。补助资金使用后按支出方向单独记账，分别核算。

各级财政、民政部门和经办机构应严格按规定使用，不得擅自扩大支出范围，不得以任何形式挤占、挪用、截留和滞留，不得向救助对象收取任何管理费用。补助资金不得用于工作经费，不得用于机构运转、大型设备购置和基础设施维修改造等支出。

第十二条 地方各级财政、民政部门应建立健全资金监管机制，定期对补助资金的使用管理情况进行检查，及时发现和纠正有关问题，并对资金发放情况进行公示，接受社会监督。

财政部驻各地财政监察专员办事处在规定的职权范围内，依法对补助资金的使用管理情况进行监督。

第十三条 地方各级财政、民政部门应自觉接受审计、监察等部门的监督和社会监督。

第十四条 年度执行结束后,财政部、民政部应组织开展对补助资金的绩效评价,主要内容包括资金投入与使用、预算执行、资金管理、保障措施、资金使用效益等。同时,将绩效评价结果作为调整政策、督促指导地方改进工作、分配中央财政补助资金的重要依据。

第十五条 各级财政、民政部门及其工作人员在补助资金的分配审核、使用管理等工作中,存在违反本办法规定的行为,以及其他滥用职权、玩忽职守、徇私舞弊等违法违纪行为的,按照《中华人民共和国预算法》《中华人民共和国公务员法》《中华人民共和国行政监察法》《财政违法行为处罚处分条例》等国家有关规定追究相应责任。涉嫌犯罪的,依法移送司法机关处理。

第十六条 各省、自治区、直辖市、计划单列市财政、民政部门可参照本办法,结合当地实际,制定困难群众救助补助资金管理具体办法。

第十七条 本办法由财政部会同民政部负责解释。

第十八条 本办法自印发之日起开始施行,《财政部 民政部关于印发〈中央财政困难群众基本生活救助补助资金管理办法〉的通知》(财社〔2016〕87号)、《财政部 民政部关于印发〈中央财政流浪乞讨人员救助补助资金管理办法〉的通知》(财社〔2014〕71号)、《财政部 民政部关于印发〈孤儿基本生活费专项补助资金管理办法〉的通知》(财社〔2012〕226号)同时废止。

民政部 财政部 银保监会
关于进一步加强社会救助资金监管工作的意见

民发〔2019〕139号

各省、自治区、直辖市民政厅（局）、财政厅（局），新疆生产建设兵团民政局、财政局，各银保监局，各政策性银行、大型银行、股份制银行，邮储银行：

为深入贯彻落实党中央、国务院打赢脱贫攻坚战重大决策部署，充分发挥社会救助在脱贫攻坚中的兜底保障作用，促进最低生活保障、特困人员救助供养、临时救助等社会救助制度有效落实，提升资金使用效益，现就进一步加强最低生活保障、特困人员救助供养、临时救助等资金（以下简称社会救助资金）监管工作提出如下意见。

一、充分认识加强社会救助资金监管的重要意义

社会救助量大面广、点多线长，用好社会救助资金对于促进社会救助政策落实、保障困难群众基本生活权益、维护社会和谐稳定和公平正义具有重要意义。近年来，各级民政、财政部门不断完善政策措施，建立健全工作机制，在加强资金监管、提升使用效益等方面取得明显成效。但是，个别地方社会救助主体责任落实不够到位，资金使用不够规范、效益有待提升等问题依然存在，甚至出现贪污挪用、虚报冒领、截留私分社会救助资金，以及在资金发放中吃拿卡要等问题，严重影响了社会救助政策的落实，损害了困难群众切身利益，影响了党和政府公信力，迫切需要规范改进、强化监督管理，切实增强困难群众的获得感、幸福感和安全感。

各级民政、财政部门要深入学习贯彻习近平新时代中国特色社会主义思

想，认真落实全面从严治党要求，进一步统一思想认识，提高政治站位，把加强社会救助资金监管作为打通社会救助政策落实"最后一公里"的重要举措，作为巩固深化"不忘初心、牢记使命"主题教育成果的重要举措，进一步完善政策措施、规范运行流程、加大监管力度，确保社会救助资金科学合理预算、规范有效使用、安全高效运转。

二、加强社会救助资金全流程监管

（一）强化资金保障责任。最低生活保障、特困人员救助供养、临时救助属于中央与地方共同财政事权范围，实行地方承担主体责任、省（区、市）负总责、市（地、州、盟）和县（市、区、旗）抓落实的责任分担方式，中央统筹指导并给予补助。各地要依据责任划分，认真履行资金保障主体责任。各级民政部门要根据困难群众基本生活救助需求，做好社会救助资金测算；各级财政部门要根据民政部门提供的资金测算情况和上年度绩效目标完成情况，科学合理编制资金预算，切实落实资金保障责任。省级财政要积极做好资金保障，并向贫困地区倾斜，减轻贫困地区市、县级资金筹集压力。省级民政、财政部门要加强对市、县级社会救助资金测算、预算编制工作的指导，严格审核资金预算编制方案，提高预算编制的精确性和有效性。

（二）严格资金分配下达。省级财政、民政部门要严格按照因素分配法，综合考虑救助对象人数、地方财政困难程度和努力程度以及工作绩效等因素，坚持"倾斜与激励"相结合的原则，在社会救助资金分配中，重点向贫困程度深、保障任务重、工作绩效好的地区倾斜。要按照《财政部 民政部关于印发〈中央财政困难群众救助补助资金管理办法〉的通知》（财社〔2017〕58号）、《财政部 民政部 住房城乡建设部 中国残联关于修改中央财政困难群众救助等补助资金管理办法的通知》（财社〔2019〕114号）等规定，做好资金预算的提前下达和年度下达工作，进一步规范下达时限，提高下达效率，确保资金预算及时足额下达。县级财政部门要落实国库集中支付制度有关规定，减少资金支付的中间环节，确保资金支付安全、高效。按照《民政部 财政部关于进一步加强和改进临时救助工作的意见》（民发〔2018〕23号）有关规定在乡镇（街道）设立临时救助备用金的，资金下达具体程序由地方按照相关规定确定。

（三）加强资金发放监管。社会救助资金原则上实行社会化发放，按照"民政部门核定对象金额，财政部门核拨资金，金融机构代理发放"的原则，明确各相关部门和机构职责，落实工作责任，层层做好审核把关。民政部门确定救助对象的同时，要告知、指导其及时、准确提供在代理金融机构的账户信息，降低统一办理卡折带来的风险，杜绝卡折发放中人为设障、吃拿卡要行为的发生。对于无法自行支取社会救助资金的对象，要落实其监护人、委托照料人帮助支取社会救助资金，或由本人指定他人代为支取。民政部门要会同乡镇（街道）、村（居）民委员会在日常管理服务中予以重点关注，不得以任何理由违背救助对象或其监护人意愿，由社会救助工作人员或村干部代为持有卡折、支取社会救助资金。对在临时救助实施中，发放现金或实物的，要逐一进行登记备案。财政部门和代理金融机构要加强审核把关，对发放名单与发放金额、发放人数与发放总额等对应不上、有明显异常的，要及时预警，并会同民政部门及时核对处理。

（四）规范资金支付使用。各级民政、财政部门要严格按照社会救助资金管理相关规定，进一步明确社会救助资金用途，规范使用范围，提高资金使用效率。不得擅自扩大资金支出范围，不得以任何形式挤占、挪用、截留、滞留社会救助资金，或用于工作人员日常办公经费、机构运转、大型设备购置和基础设施维修改造等。各地要合理安排社会救助工作经费，确保各项社会救助工作正常运转。代理金融机构要按规定落实针对救助对象的优惠、减免政策，保证服务质量，及时为救助对象发送社会救助资金发放信息等，不得向救助对象收取卡折办理、资金发放等管理服务费用。省级财政、民政部门要加大对社会救助资金预算执行情况监督检查力度，指导市县提升资金使用效益。

三、建立健全工作机制

（一）加强专项监督检查。各级民政、财政部门要会同审计等部门进一步健全社会救助资金监督检查机制，定期开展对资金管理使用情况的专项检查、督查、审计等，重点检查社会救助资金保障、拨付、发放、使用等方面工作情况。要进一步加大对社会救助资金发放中虚报冒领、截留私分、贪污挪用、吃拿卡要等问题的查处力度,对发现的问题线索,要及时移交同级纪检监察机关。

(二)创新资金监管方式。各级民政、财政部门要坚持问题导向,不断完善社会救助资金监管政策,创新社会救助资金监管方式,利用信息化手段提升监管效能。加强与相关部门沟通协调,建立信息共享机制,加快建立涵盖在线办理业务、运转流程查询、风险自动预警等内容的信息平台,通过线上监测与线下监管相结合的方式,对社会救助资金实行全程可视化监控,及时发现问题并堵塞资金监管漏洞,加强风险防控,最大限度避免违法违纪事件的发生。

(三)拓宽资金监管渠道。各级民政、财政部门要自觉接受纪检监察、审计等部门的监督,在加强内部监督的基础上,充分发挥社会力量监督作用,推动社会监督与政府监督有机结合。有条件的地方可通过政府购买服务,积极引入第三方专业机构参与社会救助资金监管工作,运用第三方专业机构对社会救助资金分配、管理、使用等情况进行评估,增强社会监督的客观性和公正性。

(四)规范信息公开公示。各级民政、财政部门要进一步完善社会救助信息公开公示制度,按规定向社会公布社会救助资金预算、分配、支出等情况,不断提高工作透明度。要加强社会救助审核审批公示,进一步规范公示内容、公示地点、公示时限,及时全面公示救助对象、救助金额等信息,建立健全群众反映问题、投诉举报处理反馈机制,保障人民群众的知情权、参与权和监督权,引导救助对象成为社会监督的重要力量。

四、强化组织保障

(一)落实工作责任。各级民政、财政部门及代理金融机构要切实提高认识,按照职责分工,认真履行在社会救助资金筹集、分配、拨付、发放等各个环节的工作责任,将责任落实到人、到岗,确保社会救助资金管理每个环节责有人负、事有人做,每个环节监督到位。

(二)增强工作合力。各级民政部门、财政部门、代理金融机构要加强在日常工作中的沟通联系,建立工作协调制度,定期进行情况通报,共同研究问题、堵塞漏洞、完善措施,加强在社会救助资金监管方面的协作配合,不断增强工作合力。

(三)强化能力建设。各地要加强对县乡两级涉及社会救助资金管理使用各环节经办人员的廉政教育及法律法规和业务培训,不断增强其做好社会救助资金使用和发放"终端环节"各项工作的政治意识、法纪意识和廉政意识,提高经办服务能力,确保社会救助资金及时、足额发放到救助对象手中。

(四)完善责任追究。各地要按照"谁经办、谁负责,谁监管、谁负责"的原则,进一步强化责任落实。加强与派驻纪检监察机构和同级纪检监察机关配合协作,强化对社会救助资金监管工作的监督检查,对损害困难群众利益的行为坚持"零容忍",严肃追责、问责;对涉嫌违规违纪违法的,按规定移送纪检监察机关处理。

民政部 财政部 银保监会
2019 年 12 月 31 日

民政部办公厅关于印发《县级困难群众基本生活保障工作协调机制运行指引》的通知

民办发〔2019〕21号

各省、自治区、直辖市民政厅（局），新疆生产建设兵团民政局，各计划单列市民政局：

《国务院办公厅关于加强困难群众基本生活保障有关工作的通知》（国办发〔2017〕15号）要求全国各县（市、区）都要建立健全由政府负责人牵头、民政部门负责、有关部门和单位参加的困难群众基本生活保障工作协调机制。各地按照国务院部署要求，迅速建立了相关机制，在加强部门联动，强化资源统筹，认真研究解决各类困难群众遇到的基本生活保障问题，确保党和政府的各项民生政策落到实处方面发挥了重要作用。但从各地实施情况看，县级困难群众基本生活保障工作协调机制还存在推进不平衡、运用不充分、机制不完善等问题。有的地方形同虚设，没有认真研究问题；有的地方成立后很少召开会议；有的地方运行不规范，随意性较大。

为指导地方进一步健全完善县级困难群众基本生活保障工作协调机制，民政部研究制定了《县级困难群众基本生活保障工作协调机制运行指引》，供各地参考。各地民政部门要进一步加强县级困难群众基本生活保障工作协调机制建设，完善相关制度，规范运行程序，使机制充分发挥统筹协调作用，切实保障好各类困难群众基本生活。有关省（区、市）民政厅（局）要加强对所辖"三区三州"等深度贫困地区县级困难群众基本生活保障工作协调机制建设的指导，确保其在打赢脱贫攻坚战中发挥实效。

民政部办公厅

2019年5月27日

县级困难群众基本生活保障工作协调机制运行指引

为深入贯彻落实《国务院办公厅关于加强困难群众基本生活保障有关工作的通知》(国办发〔2017〕15号)要求,各县(市、区)都要建立困难群众基本生活保障工作协调机制,一般称为领导小组,由县(市、区)政府主要负责同志或分管负责同志任组长,各有关部门和单位主要负责同志或分管负责同志任成员。领导小组办公室设在民政局,由民政局局长担任办公室主任。为充分发挥协调机制作用,加强社会救助资源统筹,做好各项政策衔接,高效便捷救助困难群众,确保兜住兜牢困难群众基本生活保障底线,县级困难群众基本生活保障工作协调机制可按以下指引运行。

一、基本职责

县级困难群众基本生活保障工作协调机制的主要职责是:学习贯彻习近平总书记关于民生保障的系列重要讲话、对民政工作的重要指示精神,贯彻落实中央关于保障和改善民生、坚决打赢脱贫攻坚战等重大决策部署;执行党中央、国务院、上级党委和政府及有关部门关于困难群众基本生活保障的法律法规、政策文件等;研究解决低保对象,特困人员,孤儿和困境儿童,农村留守儿童和妇女、老年人,贫困残疾人和重度残疾人,生活无着的流浪乞讨人员等各类困难群众基本生活保障问题,确保党和国家以及省、市有关民生保障的政策落到实处。

领导小组办公室的主要职责是:负责领导小组全体会议和专题会议前有关材料的收集、准备和审核,根据需要提请召开全体会议或专题会议,做好会务组织工作;负责建立领导小组联络员制度,定期召开联络员会议,商讨需要提交领导小组全体会议或专题会议审议的事项;负责拟订领导小组全体会议和专题会议纪要、简报等相关文稿;负责督促落实领导小组全体会议、专题会议议定的事项;完成领导小组交办的其他工作;负责县级困难群众基本生活保障工作协调机制工作日常运转等。

二、工作原则

（一）坚持部门协同。担任组长的县级人民政府主要负责同志或分管负责同志牵头负责协调机制的运行，各有关部门按照职责分工协同配合。

（二）坚持依法行政。协调机制关于困难群众基本生活保障工作的所有决定事项，必须符合党的政策，以及国家法律法规和有关政策规定。

（三）坚持民主集中。协调机制的决策应当在领导小组组长或副组长主持下，按照民主集中制原则，由各成员单位负责人参加的集体讨论或书面审议决定。

（四）坚持救急解难。协调机制应当以问题为导向，着力帮助困难群众解决遇到的急难问题，真正兜住兜牢基本生活底线。

三、议事内容

（一）贯彻落实党中央、国务院，以及上级党委和政府关于困难群众基本生活保障的相关会议和文件要求，研究制定本地区贯彻落实的具体办法和政策措施。研究议定脱贫攻坚兜底保障，以及解决"两不愁三保障"突出问题有关事项。

（二）研究议定本地区困难群众基本生活保障的重大决策事项，以及涉及多个部门的重要事项。

（三）总结上年度困难群众基本生活保障工作情况，确定本年度重点工作任务；不定期组织开展对相关工作的指导、调研、走访等。

（四）听取"救急难"个案情况汇报，研究议定需要多部门协同救助或保障的困难群众基本生活保障事项，统筹部门资源，明确部门责任，动员社会力量，研究提出具体办法和措施，切实解决重要个案问题，防止发生冲击社会道德和心理底线的事件。

（五）建立由县级民政部门牵头的困难群众基本信息数据库，加强部门间信息共享，协调推进社会救助家庭经济状况核对机制建设；推进"一门受理、协同办理"机制建设；研究加强基层社会救助经办服务能力。

（六）涉及困难群众基本生活保障工作的其他重要事项。

四、运行程序

（一）县级困难群众基本生活保障工作协调机制实行全体会议制度、专题会议制度、书面审议制度和日常工作制度。全体会议原则上每年召开不少于1次，由领导小组组长召集，也可以委托副组长召集。根据工作需要，可以临时召开全体会议。

专题会议由领导小组组长或委托副组长召集，可不定期召开，专题研究困难群众基本生活保障中的某一事项。专题会议可仅召集与议题有关的部门或单位参加。

书面审议由领导小组组长或委托副组长签批提出，由全体或部分成员单位以书面审议的形式作出决定。

领导小组办公室负责协调机制的日常运行，办公室主任负责召开联络员会议。

（二）全体会议、专题会议的议题由相关成员单位提出，办公室汇总、审核，报组长或副组长审定。

（三）全体会议或专题会议的议程一般为相关部门汇报提交的事宜、参会人员进行讨论、议定等。

（四）领导小组全体会议、专题会议、书面审议议定的事项，要结合实际确定具体工作的牵头单位和责任单位，并明确落实时限。由牵头单位负责组织实施，相关单位积极配合。

（五）各成员单位要按照领导小组要求，落实好涉及本部门、本单位的工作任务和议定事项，及时办理困难群众基本生活保障工作中需要多部门协同解决的问题事项。落实中存在困难的，要及时报告领导小组。

（六）领导小组全体会议、专题会议召开后，以会议纪要形式明确会议议定事项。

五、其他事项

（一）全体会议、专题会议、书面审议可根据所讨论事项的性质、涉及范围、必要性等因素，统筹考虑是否将审议结果提交同级党委、政府或上级有关部门批准。

（二）全体会议、专题会议要由专人负责记录，详细记录会议时间、地点、内容、参会人员、议定事项等；同时要做好会议材料、影像资料的收集归档工作。

（三）领导小组研究决定的困难群众基本生活保障事项，除会议纪要外，可视情以文件、简报等形式印发，同时要根据议事内容视情向同级党委和政府以及上级有关部门报告，并适时通报有关方面。

财政部 民政部 住房城乡建设部 中国残联关于修改中央财政困难群众救助等补助资金管理办法的通知

财社〔2019〕114号

各省、自治区、直辖市财政厅（局）、民政厅（局）、住房城乡建设厅（建委）、残联，各计划单列市财政局、民政局，新疆生产建设兵团财政局、民政局、住房城乡建设局、残联：

为进一步加强中央财政困难群众救助、农村危房改造、残疾人事业发展等补助资金管理，明确资金实施期限和分配因素权重，强化预算绩效管理，现将《财政部 民政部关于印发〈中央财政困难群众救助补助资金管理办法〉的通知》（财社〔2017〕58号）、《财政部 住房城乡建设部关于印发〈中央财政农村危房改造补助资金管理办法〉的通知》（财社〔2016〕216号）、《财政部 中国残联关于印发〈中央财政残疾人事业发展补助资金管理办法〉的通知》（财社〔2016〕114号）有关规定修改如下：

一、关于财社〔2017〕58号文件

（一）将第二条修改为："本办法所称补助资金，是指在最低生活保障（以下简称低保）、特困人员救助供养、临时救助、流浪乞讨人员救助、孤儿基本生活保障等困难群众救助和保障制度存续期间，中央财政安排用于补助各省、自治区、直辖市、计划单列市开展低保、特困人员救助供养、临时救助、流浪乞讨人员救助、孤儿和艾滋病病毒感染儿童基本生活保障工作的资金。

补助资金实施期限暂至2023年12月31日。期满后财政部会同民政部根据法律、行政法规和国务院有关规定及工作需要评估确定后续期限。"

（二）将第四条修改为："财政部负责会同民政部对补助资金实施全过程预算绩效管理。按照预算管理规定，省级民政部门商同级财政部门设定补助资金区域绩效目标，明确资金与工作预期达到的效果，报民政部审核。民政部在完成绩效目标审核后提出补助资金的分配建议及当年全国整体绩效目标和分区域绩效目标函报财政部，并负责提供相关测算因素数据，对其准确性、及时性负责；财政部根据规定的因素测算资金分配方案，于每年全国人民代表大会批准预算后30日内，会同民政部下达补助资金，同步下达区域绩效目标，抄送民政部和财政部各地监管局。年度执行中，民政部会同财政部指导省级民政部门、财政部门对绩效目标实现情况进行监控，确保绩效目标如期实现。"

（三）将第五条修改为："补助资金按因素法分配，主要参考各地救助需求因素、财力因素和绩效因素等，重点向保障任务重、贫困程度深、工作绩效好的地区倾斜。测算公式为：

$$某地应拨付资金 = 资金总额 \times \frac{该地分配系数}{\sum 分配系数}$$

其中：某地分配系数＝该地需求因素×（该地财力因素×60％＋该地绩效因素×40％）。"

（四）将第十四条修改为："省级财政部门应会同同级民政部门组织市县做好补助资金绩效目标自评工作，将区域绩效自评结果报送财政部、民政部并抄送财政部当地监管局。年度执行结束后，财政部、民政部根据需要组织开展补助资金重点绩效评价，评价结果作为调整政策、督促指导地方改进工作、分配中央财政补助资金的重要依据。"

（五）将第十五条修改为："各级财政、民政部门及其工作人员在补助资金的分配审核、使用管理等工作中，存在违反本办法规定的行为，以及其他滥用职权、玩忽职守、徇私舞弊等违法违纪行为的，按照《中华人民共和国预算法》《中华人民共和国公务员法》《中华人民共和国监察法》《财政违法行为处罚处分条例》等国家有关规定追究相应责任。涉嫌犯罪的，依法移送司法机关处理。"

（六）将第六条、第八条中的"当地专员办"全部修改为"财政部当地监管局"，将第十二条中的"财政部驻各地财政监察专员办事处"修改为

"财政部各地监管局"。

二、关于财社〔2016〕216号文件

（一）将第二条修改为："本办法所称补助资金，是指在农村危房改造政策实施期内，中央财政设立用于支持地方开展农村危房改造工作的转移支付资金。

补助资金实施期限暂至2023年12月31日。期满后财政部会同住房城乡建设部根据法律、行政法规和国务院有关规定及工作需要评估确定后续期限。"

（二）将第五条修改为："按照预算管理规定，省级住房城乡建设部门商同级财政部门设定补助资金区域绩效目标，明确资金与工作预期达到的效果，报住房城乡建设部审核后送财政部复审备案并抄送财政部当地监管局。住房城乡建设部在完成绩效目标审核后提出补助资金的分配建议送财政部，并负责提供相关测算因素数据，对其准确性、及时性负责；财政部根据规定的因素测算资金分配方案，会同住房城乡建设部在全国人民代表大会批准预算后30日内下达补助资金，并同步下达区域绩效目标。省级财政部门组织做好区域绩效目标分解下达及绩效目标自评工作。住房城乡建设部指导省级住房城乡建设部门对绩效目标实现情况进行监控，确保绩效目标如期实现。"

（三）将第六条修改为："补助资金按因素法分配，重点向改造任务重、贫困程度深、工作绩效好的地区倾斜。分配因素主要采用各地农村危房改造工作需求因素、财力因素、绩效因素和支持政策等因素，测算公式为：

$$某地应拨付资金 = 资金总额 \times \frac{该地分配系数}{\sum 分配系数}$$

其中：某地分配系数 = 该地需求因素 ×（该地财力因素 ×25% + 该地绩效因素 ×40% + 该地政策等因素 ×35%）。"

（四）将第十一条修改为："预算执行结束后，各地住房城乡建设部门要会同财政部门对本地区农村危房改造任务落实、政策执行、资金使用情况逐级开展年度绩效评价。住房城乡建设部会同财政部对各省（自治区、直辖市）农村危房改造工作情况进行评判，财政部根据需要组织开展重点绩效评价，相关结果作为预算分配、政策调整的依据。"

（五）将第十三条修改为："各级财政、住房城乡建设部门应严格按规定使用补助资金，不得擅自扩大支出范围，不得以任何形式挤占、挪用、截留和滞留，不得向补助对象收取任何管理费用。

各级财政、住房城乡建设部门及其工作人员在补助资金的分配审核、使用管理等工作中，存在违反本办法规定的行为，以及其他滥用职权、玩忽职守、徇私舞弊等行为的，按照《中华人民共和国预算法》《中华人民共和国公务员法》《中华人民共和国监察法》《财政违法行为处罚处分条例》等国家有关规定追究相应责任。涉嫌犯罪的，依法移送司法机关处理。"

（六）将第七条中的"财政部驻当地财政监察专员办事处"修改为"财政部当地监管局"，将第十四条中的"财政部驻各地财政监察专员办事处"修改为"财政部各地监管局"。

三、关于财社〔2016〕114 号文件

（一）将第二条修改为："本办法所称补助资金，是指在残疾人康复、教育、就业、扶贫、社会保障、托养、宣传、文化、体育、无障碍改造等扶残助残工作实施期内，中央财政通过一般公共预算和中央专项彩票公益金安排，用于支持各省、自治区、直辖市残疾人事业发展的资金。

补助资金实施期限暂至 2023 年 12 月 31 日。期满后财政部会同中国残联根据法律、行政法规和国务院有关规定及工作需要评估确定后续期限。"

（二）将第四条修改为："按照预算管理规定时限，中国残联每年提出补助资金整体绩效目标和分配建议报送财政部，并负责提供相关测算因素数据，对其准确性、及时性负责；财政部根据规定的因素测算资金分配方案，在全国人民代表大会批准预算后 30 日内下达补助资金。"

（三）将第五条修改为："补助资金按因素法进行分配，分配因素包括各地需求因素和支持因素；其中，支持因素主要参考地方财力和绩效等情况，重点向工作任务重、贫困程度深、工作绩效好的地区倾斜。测算公式为：

$$某地应拨付资金 = 资金总额 \times \frac{该地分配系数}{\sum 分配系数}$$

其中：某地分配系数 = 该地需求因素 × 该地支持因素。

残疾人机动轮椅车燃油补贴等测算办法另有规定的,从其规定。"

(四)将第六条修改为:"省级财政部门收到补助资金后,应将其与省本级财政安排的资金统筹使用,及时商同级残联制定补助资金分配方案,于30日内将资金正式分解下达本级有关部门和本行政区域县级以上各级政府财政部门,将资金分配结果报财政部备案并抄送财政部当地监管局。同时,应对照补助资金整体绩效目标,制定区域绩效目标上报中国残联并抄送财政部当地监管局,由中国残联初审后报财政部审核备案。"

(五)将第七条修改为:"财政部应当在每年10月31日前,按当年补助资金实际下达数的一定比例,将下一年度补助资金预计数提前下达省级财政部门,并抄送中国残联和财政部有关监管局。"

(六)将第十四条修改为:"省级财政部门应当按照《中共中央 国务院关于全面实施预算绩效管理的意见》要求,组织做好区域绩效目标分解下达及绩效目标自评工作。中国残联指导地方各级残联对绩效目标实现情况进行监控,确保区域绩效目标如期实现。财政部根据需要组织开展重点绩效评价,并将评价结果作为预算分配、政策调整的依据。"

(七)将第十五条修改为:"地方各级财政部门、残联应当建立健全资金监管和绩效评价机制,切实加强补助资金的预算执行和监督管理工作,任何单位和个人不得虚报冒领、挤占挪用补助资金。财政部各地监管局在规定的职权范围内,依法对补助资金的使用管理情况进行监督。

各级财政、残联部门及其工作人员在补助资金的分配审核、使用管理等工作中,存在违反本办法规定的行为,以及其他滥用职权、玩忽职守、徇私舞弊等行为的,按照《中华人民共和国预算法》《中华人民共和国公务员法》《中华人民共和国监察法》《财政违法行为处罚处分条例》等国家有关规定追究相应责任。涉嫌犯罪的,依法移送司法机关处理。"

四、其他

本通知自2019年9月1日起施行。《财政部 中国残联关于〈中央财政残疾人事业发展补助资金管理办法〉的补充通知》(财社〔2016〕221号)同时废止。

民政部 财政部关于进一步做好困难群众基本生活保障工作的通知

民发〔2020〕69号

各省、自治区、直辖市民政厅（局）、财政厅（局），各计划单列市民政局、财政局，新疆生产建设兵团民政局、财政局：

为贯彻落实国务院常务会议精神，确保符合条件的城乡困难家庭应保尽保，及时将受疫情影响陷入困境的人员纳入救助范围，切实保障困难群众基本生活，经国务院同意，现就有关要求通知如下：

一、适度扩大最低生活保障覆盖范围，做到"应保尽保"

在坚持现有标准、确保低保制度持续平稳运行的基础上，适度扩大低保覆盖范围。对低收入家庭中的重残人员、重病患者等特殊困难人员，经本人申请，参照"单人户"纳入低保。低收入家庭一般是指家庭人均收入高于当地城乡低保标准，但低于低保标准1.5倍，且财产状况符合当地相关规定的低保边缘家庭；重残人员是指持有中华人民共和国残疾人证的一级、二级重度残疾人，有条件的地方可扩大到三级智力、精神残疾人；重病患者是指患有当地有关部门认定的重特大疾病的人员。低收入家庭及重残人员、重病患者的具体认定办法以及相关对象纳入低保后的待遇水平，由各地结合实际研究制定，并做好与现有低保对象待遇的衔接。

对无法外出务工、经营、就业，导致收入下降、基本生活出现困难的城乡居民，凡符合低保条件的，要全部纳入低保范围。受疫情影响严重的地区，可适当放宽低保认定条件。积极促进有劳动能力和劳动条件的低保对象务工就业。严格落实社会救助和保障标准与物价上涨挂钩联动机制，依规发放价格临时补贴。全面详细摸清城乡低保家庭和低收入家庭情况，掌握工作底数。

二、适度扩大临时救助范围，实现"应救尽救"

加强对生活困难未参保失业人员的救助帮扶，适度扩大临时救助范围。对受疫情影响无法返岗复工、连续三个月无收入来源，生活困难且失业保险政策无法覆盖的农民工等未参保失业人员，未纳入低保范围的，经本人申请，由务工地或经常居住地发放一次性临时救助金，帮助其渡过生活难关。具体标准由各地根据救助保障需要和疫情影响情况确定。

坚持凡困必帮、有难必救，对其他基本生活受到疫情影响陷入困境，相关社会救助和保障制度暂时无法覆盖的家庭或个人，及时纳入临时救助范围。对遭遇重大生活困难的，可采取一事一议方式提高救助额度。全面建立乡镇（街道）临时救助备用金制度，积极开展"先行救助"，有条件的地区可委托社区（村）直接实施临时救助，做到发现困难立即救助。

三、落实特困人员救助供养政策，提升照料服务

完善特困人员认定条件，将特困人员救助供养覆盖的未成年人年龄从16周岁延长至18周岁。加强特困人员供养服务机构建设和设施改造，尽最大努力收住有集中供养意愿的特困人员。严格落实供养服务机构服务保障、安全管理等规定，不断提高集中供养服务质量。加强分散供养特困人员照料服务，督促照料服务人员认真履行委托照料服务协议，全面落实各项照料服务，照顾好特困人员日常生活。加强对分散供养特困人员的探访，及时了解疫情对特困人员生活的影响，重点跟踪关注高龄、重度残疾等生活不能自理特困人员，帮助解决实际困难。

四、加强贫困人口摸底排查，强化兜底保障

扎实推进社会救助兜底脱贫工作，健全完善监测预警机制，密切关注未脱贫人口和收入不稳定、持续增收能力较弱、返贫风险较高的已脱贫人口，以及建档立卡边缘人口。加强数据比对，逐户逐人摸底排查，及时将符合条件的贫困人口纳入农村低保、特困人员救助供养或临时救助覆盖范围，确保

兜底保障"不漏一户、不落一人"。坚持"脱贫不脱政策",对已脱贫且家庭人均收入超过当地低保标准的低保对象,给予一定时间的渐退期,巩固脱贫成果。

五、优化社会救助工作流程,提高服务水平

简化优化低保、特困人员救助供养和临时救助审核审批流程,充分运用APP、全流程网上办理等方式快速办理救助申请。制定低保、临时救助审核审批办法或操作指南,方便困难群众申请救助。鼓励有条件的地方将低保、特困人员救助供养的审批权限下放到乡镇(街道)。科学调整入户调查、民主评议和张榜公示等形式,对没有争议的救助申请,可不再进行民主评议。加强社会救助家庭经济状况核对机制建设,积极开展社会救助信息共享与数据比对。强化主动发现机制,畅通社会救助服务热线,采取多种方式加强热线宣传,提高群众知晓度,确保困难群众"求助有门、受助及时"。

六、加强组织领导,确保落实落地

各地要加强组织领导,落实属地责任,强化资金保障,统筹使用中央财政困难群众救助补助资金和地方各级财政安排的资金,扎实做好低保、临时救助和特困人员救助供养工作,坚决守住民生底线,防止发生冲击社会道德底线事件。加强部门衔接配合,及时比对核实失业保险、失业登记等相关信息,精准认定救助对象。强化工作监督和资金监管,加大信息公开力度,按规定向社会公布社会救助相关事项,不断提高工作透明度。持续深化农村低保专项治理,聚焦"漏保"、形式主义、官僚主义、资金监管不力等问题重点发力,坚决防止"兜不住底"的情况发生。落实"三个区分开来"要求,建立容错纠错机制,激励基层干部担当作为,对非主观原因导致不符合条件人员纳入救助帮扶范围的,可免予追究相关责任。

民政部 财政部
2020 年 6 月 3 日

民政部 中央农村工作领导小组办公室 财政部 国家乡村振兴局 关于进一步做好最低生活保障等 社会救助兜底保障工作的通知

民发〔2022〕83号

各省、自治区、直辖市民政厅（局）、党委农办、财政厅（局）、乡村振兴局，新疆生产建设兵团民政局、党委农办、财政局、乡村振兴局：

为贯彻落实国务院常务会议精神，及时将符合条件的困难群众纳入社会救助范围，巩固拓展脱贫攻坚成果，实现最低生活保障等社会救助扩围增效，切实兜住、兜准、兜好困难群众基本生活底线，现就进一步做好社会救助兜底保障工作通知如下：

一、加大低保扩围增效工作力度

（一）规范完善低保准入条件。落实最低生活保障审核确认相关法规文件对低保条件的有关规定，在综合考虑申请家庭收入、财产状况等的基础上，做好低保审核确认工作。不得随意附加非必要限制性条件，不得以特定职业、特殊身份等为由，或者未经家庭经济状况调查核实直接认定申请家庭符合或者不符合条件。申请家庭符合条件的，不得仅将个别家庭成员纳入低保范围。采取"劳动力系数"等方式核算申请家庭收入的，要客观考虑家庭成员实际情况，对确实难以就业或者较长时间无法获得收入的，根据家庭实际困难情况综合判断是否纳入低保范围。成年无业重度残疾人可以参照"单人户"提出低保申请。依靠兄弟姐妹或者60周岁及以上老年人供养的成年无业重度残疾人，在评估认定其家庭经济状况时，兄弟姐妹或者60周岁及以上老年人给付的供养费用，可以视情适当豁免，符合条件的，纳入低保范围。

（二）完善低保家庭经济状况评估认定。合理设置低保家庭财产状况认定条件，并随经济社会发展逐步调整。健全完善低保家庭经济状况评估认定方法，综合考量家庭财产市值、实际营收情况以及其家庭实际生活状况等，实事求是地予以认定。鼓励各地在申请环节实行证明事项告知承诺制，以书面形式将证明义务、证明内容等一次性告知申请人，申请人书面承诺已经符合告知的相关要求，可不再索要有关证明，直接开展家庭经济状况调查、审核确认等工作。

（三）落实低保渐退政策。鼓励具备就业能力的低保家庭成员积极就业，对就业后家庭人均收入超过当地低保标准的低保家庭，可给予原则上不超过6个月的渐退期。低保家庭成员死亡后，应当自其死亡之日起3个月内对其家庭状况进行核查，并办理完成低保金增发、减发、停发等相关手续。

（四）细化低保边缘家庭认定条件。低保边缘家庭一般指不符合低保条件，家庭人均收入低于当地1.5倍低保标准，且财产状况符合相关规定的家庭。鼓励各地制定低保边缘家庭财产状况认定标准。低保边缘家庭中的重残人员、重病患者等特殊困难人员，经本人申请，可参照"单人户"纳入低保范围。

二、进一步加强急难临时救助

（一）加强对生活困难未参保失业人员的临时救助。对受疫情影响无法返岗复工、连续3个月无收入来源，生活困难且失业保险政策无法覆盖的农民工等未参保失业人员，未纳入低保范围的，经本人申请，由务工地或者经常居住地发放一次性临时救助金。各地民政部门要加强临时救助与就业政策、失业保险的政策衔接，帮助有劳动能力的临时遇困人员渡过难关。

（二）加强对其他基本生活陷入困境群众的临时救助。及时将受疫情影响暂未就业、基本生活面临困难的大学生，以及其他因疫情导致基本生活陷入临时困境的家庭或者个人纳入临时救助范围。加强临时救助与受灾人员救助政策的衔接，对经过应急期救助、过渡期生活救助后基本生活仍有较大困难的受灾群众，及时给予临时救助，防止因灾返贫。

三、健全完善工作机制

（一）建立易地搬迁与低保工作衔接机制。加强摸排统计，做好迁入地、迁出地政策衔接，根据实际情况及时调整变更低保类别、低保标准、补助水平，防止困难群众因易地搬迁造成漏保或者重复纳入低保。

（二）加强社会救助家庭经济状况核对机制建设。完善社会救助家庭经济状况核对项目，加快实现民政系统内部涉及婚姻、殡葬等信息互通共享；加大与相关部门沟通协调力度，推动不动产登记、银行存款、公积金养老金缴纳、市场主体登记、死亡等信息比对；完善异地协同查询核对机制，及时办理其他省份发来的核对请求。

（三）健全低收入人口动态监测和分层分类救助帮扶机制。拓展全国低收入人口动态监测信息平台应用，完善低收入人口预警指标，通过数据交叉比对、关联分析和综合评估，筛查存在风险的低收入人口，及时查访核实、实施救助帮扶。加强与乡村振兴部门的信息共享，健全低收入人口动态监测信息平台与防止返贫动态监测数据对接机制，每季度或者每半年开展一次数据比对筛查，动态掌握未纳入社会救助范围的防止返贫监测对象情况。要针对重病、残疾、就学、失业等情况设置预警指标，对全部或者部分丧失劳动能力的低收入人口，特别是一些因病因残因意外事故等导致支出负担较重、增收压力大、返贫风险高的低保边缘群体、支出型困难群体、重病重残人员等要密切关注，符合条件的，及时纳入社会救助范围。各级民政部门在保障好救助对象基本生活的同时，要根据困难群众实际需求，及时将求助信息推送至相关部门，由相关部门根据职责提供其他专项社会救助或者帮扶，形成救助帮扶合力。

四、优化规范办理流程

（一）明确办理期限。各地要明确低保审核确认的办理期限，包括启动家庭经济状况调查、启动信息核对、乡镇人民政府（街道办事处）提出初审意见、县级人民政府民政部门审核确认等各环节的具体办理期限。低保审核确认工作应当自受理之日起 30 个工作日之内完成；审核确认权限下放到乡镇人民政府（街道办事处）的，应当自受理之日起20个工作日之内完成。发生公示有异议、人户分离、异地申办或者家庭经济状况调查难度较大等特殊情况的，可以延长至45个工作日。

（二）落实公示、公布制度。乡镇人民政府（街道办事处）经调查核实提出的初审意见，应在申请家庭所在村（社区）进行为期7天的公示。低保审核确认完毕后，申请人姓名、家庭成员数量、保障金额等信息应当在低保家庭所在村（社区）公布。信息公示、公布应当依法保护个人隐私，不得公开无关信息。

（三）优化非本地户籍人员救助申请程序。共同生活的家庭成员户籍所在地不在同一省（自治区、直辖市）的，可以由其中一个户籍所在地与经常居住地一致的家庭成员向其户籍所在地提出低保申请或者低保边缘家庭认定申请；共同生活的家庭成员户籍所在地与经常居住地均不一致的，可由任一家庭成员向其户籍所在地提出申请。有条件的地区可以有序推进持有居住证人员在居住地提出低保申请或者低保边缘家庭认定申请。健全完善临时救助制度，全面推行由急难发生地直接实施救助，为临时遇困群众救急解难。

五、落实保障措施

（一）加强组织领导。各级民政部门要切实履行社会救助体系建设牵头统筹职责，健全完善党委领导、政府负责、民政牵头、部门协同、社会参与的社会救助工作机制。要把进一步做好低保等社会救助兜底保障工作列上重要工作日程，抓紧调整完善相关政策，层层落实责任，周密组织实施。要通过社会救助家庭经济状况核对系统，对低保家庭的人口状况、收入状况和财产状况进行定期核查，会同有关社会救助管理部门夯实工作基础，努力提升对象认定准确性和数据统计质量。

（二）强化资金保障。地方各级财政要把保障困难群众基本生活放在重要位置，落实属地责任，加强社会救助扩围增效工作资金保障，统筹使用中央财政困难群众救助补助资金和地方各级财政安排的资金，扎实做好低保等社会救助兜底保障工作。

（三）加强监督检查。各地要加强对社会救助兜底保障政策落实的指导监督，确保政策落实到位，工作规范有序。要切实管好用好困难群众救助资金，不得挤占、挪用、截留或者扩大资金使用范围，守护好人民群众的每一分"保命钱"。要结合困难群众救助资金审计整改、社会救助综合治理等工作安排，加强对社会救助扩围增效工作的督促检查。鼓励建立完善容错纠错机制，激励基层社会救助干部担当作为。

（四）加强能力建设。各地要加强政府购买社会救助服务，提升社会救助专业化水平，充分发挥社工、志愿者等作用，在村级全面设立社会救助协理员，困难群众较多的村（社区）建立社会救助服务站（点）。加强社会救助业务培训、人才队伍建设，采取政策解读、专家授课、案例培训、经验介绍等方式，增强社会救助经办服务人员对政策的理解和把握，提升服务水平。

（五）加强社会救助信用体系建设。加强社会救助领域信用管理，引导鼓励社会救助对象诚信申报。强化申请或者已经获得低保家庭的如实申报义务。申请人要按规定如实申报家庭人口、收入、财产等状况。低保家庭的人口、收入和财产状况发生变化的，家庭成员要及时告知乡镇人民政府（街道办事处）。低保家庭的人口、收入和财产状况发生重大变化超过3个月未主动告知的，县级民政部门或者乡镇人民政府（街道办事处）可以进行批评教育。对于发现条件不符合的，要决定停止低保；对采取虚报、隐瞒、伪造等手段骗取低保的，要决定停止低保，责令退回非法获取的低保金，并依法追究法律责任。

民政部　中央农村工作领导小组办公室　财政部
国家乡村振兴局
2022年10月20日

国务院办公厅转发民政部等单位《关于加强低收入人口动态监测做好分层分类社会救助工作的意见》的通知

国办发〔2023〕39号

各省、自治区、直辖市人民政府，国务院各部委、各直属机构：

民政部、教育部、财政部、人力资源社会保障部、住房城乡建设部、农业农村部、国家卫生健康委、应急管理部、国家医保局、中国残联《关于加强低收入人口动态监测做好分层分类社会救助工作的意见》已经国务院同意，现转发给你们，请认真贯彻落实。

国务院办公厅
2023年10月19日

关于加强低收入人口动态监测做好分层分类社会救助工作的意见

民政部 教育部 财政部 人力资源社会保障部
住房城乡建设部 农业农村部 国家卫生健康委
应急管理部 国家医保局 中国残联

社会救助是社会保障体系中兜底性、基础性的制度安排。为健全分层分类的社会救助体系，加大低收入人口救助帮扶力度，进一步织密扎牢民生兜底保障安全网，现就加强低收入人口动态监测、做好分层分类社会救助工作提出以下意见。

一、总体要求

以习近平新时代中国特色社会主义思想为指导，全面贯彻党的二十大精神，落实党中央、国务院关于改革完善社会救助制度、实现巩固拓展脱贫攻坚成果同乡村振兴有效衔接的决策部署，坚持以人民为中心的发展思想，坚持尽力而为、量力而行，坚持与经济社会发展水平相适应，健全以基本生活救助、专项社会救助、急难社会救助为主体，社会力量参与为补充的分层分类社会救助体系，实现救助资源统筹衔接、救助信息聚合共享、救助效率有效提升，让改革发展成果更多更公平惠及困难群众，切实兜住兜准兜好基本民生底线。

二、合理确定低收入人口范围

低收入人口包括最低生活保障对象、特困人员、防止返贫监测对象、最低生活保障边缘家庭成员、刚性支出困难家庭（刚性支出较大导致基本生活出现严重困难的家庭）成员，以及其他困难人员。最低生活保障对象、特困人员、防止返贫监测对象等低收入人口的认定，按照各地现有规定执行。对不符合最低生活保障条件，但家庭人均收入低于当地最低生活保障标准1.5倍，且家庭财产状况符合当地相关规定的家庭，认定为最低生活保障边缘家庭；最低生活保障边缘家庭收入、财产的具体界定、核查范围和核算方法以及认定程序等，可参照当地最低生活保障相关规定执行，对家庭中已实现就业的人员，在核算收入时可按规定适当扣减必要的就业成本。对家庭人均收入低于上年度当地居民人均可支配收入，家庭财产状况符合当地相关规定，且医疗、教育等必需支出占家庭总收入比例超过当地规定比例的家庭，认定为刚性支出困难家庭，具体认定办法和程序由各地根据实际情况制定。

三、加强低收入人口动态监测

（一）完善低收入人口动态监测信息平台。各级民政部门要充分依托"金民工程"全国社会救助信息系统及各级已有系统平台建设基础，逐步完善低收入人口动态监测信息平台，完善数据录入、数据共享、监测预警、数字监督、转办推送等基本功能，尽快实现覆盖全国、统筹城乡、上下联动、部门协同，对低收入人口开展常态化监测预警；深化拓展功能应用，科学设置预警指标，为快速预警、精准救助、综合帮扶提供支撑。民政部门要通过低收入人口动态监测信息平台为教育、人力资源社会保障、住房城乡建设、农业农村（乡村振兴）、卫生健康、应急管理、医保、残联等部门和单位分层分类开展救助帮扶提供信息查询、需求推送等服务支持。各相关单位原则上要依托全国一体化政务服务平台和国家数据共享交换平台，及时将救助帮扶信息反馈给民政部门，形成"一户（人）一条救助链"，避免救助遗漏或重复救助。

（二）完善低收入人口数据库。各地民政部门要以县（市、区、旗）为单位，通过申请人自主申报、入户走访、数据比对等方式，采集辖区内低收入人口相关数据信息并逐级上传，加强数据共享，做到定期更新、动态调整、不断完善。要畅通申报渠道，优化流程，方便申请人自主申报。要提高源头数据采集、核查、录入的准确性，确保信息完整、真实可靠。

（三）加强动态监测。各地要充分发挥"大数据比对+铁脚板摸排"作用，线上线下相结合，及时、主动发现需要救助的困难群众。加强线上跨部门信息共享和数据比对，各级民政部门要将掌握的低收入人口数据与教育、人力资源社会保障、卫生健康、医保、残联等部门和单位掌握的家庭经济困难学生、登记失业人员、重病患者、重度残疾人等数据进行交叉比对，动态掌握低收入人口就业状况、家庭支出、困难情形等变化情况。加强线下核查，县级民政部门要依托基层力量，组织动员乡镇（街道）干部、村（社区）组织工作人员、村级社会救助协理员、社会工作者等经常性走访困难群众，发现家庭状况发生变化的，及时报告并将变化情况录入低收入人口数据库。积极推行政府购买社会救助服务，委托社会力量开展困难群众家庭状况随访、协助申请等工作。各地对已纳入社会救助范围的低收入人口，重点监测相关社会救助政策是否落实到位、是否还存在其他方面的生活困难；对未纳入社会救助范围的低收入人口，重点监测其家庭状况变化情况，发现符合救助条件的，应当告知相关救助政策，按规定及时启动救助程序。

（四）分类处置预警信息。各地民政部门发现社会救助政策落实不到位的，要尽快按规定落实或商请相关社会救助管理部门落实救助政策；发现低收入人口未纳入社会救助范围但可能符合救助条件的，要根据困难类型和救助需求，将信息分类推送至相关社会救助管理部门处理；发现困难情形复杂的，可适时启动县级困难群众基本生活保障工作协调机制，通过"一事一议"方式集体研究处理；发现低收入人口可能不再符合救助条件的，及时核查或商请相关社会救助管理部门核查有关情况，对符合终止条件的按规定终止救助。

四、做好分层分类社会救助工作

各地要根据低收入人口动态监测预警信息，按照低收入人口困难程度和困难类型，分层分类提供常态化救助帮扶。对防止返贫监测对象，同时按照现行防止返贫动态监测和帮扶机制给予针对性帮扶措施，切实防止规模性返贫。

（一）扎实做好基本生活救助。对符合最低生活保障、特困人员救助供养条件的低收入人口，给予相应的最低生活保障、特困人员救助供养等基本生活救助。对最低生活保障边缘家庭中的重病患者、重度残疾人等特殊困难人员，可单独纳入最低生活保障范围。对参照单人户纳入最低生活保障范围的成年无业重度残疾人等其他特殊困难人员，给予相应的基本生活救助。

（二）完善专项社会救助

1. 医疗救助（含疾病应急救助）。对特困人员参加城乡居民基本医疗保险的费用给予全额资助，对最低生活保障对象等其他符合资助参保条件的低收入人口给予定额资助。对最低生活保障对象、特困人员、最低生活保障边缘家庭、刚性支出困难家庭中符合条件的大病患者在定点医药机构发生的住院费用、因慢性病需要长期服药或患重特大疾病需要长期门诊治疗的费用，按规定给予相应医疗救助。对符合疾病应急救助条件的费用，由疾病应急救助基金按规定支付。

2. 教育救助。对最低生活保障对象、特困人员、最低生活保障边缘家庭、刚性支出困难家庭以及其他经济困难家庭中符合条件的在园幼儿、在校学生，按规定采取发放助学金、生活补助，提供勤工助学岗位、助学贷款以及减免相关费用等方式，给予教育救助。

3. 住房救助。对符合当地住房保障条件的城市最低生活保障家庭、城市分散供养特困人员、城市最低生活保障边缘家庭和刚性支出困难家庭，通过配租公租房或发放租赁补贴优先给予住房救助；对符合当地住房保障条件的农村最低生活保障家庭、农村分散供养特困人员、农村最低生活保障边缘家庭和刚性支出困难家庭，通过农村危房改造等方式优先给予住房救助。

4. 就业救助。对符合条件的最低生活保障对象、最低生活保障边缘家庭成员、刚性支出困难家庭成员，按规定落实贷款贴息、税费减免、培训补贴、社保补贴等政策。多渠道开发就业岗位，通过产业发展、劳务输出、车间吸纳、以工代赈等方式进行就业帮扶，引导就业救助对象积极就业。

5. 受灾人员救助。对遭遇自然灾害的最低生活保障对象、特困人员、最低生活保障边缘家庭成员、刚性支出困难家庭成员，按照自然灾害救助政策给予相应救助；加强与其他救助政策的有序衔接，推动形成救助合力。

（三）加强急难社会救助。对遭遇突发性、紧迫性、灾难性困难导致基本生活暂时出现严重困难的人员，取消户籍地、居住地申请限制，在急难发生地按规定通过临时救助或生活无着流浪乞讨人员救助，及时给予急难社会救助，可实行"小金额先行救助"，事后补充说明情况。发挥县级困难群众基本生活保障工作协调机制作用，及时化解困难群众急难愁盼问题。

（四）积极发展服务类社会救助。鼓励各地通过政府购买服务等方式，对低收入人口中生活不能自理的老年人、未成年人、残疾人等提供必要的访视、照料服务；积极开展社会工作服务，为低收入人口提供心理疏导、资源链接、能力提升、社会融入等服务，推动形成"物质＋服务"的救助方式。

（五）做好其他救助帮扶。对符合条件的最低生活保障对象、特困人员、最低生活保障边缘家庭成员、刚性支出困难家庭成员，可根据当地救助政策给予取暖补贴、殡葬费用减免等救助帮扶。鼓励有条件的地方将困难残疾人生活补贴、残疾儿童康复救助、困难重度残疾人家庭无障碍改造等帮扶措施延伸至最低生活保障边缘家庭成员等。

（六）鼓励开展慈善帮扶。促进社会力量参与社会救助，支持引导公民、法人和其他组织通过捐赠财产、开展慈善项目、创办服务机构、提供志愿服务等方式，面向低收入人口开展慈善帮扶活动。建立政府救助与慈善帮扶衔接机制，在政策、对象、信息、资源等方面进行救助需求与慈善供给的匹配对接，为低收入人口提供多样化救助帮扶。

五、强化组织实施

（一）加强组织领导。强化党委领导、政府负责、民政牵头、部门协同、社会参与的工作机制。各地要落实主体责任，在完善最低生活保障、特困人员救助供养政策措施基础上，结合实际进一步细化最低生活保障边缘家庭、刚性支出困难家庭以及其他困难人员的认定办法、程序和救助帮扶标准、措施等。深入实施基层社会救助能力提升工程，探索实行"一次申请、分类审核认定"等做法，进一步提高社会救助可及性、便捷性。

（二）落实部门责任。相关部门要各司其职、主动作为，协同配合、齐抓共管，打通数据壁垒、加强信息共享，加大政策宣传解读力度，鼓励引导更多困难群众通过勤劳改善生活，共同做好低收入人口动态监测和分层分类社会救助工作。民政部门要统筹低收入人口认定、监测和常态化救助帮扶工作，负责最低生活保障、特困人员救助供养、临时救助等相关工作。教育、人力资源社会保障、住房城乡建设、卫生健康、应急管理、医保等部门按照各自职责分别负责教育救助、就业救助、住房救助、受灾人员救助、医疗救助等相关工作。农业农村（乡村振兴）部门负责做好健全防止返贫动态监测和帮扶机制相关工作。残联组织协同做好残疾人救助帮扶相关工作。财政部门负责根据经济社会发展水平、财政状况、救助需求等因素，通过现有资金渠道合理安排相应社会救助资金，保障低收入人口救助帮扶工作持续开展。

（三）强化监督检查。各地要加强社会救助资金使用监管，确保按时足额发放，不得挤占、挪用、截留或者擅自扩大资金使用范围；杜绝"人情保""关系保"，严查优亲厚友、骗取套取等行为，确保资金真正用到困难群众身上。申请或已获得社会救助的家庭或人员应当按规定如实申报收入状况、财产状况。建立容错纠错机制，落实"三个区分开来"要求，对秉持公心、履职尽责但因客观原因出现失误偏差且能够及时纠正的经办人员依法依规免于问责，激励基层干部担当作为，切实兜牢基本民生底线。

基本生活救助

国务院关于进一步加强和改进最低生活保障工作的意见

国发〔2012〕45号

各省、自治区、直辖市人民政府，国务院各部委、各直属机构：

最低生活保障事关困难群众衣食冷暖，事关社会和谐稳定和公平正义，是贯彻落实科学发展观的重要举措，是维护困难群众基本生活权益的基础性制度安排。近年来，随着各项相关配套政策的陆续出台，最低生活保障制度在惠民生、解民忧、保稳定、促和谐等方面作出了突出贡献，有效保障了困难群众的基本生活。但一些地区还不同程度存在对最低生活保障工作重视不够、责任不落实、管理不规范、监管不到位、工作保障不力、工作机制不健全等问题。为切实加强和改进最低生活保障工作，现提出如下意见：

一、总体要求和基本原则

（一）总体要求。

最低生活保障工作要以科学发展观为指导，以保障和改善民生为主题，以强化责任为主线，坚持保基本、可持续、重公正、求实效的方针，进一步完善法规政策，健全工作机制，严格规范管理，加强能力建设，努力构建标准科学、对象准确、待遇公正、进出有序的最低生活保障工作格局，不断提高最低生活保障制度的科学性和执行力，切实维护困难群众基本生活权益。

（二）基本原则。

坚持应保尽保。把保障困难群众基本生活放到更加突出的位置，落实政府责任，加大政府投入，加强部门协作，强化监督问责，确保把所有符合条件的困难群众全部纳入最低生活保障范围。

坚持公平公正。健全最低生活保障法规制度，完善程序规定，畅通城乡居民的参与渠道，加大政策信息公开力度，做到审批过程公开透明，审批结果公平公正。

坚持动态管理。采取最低生活保障对象定期报告和管理审批机关分类复核相结合等方法，加强对最低生活保障对象的日常管理和服务，切实做到保障对象有进有出、补助水平有升有降。

坚持统筹兼顾。统筹城乡、区域和经济社会发展，做到最低生活保障标准与经济社会发展水平相适应，最低生活保障制度与其他社会保障制度相衔接，有效保障困难群众基本生活。

二、加强和改进最低生活保障工作的政策措施

（一）完善最低生活保障对象认定条件。

户籍状况、家庭收入和家庭财产是认定最低生活保障对象的三个基本条件。各地要根据当地情况，制定并向社会公布享受最低生活保障待遇的具体条件，形成完善的最低生活保障对象认定标准体系。同时，要明确核算和评估最低生活保障申请人家庭收入和家庭财产的具体办法，并对赡养、抚养、扶养义务人履行相关法定义务提出具体要求。科学制定最低生活保障标准，健全救助标准与物价上涨挂钩的联动机制，综合运用基本生活费用支出法、恩格尔系数法、消费支出比例法等测算方法，动态、适时调整最低生活保障标准，最低生活保障标准应低于最低工资标准；省级人民政府可根据区域经济社会发展情况，研究制定本行政区域内相对统一的区域标准，逐步缩小城乡差距、区域差距。

（二）规范最低生活保障审核审批程序。

规范申请程序。凡认为符合条件的城乡居民都有权直接向其户籍所在地的乡镇人民政府（街道办事处）提出最低生活保障申请；乡镇人民政府（街道办事处）无正当理由，不得拒绝受理。受最低生活保障申请人委托，村（居）民委员会可以代为提交申请。申请最低生活保障要以家庭为单位，按规定提交相关材料，书面声明家庭收入和财产状况，并由申请人签字确认。

规范审核程序。乡镇人民政府（街道办事处）是审核最低生活保障申请

的责任主体，在村（居）民委员会协助下，应当对最低生活保障申请家庭逐一入户调查，详细核查申请材料以及各项声明事项的真实性和完整性，并由调查人员和申请人签字确认。

规范民主评议。入户调查结束后，乡镇人民政府（街道办事处）应当组织村（居）民代表或者社区评议小组对申请人声明的家庭收入、财产状况以及入户调查结果的真实性进行评议。各地要健全完善最低生活保障民主评议办法，规范评议程序、评议方式、评议内容和参加人员。

规范审批程序。县级人民政府民政部门是最低生活保障审批的责任主体，在作出审批决定前，应当全面审查乡镇人民政府（街道办事处）上报的调查材料和审核意见（含民主评议结果），并按照不低于30%的比例入户抽查。有条件的地方，县级人民政府民政部门可邀请乡镇人民政府（街道办事处）、村（居）民委员会参与审批，促进审批过程的公开透明。严禁不经调查直接将任何群体或个人纳入最低生活保障范围。

规范公示程序。各地要严格执行最低生活保障审核审批公示制度，规范公示内容、公示形式和公示时限等。社区要设置统一的固定公示栏；乡镇人民政府（街道办事处）要及时公示入户调查、民主评议和审核结果，并确保公示的真实性和准确性；县级人民政府民政部门应当就最低生活保障对象的家庭成员、收入情况、保障金额等在其居住地长期公示，逐步完善面向公众的最低生活保障对象信息查询机制，并完善异议复核制度。公示中要注意保护最低生活保障对象的个人隐私，严禁公开与享受最低生活保障待遇无关的信息。

规范发放程序。各地要全面推行最低生活保障金社会化发放，按照财政国库管理制度将最低生活保障金直接支付到保障家庭账户，确保最低生活保障金足额、及时发放到位。

（三）建立救助申请家庭经济状况核对机制。

在强化入户调查、邻里访问、信函索证等调查手段基础上，加快建立跨部门、多层次、信息共享的救助申请家庭经济状况核对机制，健全完善工作机构和信息核对平台，确保最低生活保障等社会救助对象准确、高效、公正认定。经救助申请人及其家庭成员授权，公安、人力资源社会保障、住房城乡建设、金融、保险、工商、税务、住房公积金等部门和机构应当根据有关规定和最低生活保障等社会救助对象认定工作需要，及时向民政部门提供户籍、机动车、就业、保险、住房、存款、证券、个体工商户、纳税、公积金等方面的信息。民政部要会同有关部门研究制定具体的信息查询办法，并负责跨省（区、市）的信息查询工作。到"十二五"末，全国要基本建立救助申请家庭经济状况核对机制。

（四）加强最低生活保障对象动态管理。

对已经纳入最低生活保障范围的救助对象，要采取多种方式加强管理服务，定期跟踪保障对象家庭变化情况，形成最低生活保障对象有进有出、补助水平有升有降的动态管理机制。各地要建立最低生活保障家庭人口、收入和财产状况定期报告制度，并根据报告情况分类、定期开展核查，将不再符合条件的及时退出保障范围。对于无生活来源、无劳动能力又无法定赡养、抚养、扶养义务人的"三无人员"，可每年核查一次；对于短期内收入变化不大的家庭，可每半年核查一次；对于收入来源不固定、成员有劳动能力和劳动条件的最低生活保障家庭，原则上实行城市按月、农村按季核查。

（五）健全最低生活保障工作监管机制。

地方各级人民政府要将最低生活保障政策落实情况作为督查督办的重点内容，定期组织开展专项检查；民政部、财政部要会同有关部门对全国最低生活保障工作进行重点抽查。财政、审计、监察部门要加强对最低生活保障资金管理使用情况的监督检查，防止挤占、挪用、套取等违纪违法现象发生。建立最低生活保障经办人员和村（居）民委员会干部近亲属享受最低生活保障备案制度，县级人民政府民政部门要对备案的最低生活保障对象严格核查管理。充分发挥舆论监督的重要作用，对于媒体发现揭露的问题，应及时查处并公布处理结果。要通过政府购买服务等方式，鼓励社会组织参与、评估、监督最低生活保障工作，财政部门要通过完善相关政策给予支持。

（六）建立健全投诉举报核查制度。

各地要公开最低生活保障监督咨询电话，畅通投诉举报渠道，健全投诉举报核查制度。有条件的地方要以省为单位设置统一的举报投诉电话。要切实加强最低生活保障来信来访工作，推行专人负责、首问负责等制度。各级人民政府、县级以上人民政府民政部门应当自受理最低生活保障信访事项之日起60日内办结；信访人对信访事项处理意见不服的，可以自收到书面答复之日起30日内请求原办理行政机关的上一级行政机关复查，收到复查请求的行政机关应当自收到复查请求之日起30日内提出复查意见，并予以书面答复；信访人对复查意见不服的，可以自收到书面答复之日起30日内向复查机关的上一级行政机关请求复核，收到复核请求的行政机关应当自收到复核请求之日起30日内提出复核意见；信访人对复核意见不服，仍以同一事实和理由提出信访请求的，不再受理，民政等部门要积极向信访人做好政策解释工作。民政部或者省级人民政府民政部门对最低生活保障重大信访事项或社会影响恶劣的违规违纪事件，可会同信访等相关部门直接督办。

（七）加强最低生活保障与其他社会救助制度的有效衔接。

加快推进低收入家庭认定工作，为医疗救助、教育救助、住房保障等社会救助政策向低收入家庭拓展提供支撑；全面建立临时救助制度，有效解决低收入群众的突发性、临时性基本生活困难；做好最低生活保障与养老、医疗等社会保险制度的衔接工作。对最低生活保障家庭中的老年人、未成年人、重度残疾人、重病患者等重点救助对象，要采取多种措施提高其救助水平。鼓励机关、企事业单位、社会组织和个人积极开展扶贫帮困活动，形成慈善事业与社会救助的有效衔接。

完善城市最低生活保障与就业联动、农村最低生活保障与扶贫开发衔接机制，鼓励积极就业，加大对有劳动能力最低生活保障对象的就业扶持力度。劳动年龄内、有劳动能力、失业的城市困难群众，在申请最低生活保障时，应当先到当地公共就业服务机构办理失业登记；公共就业服务机构应当向登记失业的最低生活保障对象提供及时的就业服务和重点帮助；对实现就业的最低生活保障对象，在核算其家庭收入时，可以扣减必要的就业成本。

三、强化工作保障，确保各项政策措施落到实处

（一）加强能力建设。省级人民政府要切实加强最低生活保障工作能力建设，统筹研究制定按照保障对象数量等因素配备相应工作人员的具体办法和措施。地方各级人民政府要结合本地实际和全面落实最低生活保障制度的要

求,科学整合县(市、区)、乡镇人民政府(街道办事处)管理机构及人力资源,充实加强基层最低生活保障工作力量,确保事有人管、责有人负。加强最低生活保障工作人员业务培训,保障工作场所、条件和待遇,不断提高最低生活保障管理服务水平。加快推进信息化建设,全面部署全国最低生活保障信息管理系统。

(二)加强经费保障。省级财政要优化和调整支出结构,切实加大最低生活保障资金投入。中央财政最低生活保障补助资金重点向保障任务重、财政困难地区倾斜,在分配最低生活保障补助资金时,财政部要会同民政部研究"以奖代补"的办法和措施,对工作绩效突出地区给予奖励,引导各地进一步完善制度,加强管理。要切实保障基层工作经费,最低生活保障工作所需经费要纳入地方各级财政预算。基层最低生活保障工作经费不足的地区,省市级财政给予适当补助。

(三)加强政策宣传。以党和政府对最低生活保障工作的有关要求以及认定条件、审核审批、补差发放、动态管理等政策规定为重点,深入开展最低生活保障政策宣传。利用广播、电视、网络等媒体和宣传栏、宣传册、明白纸等群众喜闻乐见的方式,不断提高最低生活保障信息公开的针对性、时效性和完整性。充分发挥新闻媒体的舆论引导作用,大力宣传最低生活保障在保障民生、维护稳定、促进和谐等方面的重要作用,引导公众关注、参与、支持最低生活保障工作,在全社会营造良好的舆论氛围。

四、加强组织领导,进一步落实管理责任

(一)加强组织领导。进一步完善政府领导、民政牵头、部门配合、社会参与的社会救助工作机制。建立由民政部牵头的社会救助部际联席会议制度,统筹做好最低生活保障与医疗、教育、住房等其他社会救助政策以及促进就业政策的协调发展和有效衔接,研究解决救助申请家庭经济状况核对等信息共享问题,督导推进社会救助体系建设。地方各级人民政府要将最低生活保障工作纳入重要议事日程,纳入经济社会发展总体规划,纳入科学发展考评体系,建立健全相应的社会救助协调工作机制,组织相关部门协力做好社会救助制度完善、政策落实和监督管理等各项工作。

（二）落实管理责任。最低生活保障工作实行地方各级人民政府负责制，政府主要负责人对本行政区域最低生活保障工作负总责。县级以上地方各级人民政府要切实担负起最低生活保障政策制定、资金投入、工作保障和监督管理责任，乡镇人民政府（街道办事处）要切实履行最低生活保障申请受理、调查、评议和公示等审核职责，充分发挥包村干部的作用。各地要将最低生活保障政策落实情况纳入地方各级人民政府绩效考核，考核结果作为政府领导班子和相关领导干部综合考核评价的重要内容，作为干部选拔任用、管理监督的重要依据。民政部要会同财政部等部门研究建立最低生活保障工作绩效评价指标体系和评价办法，并组织开展对各省（区、市）最低生活保障工作的年度绩效评价。

（三）强化责任追究。对因工作重视不够、管理不力、发生重大问题、造成严重社会影响的地方政府和部门负责人，以及在最低生活保障审核审批过程中滥用职权、玩忽职守、徇私舞弊、失职渎职的工作人员，要依纪依法追究责任。同时，各地要加大对骗取最低生活保障待遇人员查处力度，除追回骗取的最低生活保障金外，还要依法给予行政处罚；涉嫌犯罪的，移送司法机关处理。对无理取闹、采用威胁手段强行索要最低生活保障待遇的，公安机关要给予批评教育直至相关处罚。对于出具虚假证明材料的单位和个人，各地除按有关法律法规规定处理外，还应将有关信息记入征信系统。

国务院
2012 年 9 月 1 日

民政部 国家统计局关于进一步加强农村最低生活保障申请家庭经济状况核查工作的意见

民发〔2015〕55号

各省、自治区、直辖市民政厅（局）、统计局，新疆生产建设兵团民政局、统计局，国家统计局各调查总队：

为深入贯彻落实《社会救助暂行办法》和《国务院关于进一步加强和改进最低生活保障工作的意见》（国发〔2012〕45号），编密织牢社会救助安全网，保障好困难群众基本生活，现就进一步加强农村最低生活保障（以下简称农村低保）申请家庭经济状况核查工作，提出如下意见：

一、重要意义

科学核查农村低保申请家庭经济状况，是准确认定低保对象、合理确定救助金额、及时发放救助资金的前提，是贯彻落实《社会救助暂行办法》的内在要求，对于加强农村低保规范管理、确保农村低保制度持续稳定健康发展具有重要意义。近年来，各地在科学核查农村低保申请家庭经济状况方面，探索创新了一些方法，取得了一定成绩。但从总体上看，这项工作还存在着很多薄弱环节，不少地方政策措施不健全、核查内容不具体、核查方法不科学、操作流程不规范、监督管理不到位，进而导致骗保、错保、关系保、人情保等违规现象没有得到根本遏制。各地要高度重视农村低保申请家庭经济状况核查工作，将其作为当前落实《社会救助暂行办法》、强化农村低保规范管理的重要举措，立足农村和本地实际，不断完善经济状况核查内容，细化核查程序，创新核查方法，加强核查能力，切实形成科学核查农村低保申请家庭经济状况的工作局面，为农村低保规范管理奠定坚实基础。

二、总体要求

（一）目标任务。

适应户籍制度改革和新农村建设需要，健全农村低保申请家庭经济状况核查指标体系，完善核查认定方法，规范认定程序，做到核查办法科学、对象认定准确、管理运行高效，逐步变分档救助为补差救助，确保农村低保制度健康可持续运行。

（二）基本原则。

坚持因地制宜。立足农村经济社会和基层社会救助经办力量、保障条件实际，科学确定不同类型地区的核查内容、方法和程序，充分发挥地方的自主性和创造性，防止生搬硬套和一刀切。

坚持量化测算。根据农村困难家庭实际，灵活运用各地建立的居民家庭经济状况核对机制和核对平台，重点做好家庭经营净收入和工资性收入的核查，量化测算核查结果，用数据来体现家庭经济状况差异，做到简便可行、易于操作。

坚持政府主导。充分发挥乡镇人民政府（街道办事处）的主体责任，不断健全基层救助经办机构。建立民政部门牵头、相关部门配合的工作机制，协同做好农村低保申请家庭经济状况核查工作。积极探索社会参与机制，通过政府购买服务等方式引进社会工作服务机构等第三方组织，鼓励、引导社会力量参与核查工作，提高社会参与度和公信力。

坚持依法行政。依据国家有关法律法规开展农村低保申请家庭经济状况核查工作，做到有法可依、有章可循，切实维护困难群众合法权益。

三、核查范围和内容

持有当地常住户口的居民，凡共同生活的家庭成员人均收入低于当地低保标准，且家庭财产状况符合规定条件的，可以按程序提出低保申请。共同生活的家庭成员、家庭收入和家庭财产是认定低保对象、确定救助金额的基本依据。各地在开展农村低保申请家庭经济状况核查时，要将这三个方面的信息作为重点核查内容。

（一）共同生活的家庭成员。主要包括户主、配偶、父母、未成年子女、已成年但不能独立生活的子女（含在校接受本科及其以下学历教育的成年子女）以及其他具有法定赡养、扶养、抚养义务关系并长期共同居住的人员。监狱服刑人员、连续3年以上（含3年）脱离家庭独立生活的宗教教职人员不计入共同生活的家庭成员。其他不计入共同生活家庭成员的人员，由省级人民政府民政部门根据有关原则确定。

（二）家庭收入。主要包括共同生活的家庭成员在规定期限内获得的全部现金及实物收入，即扣除家庭经营费用、生产性固定资产折旧、个人所得税和社会保障支出后，家庭现金收入和实物收入之和。家庭收入主要包括工资性收入、经营净收入、财产净收入、转移净收入四个方面。

工资性收入指就业人员通过各种途径得到的全部劳动报酬和各种福利，包括受雇于单位或个人、从事各种自由职业、兼职和零星劳动得到的全部劳动报酬和福利。同时扣除个人所得税和社会保障支出。家庭经营净收入指从事生产经营活动所获得的净收入，是全部经营收入中扣除经营费用、生产性固定资产折旧和生产税之后得到的净收入。财产净收入指家庭成员所拥有的金融资产、住房等非金融资产和自然资源交由其他机构、单位或个人使用而获得的回报并扣除相关费用之后得到的净收入。转移净收入指国家、单位、社会团体对居民的各种经常性转移支付和居民之间的经常性转移净收入。

农村低保申请人家庭按国家规定所获得的优待抚恤金、计划生育奖励与扶助金以及教育、见义勇为等方面的奖励性补助，不计入家庭收入。"十二五"期间新型农村社会养老保险中央基础养老金暂不计入家庭收入。其他不计入家庭收入的项目，由设区的市级以上地方人民政府确定。

（三）家庭财产。主要包括家庭成员拥有的全部动产和不动产，即房屋、现金、银行存款、有价证券、机动车辆（不含残疾人功能性补偿代步机动车辆）、船舶、大型农机具等。

四、核算方法

（一）家庭收入。

工资性收入。核算方法可以参照劳动合同或通过调查就业和劳动报酬、各种福利收入，以及社会保险、个人所得税的缴纳情况进行认定。外出务工人员不能提供以上证明的，可采取以下方式计算：（1）以务工地区最低工资标准计算；（2）以本地区农村劳动力人均收入计算；（3）以务工地区相同行业平均收入计算。

家庭经营净收入。种植业收入以本地区同等作物的市场价格与实际产量核算；不能确定实际产量的，以当地去年同等作物平均产量核算。养殖业、捕捞业等收入以本地区同等养殖（捕捞）品种市场价格与实际出栏数核算；不能确定实际出栏数的，以当地同行业去年平均产量核算。其他家庭经营性收入，能够出示有效经营性收入证明的，按证明的收入计算；无收入证明，但有合同规定或固定价格的，按合同规定或固定价格计算。其他情形按当地评估标准和计算方法计算。

财产净收入。财产租赁、转租等收入，参照双方签订的相关合法有效合同、协议认定；个人不能提供相关合同、协议的，参照当地同类资产的实际价格计算。储蓄存款利息、有价证券红利、投资股息红利等可以按照金融机构出具的证明计算，集体财产收入分红按集体出具的分配记录计算。

转移净收入。有实际发生数额凭证的，以凭证数额计算；有协议、裁决或判决法律文书的，按照法律文书所规定的数额计算。赡（抚、扶）养费无法确定具体数额的，按照设区的市级以上人民政府确定的核算办法进行核算。

（二）家庭财产。

现金、银行存款按照申请人及其家庭成员账户金额认定；股票类金融资产按照股票市值和资金账户余额或净值认定。住房按照产权证、使用证等的登记人认定；机动车辆、船舶和大型农机具（收割机、拖拉机、机动脱粒机等）等按照登记人认定；其他非生活必需的高值物品等财产，按现值认定。

各地可按照上述方法及原则，进一步细化规定，明确相关事项的具体核算办法。

五、核查主体和方式

（一）核查主体。

乡镇人民政府（街道办事处）是农村低保申请家庭经济状况核查的责任

主体，应当指导申请家庭真实、完整地填写家庭成员、家庭收入和家庭财产申报表，履行个人申报程序，并在村（居）民委员会协助下入户实地调查，详细核查收入、财产等事项。县级人民政府民政部门应当全面审查乡镇人民政府（街道办事处）上报的调查材料和审核意见，并通过居民家庭经济状况核对平台进行收入、财产核对。各地要认真总结推广通过政府购买服务等方式委托社会工作服务机构等独立第三方组织开展农村低保申请家庭经济状况核查的经验做法，不断提高经济状况核查工作的透明度和社会参与度。

（二）核查方式。

在申请人书面声明其家庭收入、财产情况和家庭实际生活状况后，乡镇人民政府（街道办事处）的社会救助经办机构应当根据农村低保申请家庭经济状况核查内容、项目及其特点，综合考虑适用范围、人员力量、成本效率等因素，采取信息核对、实证调查、评估测算等方式开展核查。

1. 信息核对。经农村低保申请人及其家庭成员授权，乡镇人民政府（街道办事处）通过县级以上人民政府民政部门与公安、人力资源社会保障、国土资源、住房城乡建设、农业、金融、保险、工商、税务、住房公积金等部门和机构，对农村低保申请家庭的户籍、机动车、就业、保险、住房、农机、农业补贴、存款、证券、纳税、公积金等方面信息和个体工商户信息进行核对，并根据信息核对情况，对申请人家庭经济状况声明的真实性和完整性提出意见。

2. 实证调查。通过入户调查、邻里走访、信函索证、群众评议等方式对农村低保申请人声明的家庭经济状况进行调查，侧重查看实物或凭证，做到有据可查、有凭为证，全面了解农村低保申请家庭的收入、财产和实际生活情况，以及其申报材料的真实性和完整性。相关佐证材料应当全部存档。

3. 评估测算。对申请人家庭收入、财产中无实际发生凭证、难以确定实际数额的，可以依据当地确定的行业参照标准等，结合实证调查所得信息，按照当地规定的核查办法进行评估测算。各地要积极探索实施典型案例评估的做法，为相似家庭的贫困状况评估提供参照。

六、保障措施

（一）明确职责任务。农村低保申请家庭经济状况核查工作政策性强，工作量大，群众关注度高。省级人民政府民政部门要加强与统计调查等部门的协作，立足农村和本地实际，抓住难点和重点问题，尽快研究制定核查办法和评估标准。有条件的地方，政策标准可相对统一；不具备条件的地方，可根据不同类型地区，提出差异化意见。统计调查部门要根据农村低保申请家庭经济状况核查工作的要求，协助民政部门编制核查所需指标，配合完成居民家庭收入和支出情况核查的前期准备工作。2015年底前，各地应当制定进一步加强农村低保申请家庭经济状况核查工作的具体政策措施。地方各级人民政府民政部门要发挥好统筹牵头作用，进一步加强组织领导，通过编印统一的调查表单和操作手册、实施绩效考核等方式，不断规范基层社会救助经办人员的核查行为。

（二）加强基层基础。乡镇人民政府（街道办事处）要对农村低保申请家庭进行100%入户调查核实，逐项填写调查项目，做到不漏填、不虚报、不瞒报，经办人员要对核查结果进行签字确认。采取多种措施，努力打通服务群众的"最后一公里"。引导支持社会力量参与核查工作，发挥其专业特长，确保核查工作独立、客观、公正开展。

（三）强化监督管理。各级民政、统计调查部门要加强监督管理，健全监督检查长效机制，加大对政策落实的监管力度。要强化违法违纪责任追究和处罚力度，会同有关部门建立失信信息披露和诚信登记制度，对于骗取农村低保的行为要及时予以披露、惩戒，对因管理不力产生问题、造成恶劣后果，或有滥用职权、玩忽职守、徇私舞弊行为的，要依法依规追责。

（四）开展广泛宣传。各地要结合《社会救助暂行办法》贯彻实施，广泛宣传农村低保申请家庭经济状况核查的相关规定，使群众清楚自己依法享受社会救助的权利，以及诚信申报家庭经济状况、授权核对相关信息的义务。要把低保申请家庭经济状况核查结果和救助金额等情况作为社区公示的重要内容，在村（居）委会长期公示，便于群众监督。

民政部　国家统计局
2015年3月10日

民政部 国家统计局
关于在脱贫攻坚中切实加强农村最低生活保障家庭经济状况评估认定工作的指导意见

民发〔2019〕125号

各省、自治区、直辖市民政厅（局）、统计局，新疆生产建设兵团民政局、统计局，国家统计局各调查总队：

最低生活保障家庭经济状况评估认定是最低生活保障工作的重要环节，事关最低生活保障对象的精准认定，是确保最低生活保障制度公平、公正、公开的基础。当前，脱贫攻坚已到了决战决胜、全面收官的关键阶段，为进一步提升社会救助兜底保障能力，精准认定农村最低生活保障对象，确保符合条件的贫困人口，特别是完全丧失劳动能力和部分丧失劳动能力且无法依靠产业就业帮扶脱贫的贫困人口全部纳入最低生活保障范围，现就在脱贫攻坚中切实加强农村最低生活保障家庭经济状况评估认定工作提出如下意见：

一、总体要求

（一）目标任务。

以习近平新时代中国特色社会主义思想为指导，深入贯彻落实习近平总书记关于民政工作重要指示精神和关于扶贫工作重要论述精神，健全农村最低生活保障家庭经济状况评估认定指标体系，进一步优化评估认定办法，规范评估认定方式，提高最低生活保障工作规范性和最低生活保障对象认定精准度，更好发挥最低生活保障制度在保障困难群众基本生活、兜底保障脱贫攻坚中的重要作用。

（二）基本原则。

坚持全面客观。根据农村最低生活保障家庭实际生活状况，坚持定性定量相结合，统筹考虑家庭成员收入、财产、刚性支出等情况，综合评估认定家庭实际贫困状况，精准认定农村最低生活保障对象。

坚持因地制宜。立足当地经济社会实际、最低生活保障工作特点和基层社会救助经办服务能力，设置合理的农村最低生活保障家庭经济状况评估认定指标，制定科学的评估认定办法。

坚持简便易行。健全农村最低生活保障家庭经济状况评估认定指标体系，规范评估认定指标的使用方式、条件，增强评估认定工作的可操作性，方便基层经办人员操作执行。

二、农村最低生活保障家庭收入评估认定方法

农村最低生活保障家庭收入是指家庭在规定期限内获得的全部现金及实物收入，包括工资性收入、经营净收入、财产净收入、转移净收入以及其他应当计入家庭收入的项目。国家规定的优待抚恤金、计划生育奖励与扶助金、奖学金、见义勇为等奖励性补助，以及政府发放的各类社会救助款物等不计入家庭收入。中央确定的城乡居民基本养老保险基础养老金，"十三五"期间暂不计入家庭收入。

（一）工资性收入。工资性收入指就业人员通过各种途径得到的全部劳动报酬和各种福利并扣除必要的就业成本，包括因任职或者受雇而取得的工资、薪金、奖金、劳动分红、津贴、补贴以及与任职或者受雇有关的其他所得等。工资性收入参照劳动合同认定；没有劳动合同的，通过调查就业和劳动报酬、各种福利收入认定，或根据社会保险、个人所得税、住房公积金的缴纳情况推算；对于无法推算实际工资收入的灵活就业人员，原则上按户籍地最低工资标准计算其工资收入，申请人申报收入高于户籍地最低工资标准的，以申报收入为准。

（二）经营净收入。经营净收入指从事生产经营及有偿服务活动所获得全部经营收入扣除经营费用、生产性固定资产折旧和生产税之后得到的收入。包括从事种植、养殖、采集及加工等农林牧渔业的生产收入，从事工业、建

筑业、手工业、交通运输业、批发和零售贸易业、餐饮业、文教卫生业和社会服务业等经营及有偿服务活动的收入等。种植业收入以本地区同等作物的市场价格与实际产量推算；不能确定实际产量的，以当地去年同等作物平均产量推算。养殖业收入以本地区同等养殖品种市场价格与实际出栏数推算；不能确定实际出栏数的，以当地同行业去年平均产量推算。经营企业的，按照企业实际纯收入或实际缴纳税收基数综合认定；无法认定实际收入的，参考当地同行业、同规模企业平均收入和企业实际缴纳税收情况综合认定。其他情形按当地评估标准和方法推算。

（三）财产净收入。财产净收入指出让动产和不动产，或将动产和不动产交由其他机构、单位或个人使用并扣除相关费用之后得到的收入，包括储蓄存款利息、有价证券红利、储蓄性保险投资以及其他股息和红利等收入，集体财产收入分红和其他动产收入，以及转租承包土地经营权、出租或者出让房产以及其他不动产收入等。出让、租赁等收入，参照双方签订的相关合法有效合同计算；个人不能提供相关合同或合同确定的收益明显低于市场平均收益的，参照当地同类资产出让、租赁的平均价格推算。储蓄存款利息、有价证券红利、储蓄性保险投资以及其他股息和红利等按照金融机构提供的信息计算，集体财产收入分红按集体出具的分配记录计算。

（四）转移净收入。转移净收入指转移性收入扣减转移性支出之后的收入。其中，转移性收入指国家、机关企事业单位、社会组织对居民的各种经常性转移支付和居民之间的经常性收入转移，包括赡养（抚养、扶养）费、离退休金、失业保险金、遗属补助金、赔偿收入、接受捐赠（赠送）收入等；转移性支出指居民对国家、企事业单位、社会组织、居民的经常性转移支出，包括缴纳的税款、各项社会保障支出、赡养支出以及其他经常转移支出等。转移性收入和转移性支出有实际发生数额凭证的，以凭证数额计算；有协议、裁判文书的，按照法律文书所规定的数额计算。赡养（抚养、扶养）费收入原则上按赡养（抚养、扶养）法律文书所规定的数额计算；无法律文书规定的，按赡养（抚养、扶养）义务人收入扣除户籍地最低生活保障标准之后的一定比例推算；赡养（抚养、扶养）义务人属于特困人员、最低生活保障对象、未脱贫建档立卡贫困人口、低收入家庭成员的，在计算转移净收入时不计入该赡养（抚养、扶养）义务人的赡养（抚养、扶养）费。

三、农村最低生活保障家庭财产评估认定方法

农村最低生活保障家庭财产主要指农村最低生活保障家庭共同生活成员所拥有的不动产和动产情况。不动产主要包括家庭成员持有房屋、林木等定着物情况，按照不动产登记部门颁发的不动产产权证书的登记信息、相关购买信息和已在住房和城乡建设部门办理网签备案等信息认定。动产主要包括银行存款、证券、基金、商业保险、债权等金融资产以及市场主体、车辆等情况。银行存款按照最低生活保障家庭成员账户中的总金额认定，有条件的地方可参考一定时间内的账户流水情况综合评估；证券、基金等金融资产按照股票市值和资金账户余额或基金净值认定；商业保险按照保险合同约定的给付时间和现金价值认定；债权按照协议等文本信息认定。市场主体情况主要包括开办或投资企业、个体工商户、农民专业合作社等情况，按照市场监管部门登记信息确定。车辆主要包括机动车辆（不含残疾人功能性补偿代步机动车辆）、船舶、大型农机具等，按照公安、交通运输、农业等相关部门登记信息认定。对于维持家庭生产生活的必需财产，可以在认定时予以适当豁免。最低生活保障家庭财产的具体认定方法和豁免范围、标准等，由设区的市级以上地方人民政府确定。

四、农村最低生活保障家庭刚性支出评估认定方法

为做好脱贫攻坚兜底保障工作，确保 2020 年打赢脱贫攻坚战，各地要认真落实《国务院办公厅转发民政部等部门关于做好农村最低生活保障制度与扶贫开发政策有效衔接指导意见的通知》（国办发〔2016〕70 号）要求，根据地方实际情况，适当考虑最低生活保障家庭成员因残疾、患重病等增加的刚性支出因素，综合评估家庭贫困程度。具体核算范围和计算方法，由地方人民政府研究确定。

五、农村最低生活保障家庭经济状况评估认定辅助指标

有条件的地方可根据当地实际情况，探索通过辅助指标评估认定最低生

活保障家庭经济状况，作为评估该家庭是否存在隐瞒收入、财产状况的参考依据。辅助指标主要包括最低生活保障家庭用水、用电、燃气、通讯等日常生活费用大幅超出一般家庭平均费用，以及存在自费在高收费学校就读（入托、出国留学）、出国旅游等高消费情况。对于辅助指标超标或不合理且不能说明理由的，可作为家庭经济状况超出规定的判断依据。

六、工作要求

各地民政、统计部门要充分认识规范农村最低生活保障家庭经济状况评估认定工作在脱贫攻坚兜底保障中的重要意义，进一步提高政治站位，加大推进力度，切实抓紧抓好。民政部门要切实履行主管部门职责，研究制定具体实施办法，细化农村最低生活保障家庭收入、财产及辅助指标的认定方式、程序和标准。已经开展相关工作的地方，要进一步完善评估认定办法，优化工作流程，推进评估认定工作的规范化、精准化、便利化。统计调查部门要提供相关资料，配合完成农村最低生活保障家庭经济状况评估工作。要进一步加强社会救助家庭经济状况核对机制建设，逐步拓展核对信息数据项，精准核对农村最低生活保障家庭经济状况。要结合特困人员认定办法，参照本意见开展特困人员家庭收入、财产评估认定工作。要加大培训力度，准确解读政策，帮助基层经办人员提高业务能力和服务水平，推动工作落实。充分利用多种媒介宣传农村最低生活保障家庭经济状况评估认定的相关规定，及时做好最低生活保障家庭经济状况评估认定政策解释工作，协助困难群众便捷申请最低生活保障。

附件：农村最低生活保障家庭经济状况评估指标（略）

民政部　国家统计局
2019年12月19日

民政部办公厅关于进一步规范完善最低生活保障行政文书使用工作的通知

民办发〔2019〕10号

各省、自治区、直辖市民政厅（局），各计划单列市民政局，新疆生产建设兵团民政局：

为全面落实党中央、国务院关于深化"放管服"改革、转变政府职能的有关要求，使最低生活保障工作更加便民、高效，现就进一步规范完善最低生活保障行政文书（以下简称行政文书）使用工作通知如下：

一、充分认识规范完善最低生活保障行政文书的重要性

民政部门在受理、审核、审批最低生活保障申请过程中，制定、使用规范的最低生活保障行政文书是全面依法行政的必然要求，是落实《社会救助暂行办法》，加强最低生活保障规范管理、确保最低生活保障公开公平公正的基础，是民政领域贯彻落实国务院"放管服"改革要求的重要举措。规范完善最低生活保障行政文书使用，可以使最低生活保障经办服务更加便捷高效，减轻困难群众负担，促进最低生活保障行政行为的标准化、规范化。

近年来，各地根据《社会救助暂行办法》等法规政策要求，相继制定、使用了最低生活保障申请受理、审核审批、公开公示等环节的一系列行政文书，取得较好效果。但一些地方仍然存在行政文书内容不全，关键环节缺项漏项等问题；甚至少数地方尚未制定使用最低生活保障行政文书。最低生活保障行政文书缺失或不完整，容易造成最低生活保障管理不规范，导致责任不清、监管乏力，是滋生"关系保""人情保"的温床。各地要充分认识行政文书在最低生活保障规范管理中的重要性，高度重视最低生活保障行政文

书的制定、完善和使用工作，用行政文书的标准化推进最低生活保障工作的规范化。

二、进一步规范完善最低生活保障行政文书

各地要依据《社会救助暂行办法》、《最低生活保障审核审批办法》（试行）和当地最低生活保障法规政策规定，参考附件所列的行政文书（样表），进一步研究制定、补充完善符合当地实际、工作必需的最低生活保障行政文书。最低生活保障工作中行政文书不全、缺失的，要抓紧研究制定；现行最低生活保障行政文书不科学、不规范的，要尽快修改调整。对于法规政策要求必须具备的最低生活保障审批表、诚信声明及家庭经济状况核对委托授权书、家庭经济状况核对报告、入户调查表、审核审批公示单、不予批准决定书等行政文书，有条件的地方，可由省级民政部门统一制定。

各地要按照国务院"放管服"改革要求，以方便困难群众申请最低生活保障为基本原则，对于确需困难群众填写的最低生活保障申请表、诚信声明及委托授权书，在确保规范的前提下，要尽量简化表格内容，一次性告知、一次性填写，努力实现困难群众"最多跑一次"。深入推进"互联网＋救助"，积极推进最低生活保障网上申请、网上审核、网上审批，不断提高工作效率。进一步完善社会救助家庭经济状况核对机制，健全信息核对平台，加强信息共享，能通过部门间信息共享获取的证明材料、相关信息，不再要求困难群众重复提交，对于确需困难群众提交的证明材料，要在申请最低生活保障时及时告知。实行最低生活保障网上申请审核审批的地方，要同步完善最低生活保障信息管理系统内的行政文书，确保电子化行政文书合法、规范、标准。

三、全面应用最低生活保障行政文书

各地要将推行最低生活保障行政文书作为依法行政的重要举措，作为加强最低生活保障规范管理和农村低保专项治理的重要内容，指导、督促基层全面应用最低生活保障行政文书。对于《社会救助暂行办法》、《最低生活保障审核审批办法》（试行）规定的必须及时向申请人反馈的信息事项，要及时

向申请人提供行政文书,保障申请人的知情权。要按照最低生活保障档案管理的相关要求,依法依规对最低生活保障行政文书进行归档。加强对最低生活保障行政文书使用情况的监督指导,督促基层在最低生活保障工作中全面使用行政文书。民政部将把最低生活保障行政文书制定和使用情况,纳入困难群众救助绩效评价范围,加强监督检查。

附件:

1. 最低生活保障申请及授权书样表(略)
2. 申请家庭经济状况信息表样表(略)
3. 最低生活保障审核审批表样表(略)
4. 入户调查表样表(略)
5. 新增最低生活保障对象审核公示单样表(略)
6. 申请最低生活保障不予批准告知书样表(略)
7. 最低生活保障金调整(停发)告知书样表(略)
8. 审批公示单样表(略)
9. 城乡居民最低生活保障对象动态管理记录样表(略)

民政部办公厅

2019 年 4 月 6 日

民政部关于印发
《最低生活保障审核确认办法》的通知

民发〔2021〕57号

各省、自治区、直辖市民政厅（局），各计划单列市民政局，新疆生产建设兵团民政局：

为规范最低生活保障审核确认流程，确保低保制度公开、公平、公正实施，民政部制定了《最低生活保障审核确认办法》，已经2021年6月4日民政部部长办公会议审议通过，现印发给你们，请结合实际遵照执行。

民政部
2021年6月11日

最低生活保障审核确认办法

第一章 总 则

第一条 为规范最低生活保障审核确认工作，根据《社会救助暂行办法》《中共中央办公厅 国务院办公厅印发〈关于改革完善社会救助制度的意见〉的通知》及国家相关规定，制定本办法。

第二条 县级人民政府民政部门负责最低生活保障的审核确认工作，乡镇人民政府（街道办事处）负责最低生活保障的受理、初审工作。村（居）民委员会协助做好相关工作。

有条件的地方可按程序将最低生活保障审核确认权限下放至乡镇人民政

府（街道办事处），县级民政部门加强监督指导。

第三条 县级以上地方人民政府民政部门应当加强本辖区内最低生活保障审核确认工作的规范管理和相关服务，促进最低生活保障工作公开、公平、公正。

第二章 申请和受理

第四条 申请最低生活保障以家庭为单位，由申请家庭确定一名共同生活的家庭成员作为申请人，向户籍所在地乡镇人民政府（街道办事处）提出书面申请；实施网上申请受理的地方，可以通过互联网提出申请。

第五条 共同生活的家庭成员户籍所在地不在同一省（自治区、直辖市）的，可以由其中一个户籍所在地与经常居住地一致的家庭成员向其户籍所在地提出申请；共同生活的家庭成员户籍所在地与经常居住地均不一致的，可由任一家庭成员向其户籍所在地提出申请。最低生活保障审核确认、资金发放等工作由申请受理地县级人民政府民政部门和乡镇人民政府（街道办事处）负责，其他有关县级人民政府民政部门和乡镇人民政府（街道办事处）应当配合做好相关工作。

共同生活的家庭成员户籍所在地在同一省（自治区、直辖市）但不在同一县（市、区、旗）的，最低生活保障的申请受理、审核确认等工作按照各省（自治区、直辖市）有关规定执行。

有条件的地区可以有序推进持有居住证人员在居住地申办最低生活保障。

第六条 共同生活的家庭成员申请有困难的，可以委托村（居）民委员会或者其他人代为提出申请。委托申请的，应当办理相应委托手续。

乡镇人民政府（街道办事处）、村（居）民委员会在工作中发现困难家庭可能符合条件，但是未申请最低生活保障的，应当主动告知其共同生活的家庭成员相关政策。

第七条 共同生活的家庭成员包括：

（一）配偶；

（二）未成年子女；

（三）已成年但不能独立生活的子女，包括在校接受全日制本科及以下学历教育的子女；

（四）其他具有法定赡养、扶养、抚养义务关系并长期共同居住的人员。

下列人员不计入共同生活的家庭成员：

（一）连续三年以上（含三年）脱离家庭独立生活的宗教教职人员；

（二）在监狱内服刑、在戒毒所强制隔离戒毒或者宣告失踪人员；

（三）省级人民政府民政部门根据本条原则和有关程序认定的其他人员。

第八条　符合下列情形之一的人员，可以单独提出申请：

（一）最低生活保障边缘家庭中持有中华人民共和国残疾人证的一级、二级重度残疾人和三级智力残疾人、三级精神残疾人；

（二）最低生活保障边缘家庭中患有当地有关部门认定的重特大疾病的人员；

（三）脱离家庭、在宗教场所居住三年以上（含三年）的生活困难的宗教教职人员；

（四）县级以上人民政府民政部门规定的其他特殊困难人员。

最低生活保障边缘家庭一般指不符合最低生活保障条件，家庭人均收入低于当地最低生活保障标准1.5倍，且财产状况符合相关规定的家庭。

第九条　申请最低生活保障，共同生活的家庭成员应当履行以下义务：

（一）按规定提交相关申请材料；

（二）承诺所提供的信息真实、完整；

（三）履行授权核对其家庭经济状况的相关手续；

（四）积极配合开展家庭经济状况调查。

第十条　乡镇人民政府（街道办事处）应当对提交的材料进行审查，材料齐备的，予以受理；材料不齐备的，应当一次性告知补齐所有规定材料；可以通过国家或地方政务服务平台查询获取的相关材料，不再要求重复提交。

第十一条　对于已经受理的最低生活保障家庭申请，共同生活家庭成员与最低生活保障经办人员或者村（居）民委员会成员有近亲属关系的，乡镇人民政府（街道办事处）应当单独登记备案。

第三章　家庭经济状况调查

第十二条　家庭经济状况指共同生活家庭成员拥有的全部家庭收入和家庭财产。

第十三条　家庭收入指共同生活的家庭成员在规定期限内获得的全部现金及实物收入。主要包括：

（一）工资性收入。工资性收入指就业人员通过各种途径得到的全部劳动报酬和各种福利并扣除必要的就业成本，包括因任职或者受雇而取得的工资、薪金、奖金、劳动分红、津贴、补贴以及与任职或者受雇有关的其他所得等。

（二）经营净收入。经营净收入指从事生产经营及有偿服务活动所获得全部经营收入扣除经营费用、生产性固定资产折旧和生产税之后得到的收入。包括从事种植、养殖、采集及加工等农林牧渔业的生产收入，从事工业、建筑业、手工业、交通运输业、批发和零售贸易业、餐饮业、文教卫生业和社会服务业等经营及有偿服务活动的收入等。

（三）财产净收入。财产净收入指出让动产和不动产，或将动产和不动产交由其他机构、单位或个人使用并扣除相关费用之后得到的收入，包括储蓄存款利息、有价证券红利、储蓄性保险投资以及其他股息和红利等收入，集体财产收入分红和其他动产收入，以及转租承包土地经营权、出租或者出让房产以及其他不动产收入等。

（四）转移净收入。转移净收入指转移性收入扣减转移性支出之后的收入。其中，转移性收入指国家、机关企事业单位、社会组织对居民的各种经常性转移支付和居民之间的经常性收入转移，包括赡养（抚养、扶养）费、离退休金、失业保险金、遗属补助金、赔偿收入、接受捐赠（赠送）收入等；转移性支出指居民对国家、企事业单位、社会组织、居民的经常性转移支出，包括缴纳的税款、各项社会保障支出、赡养支出以及其他经常性转移支出等。

（五）其他应当计入家庭收入的项目。

下列收入不计入家庭收入：

（一）国家规定的优待抚恤金、计划生育奖励与扶助金、奖学金、见义勇为等奖励性补助；

（二）政府发放的各类社会救助款物；

（三）"十四五"期间，中央确定的城乡居民基本养老保险基础养老金；

（四）设区的市级以上地方人民政府规定的其他收入。

对于共同生活的家庭成员因残疾、患重病等增加的刚性支出、必要的就业成本等，在核算家庭收入时可按规定适当扣减。

第十四条　家庭财产指共同生活的家庭成员拥有的全部动产和不动产。动产主要包括银行存款、证券、基金、商业保险、债权、互联网金融资产以及车辆等。不动产主要包括房屋、林木等定着物。对于维持家庭生产生活的必需财产，可以在认定家庭财产状况时予以豁免。

第十五条　乡镇人民政府（街道办事处）应当自受理最低生活保障申请之日起3个工作日内，启动家庭经济状况调查工作。调查可以通过入户调查、邻里访问、信函索证或者提请县级人民政府民政部门开展家庭经济状况信息核对等方式进行。

共同生活家庭成员经常居住地与户籍所在地不一致的，经常居住地县级人民政府民政部门和乡镇人民政府（街道办事处）应当配合开展家庭经济状况调查、动态管理等相关工作。

第十六条　乡镇人民政府（街道办事处）可以在村（居）民委员会协助下，通过下列方式对申请家庭的经济状况和实际生活情况予以调查核实。每组调查人员不得少于2人。

（一）入户调查。调查人员到申请家庭中了解家庭收入、财产情况和吃、穿、住、用等实际生活情况。入户调查结束后，调查人员应当填写入户调查表，并由调查人员和在场的共同生活家庭成员分别签字。

（二）邻里访问。调查人员到申请家庭所在村（居）民委员会和社区，走访了解其家庭收入、财产和实际生活状况。

（三）信函索证。调查人员以信函等方式向相关单位和部门索取有关佐证材料。

（四）其他调查方式。

发生重大突发事件时，前款规定的入户调查、邻里访问程序可以采取电话、视频等非接触方式进行。

第十七条 县级人民政府民政部门应当在收到乡镇人民政府（街道办事处）对家庭经济状况进行信息核对提请后 3 个工作日内，启动信息核对程序，根据工作需要，依法依规查询共同生活家庭成员的户籍、纳税记录、社会保险缴纳、不动产登记、市场主体登记、住房公积金缴纳、车船登记，以及银行存款、商业保险、证券、互联网金融资产等信息。

县级人民政府民政部门可以根据当地实际情况，通过家庭用水、用电、燃气、通讯等日常生活费用支出，以及是否存在高收费学校就读（含入托、出国留学）、出国旅游等情况，对家庭经济状况进行辅助评估。

第十八条 经家庭经济状况信息核对，不符合条件的最低生活保障申请，乡镇人民政府（街道办事处）应当及时告知申请人。

申请人有异议的，应当提供相关佐证材料；乡镇人民政府（街道办事处）应当组织开展复查。

第四章 审核确认

第十九条 乡镇人民政府（街道办事处）应当根据家庭经济状况调查核实情况，提出初审意见，并在申请家庭所在村、社区进行公示。公示期为 7 天。公示期满无异议的，乡镇人民政府（街道办事处）应当及时将申请材料、家庭经济状况调查核实结果、初审意见等相关材料报送县级人民政府民政部门。

公示有异议的，乡镇人民政府（街道办事处）应当对申请家庭的经济状况重新组织调查或者开展民主评议。调查或者民主评议结束后，乡镇人民政府（街道办事处）应当重新提出初审意见，连同申请材料、家庭经济状况调查核实结果等相关材料报送县级人民政府民政部门。

第二十条 县级人民政府民政部门应当自收到乡镇人民政府（街道办事处）上报的申请材料、家庭经济状况调查核实结果和初审意见等材料后 10 个工作日内，提出审核确认意见。

对单独登记备案或者在审核确认阶段接到投诉、举报的最低生活保障申请，县级人民政府民政部门应当入户调查。

第二十一条 县级人民政府民政部门经审核，对符合条件的申请予以确认同意，同时确定救助金额，发放最低生活保障证或确认通知书，并从作出确认同意决定之日下月起发放最低生活保障金。对不符合条件的申请不予确认同意，并应当在作出决定3个工作日内，通过乡镇人民政府（街道办事处）书面告知申请人并说明理由。

第二十二条 最低生活保障审核确认工作应当自受理之日起30个工作日之内完成；特殊情况下，可以延长至45个工作日。

第二十三条 最低生活保障金可以按照审核确定的申请家庭人均收入与当地最低生活保障标准的实际差额计算；也可以根据申请家庭困难程度和人员情况，采取分档方式计算。

第二十四条 县级人民政府民政部门应当在最低生活保障家庭所在村、社区公布最低生活保障申请人姓名、家庭成员数量、保障金额等信息。

信息公布应当依法保护个人隐私，不得公开无关信息。

第二十五条 最低生活保障金原则上实行社会化发放，通过银行、信用社等代理金融机构，按月支付到最低生活保障家庭的账户。

第二十六条 乡镇人民政府（街道办事处）或者村（居）民委员会相关工作人员代为保管用于领取最低生活保障金的银行存折或银行卡的，应当与最低生活保障家庭成员签订书面协议并报县级人民政府民政部门备案。

第二十七条 对获得最低生活保障后生活仍有困难的老年人、未成年人、重度残疾人和重病患者，县级以上地方人民政府应当采取必要措施给予生活保障。

第二十八条 未经申请受理、家庭经济状况调查、审核确认等程序，不得将任何家庭或者个人直接纳入最低生活保障范围。

第五章 管理和监督

第二十九条 共同生活的家庭成员无正当理由拒不配合最低生活保障审核确认工作的，县级人民政府民政部门和乡镇人民政府（街道办事处）可以终止审核确认程序。

第三十条 最低生活保障家庭的人口状况、收入状况和财产状况发生变化的，应当及时告知乡镇人民政府（街道办事处）。

第三十一条 乡镇人民政府（街道办事处）应当对最低生活保障家庭的经济状况定期核查，并根据核查情况及时报县级人民政府民政部门办理最低生活保障金增发、减发、停发手续。

对短期内经济状况变化不大的最低生活保障家庭，乡镇人民政府（街道办事处）每年核查一次；对收入来源不固定、家庭成员有劳动能力的最低生活保障家庭，每半年核查一次。核查期内最低生活保障家庭的经济状况没有明显变化的，不再调整最低生活保障金额度。

发生重大突发事件时，前款规定的核查期限可以适当延长。

第三十二条 县级人民政府民政部门作出增发、减发、停发最低生活保障金决定，应当符合法定事由和规定程序；决定减发、停发最低生活保障金的，应当告知最低生活保障家庭成员并说明理由。

第三十三条 鼓励具备就业能力的最低生活保障家庭成员积极就业。对就业后家庭人均收入超过当地最低生活保障标准的最低生活保障家庭，县级人民政府民政部门可以给予一定时间的渐退期。

第三十四条 最低生活保障家庭中有就业能力但未就业的成员，应当接受人力资源社会保障等有关部门介绍的工作；无正当理由，连续3次拒绝接受介绍的与其健康状况、劳动能力等相适应的工作的，县级人民政府民政部门应当决定减发或者停发其本人的最低生活保障金。

第三十五条 县级以上人民政府民政部门应当加强对最低生活保障审核确认工作的监督检查，完善相关的监督检查制度。

第三十六条 县级以上地方人民政府民政部门和乡镇人民政府（街道办事处）应当公开社会救助服务热线，受理咨询、举报和投诉，接受社会和群众对最低生活保障审核确认工作的监督。

第三十七条 县级以上地方人民政府民政部门和乡镇人民政府（街道办事处）对接到的实名举报，应当逐一核查，并及时向举报人反馈核查处理结果。

第三十八条 申请或者已经获得最低生活保障的家庭成员对于民政部门作出的具体行政行为不服的，可以依法申请行政复议或者提起行政诉讼。

第三十九条 从事最低生活保障工作的人员存在滥用职权、玩忽职守、徇私舞弊、失职渎职等行为的，应当依法依规追究相关责任。对秉持公心、履职尽责但因客观原因出现失误偏差且能够及时纠正的，依法依规免于问责。

第六章 附 则

第四十条 省（自治区、直辖市）人民政府民政部门可以根据本办法，结合本地实际，制定实施细则，并报民政部备案。

第四十一条 本办法由民政部负责解释。

第四十二条 本办法自 2021 年 7 月 1 日起施行，2012 年 12 月 12 日民政部印发的《最低生活保障审核审批办法（试行）》（民发〔2012〕220 号）同时废止。

国务院关于进一步健全特困人员救助供养制度的意见

国发〔2016〕14号

各省、自治区、直辖市人民政府，国务院各部委、各直属机构：

保障城乡特困人员基本生活，是完善社会救助体系、编密织牢民生安全网的重要举措，是坚持共享发展、保障和改善民生的应有之义，也是打赢脱贫攻坚战、全面建成小康社会的必然要求。长期以来，在党和政府的高度重视下，我国先后建立起农村五保供养、城市"三无"人员救济和福利院供养制度，城乡特困人员基本生活得到了保障。2014年，国务院公布施行了《社会救助暂行办法》，将城乡"三无"人员保障制度统一为特困人员供养制度，我国城乡特困人员保障工作进入新的发展阶段。为解决城乡发展不平衡、相关政策不衔接、工作机制不健全、资金渠道不通畅、管理服务不规范等问题，切实保障特困人员基本生活，根据《社会救助暂行办法》《农村五保供养工作条例》，现就进一步健全特困人员救助供养制度提出以下意见。

一、总体要求和基本原则

（一）总体要求。

以党的十八大和十八届三中、四中、五中全会精神为指导，按照党中央、国务院决策部署，以解决城乡特困人员突出困难、满足城乡特困人员基本需求为目标，坚持政府主导，发挥社会力量作用，在全国建立起城乡统筹、政策衔接、运行规范、与经济社会发展水平相适应的特困人员救助供养制度，将符合条件的特困人员全部纳入救助供养范围，切实维护他们的基本生活权益。

（二）基本原则。

坚持托底供养。强化政府托底保障职责，为城乡特困人员提供基本生活、照料服务、疾病治疗和殡葬服务等方面保障，做到应救尽救、应养尽养。

坚持属地管理。县级以上地方人民政府统筹做好本行政区域内特困人员救助供养工作，分级管理，落实责任，强化管理服务和资金保障，为特困人员提供规范、适度的救助供养服务。

坚持城乡统筹。健全城乡特困人员救助供养工作管理体制，在政策目标、资金筹集、对象范围、供养标准、经办服务等方面实现城乡统筹，确保城乡特困人员都能获得救助供养服务。

坚持适度保障。立足经济社会发展水平，科学合理制定救助供养标准，加强与其他社会保障制度衔接，实现特困人员救助供养制度保基本、全覆盖、可持续。

坚持社会参与。鼓励、引导、支持社会力量通过承接政府购买服务、慈善捐赠以及提供志愿服务等方式，为特困人员提供服务和帮扶，形成全社会关心、支持、参与特困人员救助供养工作的良好氛围。

二、制度内容

（一）对象范围。

城乡老年人、残疾人以及未满16周岁的未成年人，同时具备以下条件的，应当依法纳入特困人员救助供养范围：

无劳动能力、无生活来源、无法定赡养抚养扶养义务人或者其法定义务人无履行义务能力。

具体认定办法由民政部负责制定。

（二）办理程序。

申请程序。申请特困人员救助供养，由本人向户籍所在地的乡镇人民政府（街道办事处）提出书面申请，按规定提交相关材料，书面说明劳动能力、生活来源以及赡养、抚养、扶养情况。本人申请有困难的，可以委托村（居）民委员会或者他人代为提出申请。

乡镇人民政府（街道办事处）以及村（居）民委员会应当及时了解掌握

辖区内居民的生活情况，发现符合特困人员救助供养条件的人员，应当告知其救助供养政策，对无民事行为能力等无法自主申请的，应当主动帮助其申请。

审核程序。乡镇人民政府（街道办事处）应当通过入户调查、邻里访问、信函索证、群众评议、信息核查等方式，对申请人的收入状况、财产状况以及其他证明材料等进行调查核实，于20个工作日内提出初审意见，在申请人所在村（社区）公示后，报县级人民政府民政部门审批。申请人及有关单位、组织或者个人应当配合调查，如实提供有关情况。

审批程序。县级人民政府民政部门应当全面审查乡镇人民政府（街道办事处）上报的调查材料和审核意见，并随机抽查核实，于20个工作日内作出审批决定。对符合条件的申请予以批准，并在申请人所在村（社区）公布；对不符合条件的申请不予批准，并书面向申请人说明理由。

终止程序。特困人员不再符合救助供养条件的，村（居）民委员会或者供养服务机构应当及时告知乡镇人民政府（街道办事处），由乡镇人民政府（街道办事处）审核并报县级人民政府民政部门核准后，终止救助供养并予以公示。

县级人民政府民政部门、乡镇人民政府（街道办事处）在工作中发现特困人员不再符合救助供养条件的，应当及时办理终止救助供养手续。特困人员中的未成年人，满16周岁后仍在接受义务教育或在普通高中、中等职业学校就读的，可继续享有救助供养待遇。

（三）救助供养内容。

特困人员救助供养主要包括以下内容：

提供基本生活条件。包括供给粮油、副食品、生活用燃料、服装、被褥等日常生活用品和零用钱。可以通过实物或者现金的方式予以保障。

对生活不能自理的给予照料。包括日常生活、住院期间的必要照料等基本服务。

提供疾病治疗。全额资助参加城乡居民基本医疗保险的个人缴费部分。医疗费用按照基本医疗保险、大病保险和医疗救助等医疗保障制度规定支付后仍有不足的，由救助供养经费予以支持。

办理丧葬事宜。特困人员死亡后的丧葬事宜，集中供养的由供养服务机构办理，分散供养的由乡镇人民政府（街道办事处）委托村（居）民委员会或者其亲属办理。丧葬费用从救助供养经费中支出。

对符合规定标准的住房困难的分散供养特困人员，通过配租公共租赁住房、发放住房租赁补贴、农村危房改造等方式给予住房救助。对在义务教育阶段就学的特困人员，给予教育救助；对在高中教育（含中等职业教育）、普通高等教育阶段就学的特困人员，根据实际情况给予适当教育救助。

（四）救助供养标准。

特困人员救助供养标准包括基本生活标准和照料护理标准。

基本生活标准应当满足特困人员基本生活所需。照料护理标准应当根据特困人员生活自理能力和服务需求分类制定，体现差异性。

特困人员救助供养标准由省、自治区、直辖市或者设区的市级人民政府综合考虑地区、城乡差异等因素确定、公布，并根据当地经济社会发展水平和物价变化情况适时调整。民政部、财政部要加强对特困人员救助供养标准制定工作的指导。

（五）救助供养形式。

特困人员救助供养形式分为在家分散供养和在当地的供养服务机构集中供养。具备生活自理能力的，鼓励其在家分散供养；完全或者部分丧失生活自理能力的，优先为其提供集中供养服务。

分散供养。对分散供养的特困人员，经本人同意，乡镇人民政府（街道办事处）可委托其亲友或村（居）民委员会、供养服务机构、社会组织、社会工作服务机构等提供日常看护、生活照料、住院陪护等服务。有条件的地方，可为分散供养的特困人员提供社区日间照料服务。

集中供养。对需要集中供养的特困人员，由县级人民政府民政部门按照便于管理的原则，就近安排到相应的供养服务机构；未满16周岁的，安置到儿童福利机构。

供养服务机构管理。供养服务机构应当依法办理法人登记，建立健全内部管理、安全管理和服务管理等制度，为特困人员提供日常生活照料、送医治疗等基本救助供养服务。有条件的经卫生计生行政部门批准可设立医务室或者护理站。供养服务机构应当根据服务对象人数和照料护理需求，按照一定比例配备工作人员，加强社会工作岗位开发设置，合理配备使用社会工作者。

三、保障措施

（一）加强组织领导。

各地要将特困人员救助供养工作列入政府重要议事日程，将供养服务机构建设纳入经济社会发展总体规划，强化其托底保障功能，进一步完善工作协调机制，切实担负起资金投入、工作条件保障和监督检查责任。民政部门要切实履行主管部门职责，发挥好统筹协调作用，重点加强特困人员救助供养工作日常管理、能力建设，推动相关标准体系完善和信息化建设，实行特困人员"一人一档案"，提升管理服务水平；加强对特困人员救助供养等社会救助工作的绩效评价，将结果送组织部门，作为对地方政府领导班子和有关领导干部综合考核评价的重要参考。卫生计生、教育、住房城乡建设、人力资源社会保障等其他社会救助管理部门要依据职责分工，积极配合民政部门做好特困人员救助供养相关工作，实现社会救助信息互联互通、资源共享，形成齐抓共管、整体推进的工作格局。发展改革部门要将特困人员救助供养纳入相关专项规划，支持供养服务设施建设。财政部门要做好相关资金保障工作。

（二）做好制度衔接。

各地要统筹做好特困人员救助供养制度与城乡居民基本养老保险、基本医疗保障、最低生活保障、孤儿基本生活保障、社会福利等制度的有效衔接。符合相关条件的特困人员，可同时享受城乡居民基本养老保险、基本医疗保险等社会保险和高龄津贴等社会福利待遇。纳入特困人员救助供养范围的，不再适用最低生活保障政策。纳入孤儿基本生活保障范围的，不再适用特困人员救助供养政策。纳入特困人员救助供养范围的残疾人，不再享受困难残疾人生活补贴和重度残疾人护理补贴。

（三）强化资金保障。

县级以上地方人民政府要将政府设立的供养服务机构运转费用、特困人员救助供养所需资金列入财政预算。省级人民政府要优化财政支出结构，统筹安排特困人员救助供养资金。中央财政给予适当补助，并重点向特困人员救助供养任务重、财政困难、工作成效突出的地区倾斜。有农村集体经营等收入的地方，可从中安排资金用于特困人员救助供养工作。各地要完善救助供养资金发放机制，确保资金及时足额发放到位。

（四）加强监督管理。

各地区、各有关部门要将特困人员救助供养制度落实情况作为督查督办的重点内容，定期组织开展专项检查。加强对特困人员救助供养资金管理使用情况的监督检查，严肃查处挤占、挪用、虚报、冒领等违纪违法行为。充分发挥社会监督作用，对公众和媒体发现揭露的问题，要及时查处并公布处理结果。完善责任追究制度，加大行政问责力度，对因责任不落实造成严重后果的单位和个人，要依纪依法追究责任。

（五）鼓励社会参与。

鼓励群众团体、公益慈善等社会组织、社会工作服务机构和企事业单位、志愿者等社会力量参与特困人员救助供养工作。鼓励运用政府和社会资本合作（PPP）模式，采取公建民营、民办公助等方式，支持供养服务机构建设。加大政府购买服务和项目支持力度，落实各项财政补贴、税收优惠和收费减免等政策，引导、激励公益慈善组织、社会工作服务机构，以及社会力量举办的养老、医疗等服务机构，为特困人员提供专业化个性化服务。

（六）加强政策宣传。

各地区、各有关部门要采用群众喜闻乐见的形式，大力宣传特困人员救助供养政策，不断提高社会知晓度，积极营造全社会关心关爱特困人员的良好氛围。

民政部、财政部要加强对本意见执行情况的监督检查，重大情况及时向国务院报告。国务院将适时组织专项督查。

国务院

2016年2月10日

民政部关于贯彻落实《国务院关于进一步健全特困人员救助供养制度的意见》的通知

民发〔2016〕115号

各省、自治区、直辖市民政厅（局），各计划单列市民政局，新疆生产建设兵团民政局：

国务院印发《关于进一步健全特困人员救助供养制度的意见》（国发〔2016〕14号，以下简称《意见》），对做好新形势下的特困人员救助供养工作做出了系统安排，为深入贯彻落实《意见》精神，现就有关事项通知如下：

一、充分认识贯彻落实《意见》的重大意义

特困人员没有劳动能力，没有生活来源，也没有法定赡养抚养扶养义务人或者其法定义务人无履行义务能力，是我国现阶段最困难、最脆弱的人群。为城乡特困人员提供制度化的基本生活保障和照料护理服务，是落实《社会救助暂行办法》的具体举措，是完善社会救助体系、编密织牢基本民生安全网的重要内容，对于坚持共享发展理念、保障和改善民生、如期实现全面建成小康社会奋斗目标具有十分重要的意义。

各级民政部门要结合贯彻落实党的十八届三中、四中、五中全会精神和习近平总书记系列重要讲话精神，站在保持党和人民群众血肉联系、发挥中国特色社会主义制度优势的高度，充分认识贯彻落实《意见》的重大意义，切实增强责任感、使命感和紧迫感。要全面理解、准确把握《意见》的基本精神和主要内容，将贯彻落实好《意见》精神作为打赢脱贫攻坚战的重要任务和举措抓紧抓好，坚持城乡统筹，强化托底保障，优化服务供给，落实精准救助，切实维护好城乡特困人员的基本生活权益。

二、全面把握贯彻落实《意见》的重点任务

各地要根据《意见》要求,结合实际,突出重点,抓紧完善相关配套政策,确保《意见》的有关规定落到实处。特困人员救助供养已经实现城乡统筹的地方,要按照《意见》要求,重点在标准制定、供养服务供给等方面进一步调整完善现有政策;尚未实现城乡统筹的地方,要抓紧健全制度、完善政策、理顺体制、建立机制,尽快部署实施城乡统一的特困人员救助供养制度。

(一)健全完善对象认定条件。各地要进一步细化特困人员"三无"认定条件,可根据申请人的年龄、残疾等级和罹患重病等情况,确定其有无劳动能力;根据申请人的收入是否足以维持其基本生活、财产状况及使用情况等,确定其有无生活来源;根据申请人的法定赡养抚养扶养义务人身体状况、家庭经济状况以及与申请人生活关联情况等,确定其是否具备赡养、抚养或扶养能力。客观评估特困人员生活自理能力。可按照直观、简便、易操作的原则,参照国际通行标准和《劳动能力鉴定 职工工伤与职业病致残等级》(GB/T 16180—2014)、《老年人能力评估》(MZ/T 039—2013)等有关标准,运用是否具备自主吃饭、穿衣、上下床、如厕、室内行走、洗澡能力等6项指标评估特困人员生活自理能力。6项都能自主完成的,可认定为具备生活自理能力;有1—3项不能自主完成的,可认定为部分丧失生活自理能力;有4项以上(含4项)不能自主完成的,可认定为完全丧失生活自理能力。各地要积极探索委托医疗卫生机构、第三方专业机构等开展特困人员生活自理能力评估。尊重基层首创精神,坚持从实际出发,认真总结以往工作实践中切实可行的特困人员认定做法,并及时上升为政策规定。民政部将在总结地方经验、做法的基础上,适时出台特困人员认定办法。

(二)科学制定救助供养标准。按照《意见》要求,特困人员救助供养标准包括基本生活标准和照料护理标准两部分。各地要按照"分类定标、差异服务"的思路,根据特困人员基本生活需求和照料护理需求,合理确定救助供养标准。基本生活标准应当满足特困人员基本生活所需,一般可参照上年度当地居民人均消费支出、人均可支配收入或低保标准的一定比例确定,

原则上应不低于当地低保标准的 1.3 倍。照料护理标准应当按照差异化服务原则，依据特困人员生活自理能力和服务需求分档制定，一般可分为三档，参照当地日常生活照料、养老机构护理费用或当地最低工资标准的一定比例确定。救助供养标准要与当地经济社会发展相适应，遵循托底、适度原则，适时调整。省级民政部门要加强对标准制定的统筹和指导，鼓励有条件的省份研究制定全省统一的救助供养标准或指导标准，逐步推进城乡统筹、区域统筹。

（三）落实审核审批主体责任。各地要进一步规范特困人员认定程序，强化审核、审批等关键环节的主体责任。县级人民政府民政部门要指导乡镇人民政府（街道办事处）做好特困人员救助供养申请的受理及调查核实工作，及时提出审核意见；指导乡镇人民政府（街道办事处）以及村（居）民委员会根据日常了解掌握的辖区内居民生活情况，对符合条件的居民做好政策宣讲，对无民事行为能力等无法自主申请的，主动帮助其提出申请。县级人民政府民政部门要全面审查调查材料及审核意见，随机抽查核实，及时作出审批决定，并建立特困人员救助供养档案。规范救助供养终止程序，对不再符合救助供养条件的特困人员，村（居）民委员会或供养服务机构应及时告知乡镇人民政府（街道办事处），按规定启动终止程序，经乡镇人民政府（街道办事处）审核、县级人民政府民政部门审批后，终止救助供养并予以公示。终止救助供养后，符合最低生活保障或其他社会救助条件的，要及时纳入相应救助范围，确保其基本生活有保障。

（四）优化救助供养形式。各地要结合本地区特困人员集中供养工作现状，按照《民政事业发展第十三个五年规划》关于特困人员集中供养的总体要求和目标任务，制定年度实施计划，分解有关量化指标，明确具体工作措施，确保完全或部分丧失生活自理能力的特困人员优先到供养服务机构集中供养，获得稳定的生活照料。鼓励和支持具备生活自理能力的特困人员在家分散供养，可委托其亲友或村（居）民委员会、供养服务机构、社会组织等提供日常看护、生活照料、住院陪护等服务，继续探索推进家庭托养、寄养和社会助养，确保其"平日有人照应、生病有人看护"。有条件的地方，可为分散供养的特困人员提供无偿或低偿的社区日间照料服务。特困人员救助供养金中的照料护理费用，可由县级人民政府民政部门统筹用于购买特困人员照料护理服务。集中供养的，统一用于供养服务机构照料护理开支；分散供养的，由乡镇人民政府（街道办事处）按照委托照料服务协议，用于支付服务费用。县级人民政府民政部门要规范委托服务行为，明确协议中服务项目、费用标准、责任追究等内容；要指导乡镇人民政府（街道办事处）与受托方签订照料服务协议，并加强对协议履行情况的监督，督促约定服务事项落实到位。支持、引导社会工作服务机构和专业社会工作者为特困人员提供困难帮扶、社会融入、心理疏导、资源链接、社会康复、权益维护等专业服务，积极构建物质资金帮扶与心理社会支持相结合、基本照料服务与专业化个性化服务相配套的供养模式。

（五）提升机构管理服务能力。各地要进一步明确政府设立的敬老院、福利院等供养服务机构的功能定位，强化为特困人员服务、满足特困人员集中供养需求的职责和义务，积极推动农村供养服务机构依法办理法人登记，充分发挥托底保障作用。要通过将供养服务机构建设纳入本地区"十三五"经济社会发展规划和社会养老服务体系建设等专项规划，加快推进农村特困人员供养服务机构建设改造和设施达标，重点加强对现有机构的改建、扩建和设施改造，使单张床位面积、无障碍设施改造、应急呼叫系统设置以及消防设备、安全监控系统等符合生活不能自理特困人员照料护理要求，不断提高机构托底保障能力。认真落实《意见》关于"根据服务对象人数和照料护理需求，按照一定比例配备工作人员"的要求，不断充实工作人员队伍，加强护理型服务人员配备，合理配备使用专业社会工作者。通过"引进来"、"送出去"、加强岗位培训等方式，吸引更多的专业人才投身特困人员供养服务，多渠道提升供养服务机构工作人员业务能力。建立健全供养服务机构建设和管理服务标准体系，以标准化建设促进供养服务机构服务能力和服务水平的提升。各省级民政部门要统筹规划本地区农村特困人员供养服务机构建设，增强其在老年人照料、护理方面的区域辐射功能，在满足特困人员集中供养需求的前提下，积极为农村其他低收入、高龄、独居和失能老年人提供养老服务。健全机构内部管理制度，研究制定特困人员照料服务标准，不断提高供养服务机构管理服务的规范化、标准化、专业化水平。鼓励采取公建民营、民办公助等方式,支持社会力量参与供养服务机构建设和运营。积极探索通过政府购买服务等方式向民办机构购买供养服务,满足特困人员多样化、个性化服务需求,统筹各方资源提高供养能力。

(六)加强资金保障和管理。各级民政部门要积极配合财政部门,按照属地管理原则,认真落实《意见》关于"县级以上地方人民政府要将政府设立的供养服务机构运转费用、特困人员救助供养所需资金列入财政预算"的要求,强化资金保障,根据特困人员救助供养标准做好资金需求测算,确保资金安排满足为特困人员提供基本生活保障和照料护理服务的需要。同时,积极拓宽资金筹集渠道,确保敬老院、福利院等供养服务机构正常运行。在分配中央下达的社会养老服务体系建设资金和各级彩票公益金时,要加大对农村特困人员供养服务机构投入力度,确保投入占比逐年提高。规范资金筹集、使用和管理,确保特困人员供养资金及时足额发放、机构运转费用落实到位。

三、认真做好贯彻落实《意见》的相关工作

(一)健全工作机制。各地要将特困人员救助供养工作列入政府重要议事日程,纳入本地区"十三五"经济社会发展规划,建立健全政府领导、民政牵头、部门配合、社会参与的工作机制。各级民政部门要切实履行主管部门职责,发挥好统筹协调作用,加强与财政、发展改革、卫生计生、教育、住房城乡建设、人力资源社会保障等部门的协调配合,形成工作合力。各级民政部门要加快健全和理顺特困人员救助供养工作管理体制,根据业务职能统一由内设社会救助部门归口管理,确保上下对口、高效联动。

(二)加强督促检查。各地要加强对《意见》落实和特困人员救助供养工作的督促检查,总结推广好的经验做法,及时研究解决存在的突出问题。加快建立特困人员救助供养工作绩效评价机制,加强目标考核,合理运用评价结果,推动工作落实。民政部将会同有关部门适时开展绩效评价和专项检查,并按要求将结果报送中央组织部,作为对省级政府领导班子和有关领导干部综合考核评价的重要参考。

(三)加强宣传培训。各地要结合学习贯彻《社会救助暂行办法》,组织开展业务培训,使各级社会救助工作人员、供养服务机构管理人员全面准确

掌握政策、吃透精神、领会要求，切实将特困人员救助供养政策落到实处。要利用城乡社区公共服务综合信息平台、信息宣传栏、宣传册等群众喜闻乐见的途径和形式，加强特困人员救助供养政策宣传，不断提高政策知晓度，使群众了解政策、求助有门。坚持正确的舆论导向，充分发挥供养服务机构"窗口"作用，大力宣传社会救助工作成效和在救助供养工作中涌现的先进人物、感动故事，凝聚人心，汇聚力量，营造全社会关爱特困人员、支持社会救助的良好氛围。

（四）开展摸底排查。各地要抓紧对现有农村五保对象、城市"三无"人员，以及其他符合救助供养条件的困难群众开展一次全面摸底排查，将符合条件的全部纳入救助供养范围，综合评估其生活自理能力，详细了解其集中供养意愿，对完全或者部分丧失生活自理能力的，优先为其提供集中供养服务，做到应救尽救、应养尽养。要按照"一人一档案"的要求，全面建立特困人员分类管理档案。

各地贯彻落实《意见》的有关情况和出台的政策文件、重要工作信息等，请及时报民政部。

民政部
2016 年 7 月 7 日

民政部关于加强分散供养特困人员
照料服务的通知

民发〔2019〕124号

各省、自治区、直辖市民政厅（局），新疆生产建设兵团民政局：

为认真学习贯彻习近平总书记关于民政工作的重要指示精神，深入贯彻落实《国务院关于进一步健全特困人员救助供养制度的意见》（国发〔2016〕14号），切实保障分散供养特困人员基本生活权益，现就加强分散供养特困人员照料服务有关事项通知如下。

一、充分认识加强分散供养特困人员照料服务的重要意义

加强分散供养特困人员照料服务，是解决特困人员操心事、烦心事、揪心事的重要举措，是弥补社会救助体系短板的迫切需要，是积极探索社会救助发展新路径的必然要求。各地要充分认识加强分散供养特困人员照料服务的重要性和紧迫性，进一步增强使命感和责任感，坚持以人民为中心的发展思想，聚焦脱贫攻坚，聚焦特殊群体，聚焦群众关切，以完善"物质类救助＋服务类救助"的社会救助兜底保障方式为方向，以满足分散供养特困人员照料服务需求为目标，以落实委托照料服务为重点，着力完善分散供养特困人员照料服务政策措施、标准规范和监管机制，不断提升服务质量，确保分散供养特困人员"平日有人照应、生病有人看护"。鼓励有条件的地方在做好分散供养特困人员照料服务的基础上，为低保、低收入家庭和建档立卡贫困家庭中的老年人、残疾人、重病患者等特殊群体提供委托照料服务，积极推动服务类社会救助发展，进一步增强困难群众的获得感、幸福感和安全感。

二、落实特困人员救助供养标准

各地要按照"分类定标、差异服务"的要求,在确保特困人员基本生活标准不低于当地低保标准1.3倍的基础上,大力推进照料护理标准的制定和落实。依据特困人员生活自理能力和服务需求制定照料护理标准,照料护理标准参照当地最低工资标准或日常生活照料费用、养老机构护理费用的一定比例,分为全护理、半护理、全自理三档。要按照委托照料服务协议,将分散供养特困人员照料护理费及时支付到照料服务人个人账户,或承担照料服务职责的供养服务机构、社会组织账户。扎实做好特困人员生活自理能力评估,及时组织复核评估,根据评估结果确定和调整生活自理能力认定类别及照料护理标准档次。

三、全面签订委托照料服务协议

县级人民政府民政部门要指导乡镇人民政府(街道办事处)为分散供养特困人员确定照料服务人,提供日常看护、生活照料等服务。确定照料服务人时,要在充分尊重分散供养特困人员本人意见的基础上,优先就近选择低保、低收入及建档立卡贫困家庭中具有劳动能力的人员。照料服务人应具备完全民事行为能力,供养服务机构、社会组织等也可以承担照料服务职责。要指导乡镇人民政府(街道办事处)与分散供养特困人员、照料服务人签订三方委托照料服务协议,明确各方权利义务和相关职责。无民事行为能力的分散供养特困人员,应当由其监护人代为签订。委托照料服务协议文本由县级以上人民政府民政部门统一制定,应包括特困人员和照料服务人基本信息、特困人员生活自理能力认定类别、照料服务内容、照料服务要求、照料服务权利义务以及违约责任、协议期限等内容。

四、明确委托照料服务内容

各地要进一步规范委托照料服务行为,指导乡镇人民政府(街道办事处)督促照料服务人认真履行委托照料服务协议,按照协议规定全面落实照料服务。对于生活能够自理特困人员,要重点协助其维护居所卫生、保持个人清洁、确保规律饮食；对于生活不能自理特困人员，要针对其具体情况，上门提供协助用餐、饮水、用药、穿（脱）衣、洗漱、洗澡、如厕等服务。特困人员需要就诊或住院的，照料服务人要及时报告乡镇人民政府（街道办事处），或者通过村（居）民委员会及时向乡镇人民政府（街道办事处）报告，协助将其送到定点医疗机构就医，并提供必要的看护服务。

五、强化照料服务资源链接

各地要加强委托照料服务与居家社区养老、扶残助残等服务的衔接，整合相关资源，创新服务方式，全面加强分散供养特困人员服务保障。要优先为分散供养特困人员提供无偿或低偿的社区日间照料服务，积极引导和支持养老机构、社会工作服务机构、志愿者等为分散供养特困人员提供个性化、专业化服务。鼓励有条件的地方，通过政府购买服务等方式，为分散供养特困人员提供助餐、助洁等居家服务。要配合做好家庭医生签约服务工作，对分散供养特困人员定期随访、记录病情，进行治疗康复等。积极协助有关部门落实医疗、住房、教育等救助政策，着力解决分散供养特困人员"三保障"问题。省级民政部门要加大对贫困地区照料服务工作的指导和支持力度，强化对分散供养特困人员的兜底保障，确保如期打赢脱贫攻坚战。

六、加强委托照料服务监督管理

各地要强化对委托照料服务的监管，指导乡镇人民政府（街道办事处）建立定期探访制度，及时了解分散供养特困人员实际生活状况和委托照料服务落实情况，对探访发现的问题和特困人员的服务诉求，要及时与照料服务人进行沟通，督促其及时改进；要深入了解分散供养特困人员集中供养需求，重点加强对高龄、重度残疾等生活不能自理特困人员的跟踪关注，有集中供养意愿的，及时纳入机构集中供养。积极鼓励未成年特困人员到儿童福利机构集中供养。要将关心关爱特困人员作为推进移风易俗、建设文明乡风的重要内容，纳入村规民约，激励和引导照料服务人大力弘扬孝老爱亲、扶弱助残的传统美德，为分散供养特困人员提供良好服务。要制定完善照料服务规范，建立以特困人员满意度调查、邻里评价等为主要方式的委托照料服务评价考核机制，定期对照料服务人开展评价考核。强化结果运用，对评价考核不合格的，要督促乡镇人民政府（街道办事处）及时解除委托照料服务协议，更换照料服务人。鼓励有条件的地方探索建立第三方评估机制，对委托照料服务实施全过程监督和评估。要充分发挥社会监督作用，认真处理相关投诉和建议，及时查处公众和媒体发现揭露的问题，严肃追究相关单位、人员责任。

各地要进一步提高政治站位，加强组织领导，结合开展"不忘初心、牢记使命"主题教育，切实抓好各项政策措施的落实落地。要强化资金保障，加强资金监管，确保救助供养资金及时足额发放，照料护理费用落实到位。充分考虑特困人员获取信息的特殊困难，采取多种方式加强政策宣传，不断提高政策知晓度。加强先进典型学习宣传，大力弘扬社会主义核心价值观，加快形成全社会关心关爱特困人员的良好氛围。

民政部
2019 年 12 月 11 日

民政部关于印发
《特困人员认定办法》的通知

民发〔2021〕43号

各省、自治区、直辖市民政厅（局），各计划单列市民政局，新疆生产建设兵团民政局：

新修订的《特困人员认定办法》已经2021年4月15日民政部第8次部长办公会议审议通过，现印发你们，请结合实际遵照执行。

民政部
2021年4月26日

特困人员认定办法

第一章 总 则

第一条 根据《社会救助暂行办法》《国务院关于进一步健全特困人员救助供养制度的意见》《中共中央办公厅 国务院办公厅印发〈关于改革完善社会救助制度的意见〉的通知》及国家相关规定，制定本办法。

第二条 特困人员认定工作应当遵循以下原则：

（一）应救尽救，应养尽养；

（二）属地管理，分级负责；

（三）严格规范，高效便民；

（四）公开、公平、公正。

第三条 县级以上地方人民政府民政部门统筹做好本行政区域内特困人员认定及救助供养工作。

县级人民政府民政部门负责特困人员认定的审核确认工作，乡镇人民政府（街道办事处）负责特困人员认定的受理、初审工作。村（居）民委员会协助做好相关工作。

第二章 认定条件

第四条 同时具备以下条件的老年人、残疾人和未成年人，应当依法纳入特困人员救助供养范围：

（一）无劳动能力；

（二）无生活来源；

（三）无法定赡养、抚养、扶养义务人或者其法定义务人无履行义务能力。

第五条 符合下列情形之一的，应当认定为本办法所称的无劳动能力：

（一）60周岁以上的老年人；

（二）未满16周岁的未成年人；

（三）残疾等级为一、二、三级的智力、精神残疾人，残疾等级为一、二级的肢体残疾人，残疾等级为一级的视力残疾人；

（四）省、自治区、直辖市人民政府规定的其他情形。

第六条 收入低于当地最低生活保障标准，且财产符合当地特困人员财产状况规定的，应当认定为本办法所称的无生活来源。

前款所称收入包括工资性收入、经营净收入、财产净收入、转移净收入等各类收入。中央确定的城乡居民基本养老保险基础养老金、基本医疗保险等社会保险和优待抚恤金、高龄津贴不计入在内。

第七条 特困人员财产状况认定标准由设区的市级以上地方人民政府民政部门制定，并报同级地方人民政府同意。

第八条 法定义务人符合下列情形之一的，应当认定为本办法所称的无履行义务能力：

（一）特困人员；

（二）60 周岁以上的最低生活保障对象；

（三）70 周岁以上的老年人，本人收入低于当地上年人均可支配收入，且其财产符合当地低收入家庭财产状况规定的；

（四）重度残疾人和残疾等级为三级的智力、精神残疾人，本人收入低于当地上年人均可支配收入，且其财产符合当地低收入家庭财产状况规定的；

（五）无民事行为能力、被宣告失踪或者在监狱服刑的人员，且其财产符合当地低收入家庭财产状况规定的；

（六）省、自治区、直辖市人民政府规定的其他情形。

第九条 同时符合特困人员救助供养条件和孤儿、事实无人抚养儿童认定条件的未成年人，选择申请纳入孤儿、事实无人抚养儿童基本生活保障范围的，不再认定为特困人员。

第三章 申请及受理

第十条 申请特困人员救助供养，应当由本人向户籍所在地乡镇人民政府（街道办事处）提出书面申请。本人申请有困难的，可以委托村（居）民委员会或者他人代为提出申请。

申请材料主要包括本人有效身份证明，劳动能力、生活来源、财产状况以及赡养、抚养、扶养情况的书面声明，承诺所提供信息真实、完整的承诺书，残疾人应当提供中华人民共和国残疾人证。

申请人及其法定义务人应当履行授权核查家庭经济状况的相关手续。

第十一条 乡镇人民政府（街道办事处）、村（居）民委员会应当及时了解掌握辖区内居民的生活情况，发现可能符合特困人员救助供养条件的，应当告知其救助供养政策，对因无民事行为能力或者限制民事行为能力等原因无法提出申请的，应当主动帮助其申请。

第十二条 乡镇人民政府（街道办事处）应当对申请人或者其代理人提交的材料进行审查，材料齐备的，予以受理；材料不齐备的，应当一次性告知申请人或者其代理人补齐所有规定材料。

第四章　审核确认

第十三条　乡镇人民政府（街道办事处）应当自受理申请之日起 15 个工作日内，通过入户调查、邻里访问、信函索证、信息核对等方式，对申请人的经济状况、实际生活状况以及赡养、抚养、扶养状况等进行调查核实，并提出初审意见。

申请人以及有关单位、组织或者个人应当配合调查，如实提供有关情况。村（居）民委员会应当协助乡镇人民政府（街道办事处）开展调查核实。

第十四条　调查核实过程中，乡镇人民政府（街道办事处）可视情组织民主评议，在村（居）民委员会协助下，对申请人书面声明内容的真实性、完整性及调查核实结果的客观性进行评议。

第十五条　乡镇人民政府（街道办事处）应当将初审意见及时在申请人所在村（社区）公示。公示期为 7 天。

公示期满无异议的，乡镇人民政府（街道办事处）应当将初审意见连同申请、调查核实等相关材料报送县级人民政府民政部门。对公示有异议的，乡镇人民政府（街道办事处）应当重新组织调查核实，在 15 个工作日内提出初审意见，并重新公示。

第十六条　县级人民政府民政部门应当全面审核乡镇人民政府（街道办事处）上报的申请材料、调查材料和初审意见，按照不低于 30% 的比例随机抽查核实，并在 15 个工作日内提出确认意见。

第十七条　对符合救助供养条件的申请，县级人民政府民政部门应当及时予以确认，建立救助供养档案，从确认之日下月起给予救助供养待遇，并通过乡镇人民政府（街道办事处）在申请人所在村（社区）公布。

第十八条　不符合条件、不予同意的，县级人民政府民政部门应当在作出决定 3 个工作日内，通过乡镇人民政府（街道办事处）书面告知申请人或者其代理人并说明理由。

第十九条　特困人员救助供养标准城乡不一致的地区，对于拥有承包土地或者参加农村集体经济收益分配的特困人员，一般给予农村特困人员救助供养待遇。实施易地扶贫搬迁至城镇地区的，给予城市特困人员救助供养待遇。

第五章 生活自理能力评估

第二十条 县级人民政府民政部门应当在乡镇人民政府（街道办事处）、村（居）民委员会协助下，对特困人员生活自理能力进行评估，并根据评估结果，确定特困人员应当享受的照料护理标准档次。

有条件的地方，可以委托第三方机构开展特困人员生活自理能力评估。

第二十一条 特困人员生活自理能力，一般依据以下6项指标综合评估：

（一）自主吃饭；

（二）自主穿衣；

（三）自主上下床；

（四）自主如厕；

（五）室内自主行走；

（六）自主洗澡。

第二十二条 根据本办法第二十一条规定内容，特困人员生活自理状况6项指标全部达到的，可以视为具备生活自理能力；有3项以下（含3项）指标不能达到的，可以视为部分丧失生活自理能力；有4项以上（含4项）指标不能达到的，可以视为完全丧失生活自理能力。

第二十三条 特困人员生活自理能力发生变化的，本人、照料服务人、村（居）民委员会或者供养服务机构应当通过乡镇人民政府（街道办事处）及时报告县级人民政府民政部门，县级人民政府民政部门应当自接到报告之日起10个工作日内组织复核评估，并根据评估结果及时调整特困人员生活自理能力认定类别。

第六章 终止救助供养

第二十四条 特困人员有下列情形之一的，应当及时终止救助供养：

（一）死亡或者被宣告死亡、被宣告失踪；

（二）具备或者恢复劳动能力；

（三）依法被判处刑罚，且在监狱服刑；

（四）收入和财产状况不再符合本办法第六条规定；

（五）法定义务人具有了履行义务能力或者新增具有履行义务能力的法定义务人；

（六）自愿申请退出救助供养。

特困人员中的未成年人，可继续享有救助供养待遇至18周岁；年满18周岁仍在接受义务教育或者在普通高中、中等职业学校就读的，可继续享有救助供养待遇。

第二十五条 特困人员不再符合救助供养条件的，本人、照料服务人、村（居）民委员会或者供养服务机构应当及时告知乡镇人民政府（街道办事处），由乡镇人民政府（街道办事处）调查核实并报县级人民政府民政部门核准。

县级人民政府民政部门、乡镇人民政府（街道办事处）在工作中发现特困人员不再符合救助供养条件的，应当及时办理终止救助供养手续。

第二十六条 对拟终止救助供养的特困人员，县级人民政府民政部门应当通过乡镇人民政府（街道办事处），在其所在村（社区）或者供养服务机构公示。公示期为7天。

公示期满无异议的，县级人民政府民政部门应当作出终止决定并从下月起终止救助供养。对公示有异议的，县级人民政府民政部门应当组织调查核实，在15个工作日内作出是否终止救助供养决定，并重新公示。对决定终止救助供养的，应当通过乡镇人民政府（街道办事处）将终止理由书面告知当事人、村（居）民委员会。

第二十七条 对终止救助供养的原特困人员，符合最低生活保障、临时救助等其他社会救助条件的，应当按规定及时纳入相应救助范围。

第七章 附 则

第二十八条 有条件的地方可将审核确认权限下放至乡镇人民政府（街道办事处），县级民政部门加强监督指导。

第二十九条 本办法自2021年7月1日起施行。2016年10月10日民政部印发的《特困人员认定办法》同时废止。

专项社会救助

民政部 财政部 人力资源社会保障部 国家卫生计生委 保监会 扶贫办等部门印发《关于进一步加强医疗救助与城乡居民大病保险有效衔接的通知》

民发〔2017〕12号

各省（自治区、直辖市）民政厅（局）、财政厅（局）、人力资源社会保障厅（局）、卫生计生委、扶贫办；各保监局；各计划单列市民政局、财政局、人力资源社会保障局、卫生计生委、扶贫办；新疆生产建设兵团民政局、财务局、人力资源社会保障局、卫生计生委、扶贫办：

医疗救助和城乡居民大病保险（以下简称大病保险）是我国多层次医疗保障体系的重要组成部分，发挥保障困难群众基本医疗权益的基础性作用。为进一步加强两项制度在对象范围、支付政策、经办服务、监督管理等方面的衔接，充分发挥制度效能，现就有关事项通知如下。

一、加强保障对象衔接

（一）做好资助困难群众参加基本医疗保险工作。各地要全面落实资助困难群众参保政策，确保其纳入基本医疗保险和大病保险范围。根据本地区医疗救助资金筹集情况、基本医疗保险缴费标准以及个人承担能力等明确资助额度，对于特困人员给予全额资助，对于低保对象、建档立卡贫困人口给予定额资助。对按规定纳入定额资助范围的人员，要做好参保动员工作，加大保费征缴力度，提高参保意愿，可由其先行全额缴纳参保费用，相关部门再将资助资金支付本人，确保人费对应、足额缴纳、及时参保。

（二）拓展重特大疾病医疗救助对象范围。各地要贯彻落实国务院办公厅转发民政部等五部门《关于进一步完善医疗救助制度全面开展重特大疾病医疗救助工作的意见》（国办发〔2015〕30号），对经大病保险报销后仍有困难的低保对象、特困人员、建档立卡贫困人口、低收入重度残疾人等困难群众（含低收入老年人、未成年人、重病患者）实施重特大疾病医疗救助，积极探索做好因病致贫家庭重病患者救助工作。省级民政部门要会同相关部门综合考虑家庭经济状况以及医疗费用支出、医疗保险支付情况等因素，完善低收入救助对象和因病致贫家庭重病患者的认定办法，指导市、县民政部门依托社会救助家庭经济状况核对机制，准确认定救助对象，及时落实救助政策。

二、加强支付政策衔接

（三）落实大病保险倾斜性支付政策。各地要统筹考虑大病保险筹资水平、当地人均可支配收入和低保标准等，制定大病保险向低保对象、特困人员、建档立卡贫困人口、低收入重度残疾人等困难群众（含低收入老年人、未成年人、重病患者）倾斜的具体办法，明确降低大病保险起付线、提高报销比例的量化要求，实施精准支付，提高困难群众受益水平。各省（自治区、直辖市）要根据大病患者需求、筹资能力等实际，合理确定大病保险合规医疗费用范围。要将对困难群众的倾斜照顾措施纳入大病保险实施方案，通过招投标等方式，与承办机构签订合同，确保部署实施。

（四）提高重特大疾病医疗救助水平。各地要合理调整医疗救助资金支出结构，稳步提高重特大疾病医疗救助资金支出占比。综合救助家庭经济状况、自负医疗费用、当地医疗救助筹资情况等因素，建立健全分类分段的梯度救助模式，科学设定救助比例和年度最高救助限额。重点救助对象救助水平要高于其他救助对象；同一类救助对象，个人自负费用数额越大，救助比例越高。积极拓展重特大疾病医疗救助费用报销范围，原则上经基本医疗保险、大病保险、各类补充保险等报销后个人负担的合规医疗费用，均计入救助基数。合规医疗费用范围应参照大病保险的相关规定确定，并做好与基本医疗保险按病种付费改革衔接。鼓励有条件的地方对困难群众合规医疗费用之外的自负费用按照一定比例给予救助，进一步提高大病保障水平。

（五）实行县级行政区域内困难群众住院先诊疗后付费。各地要针对低保对象、特困人员、建档立卡贫困人口、低收入重度残疾人等困难群众（含低收入老年人、未成年人、重病患者），全面实施县级行政区域内定点医疗机构住院先诊疗后付费改革。依托定点医疗机构服务窗口，实现基本医疗保险、大病保险、医疗救助的同步即时结算，困难群众出院时只需支付自负医疗费用。鼓励有条件的地方建立市级和省级行政区域内困难群众按规定分级转诊和异地就医先诊疗后付费的结算机制。

三、加强经办服务衔接

（六）规范医疗费用结算程序。各地要按照精准测算、无缝对接的工作原则和"保险在先、救助在后"的结算程序，准确核定结算基数，按规定结算相关费用，避免重复报销、超费用报销等情况。对于年度内单次或多次就医，费用均未达到大病保险起付线的，要在基本医疗保险报销后，按次及时结算医疗救助费用。对于单次就医经基本医疗保险报销后费用达到大病保险起付线的，应即时启动大病保险报销，并按规定对经基本医疗保险、大病保险支付后的剩余合规费用给予医疗救助。对于年度内多次就医经基本医疗保险报销后费用累计达到大病保险起付线的，要分别核算大病保险和医疗救助费用报销基数，其中大病保险应以基本医疗保险报销后超出大病保险起付线的费用作为报销基数；原则上，医疗救助以基本医疗保险、大病保险支付后的剩余多次累计个人自负合规总费用作为救助基数，对照医疗救助起付线和年度最高救助限额，分类分档核算救助额度，并扣减已按次支付的医疗救助费用。

（七）加强医疗保障信息共享。各地要加快推进基本医疗保险、大病保险、医疗救助"一站式"费用结算信息平台建设，努力实现资源协调、信息共享、结算同步。积极提升"一站式"信息平台管理服务水平，为困难群众跨地域看病就医费用结算提供便利。民政、扶贫等部门要加强与大病保险承办机构协作，及时、全面、准确提供救助对象信息，为"一站式"信息平台建设提供数据支撑。探索通过政府购买服务等方式，支持具备开展"一站式"结算条件的大病保险承办机构参与医疗救助经办服务。

四、加强监督管理衔接

（八）强化服务运行监管。各地各相关部门要做好医疗服务行为的质量监督和规范管理，防控不合理医疗行为和费用。人力资源社会保障、卫生计生、民政、财政、保险监管等部门要定期对基本医疗保险、大病保险、医疗救助经办（承办）机构的资金使用、管理服务等情况开展监督检查。保险监管部门要做好商业保险承办机构从业资格审查。商业保险机构承办大病保险要实行单独核算，严格资金管理，确保及时偿付、高效服务。

（九）做好绩效评价工作。各地要建立健全医疗救助工作绩效评价机制，将重特大疾病医疗救助开展情况纳入社会救助绩效评价体系，并将评价结果作为分配医疗救助补助资金的重要依据。对于工作推进缓慢、政策落实不到位的地区要进行重点督导，按规定予以通报批评。民政部将会同相关部门采取"两随机、一公开"、委托第三方等方式对各地工作开展情况实地抽查。

各地要以提高制度可及性、精准性以及群众满意度作为出发点和落脚点，抓紧制订本地区医疗救助和大病保险制度衔接的实施方案，进一步明确工作目标、主要任务、实施步骤和保障措施，确保制度稳健运行和可持续发展。要加大政策宣传力度，积极稳妥回应公众关切，合理引导社会预期，努力营造良好氛围。

民政部　财政部　人力资源社会保障部
国家卫生计生委　保监会　扶贫办
2017 年 1 月 16 日

国务院办公厅关于健全
重特大疾病医疗保险和救助制度的意见

国办发〔2021〕42号

各省、自治区、直辖市人民政府，国务院各部委、各直属机构：

做好重特大疾病医疗保障，是进一步减轻困难群众和大病患者医疗费用负担、防范因病致贫返贫、筑牢民生保障底线的重要举措。为深入贯彻党中央、国务院关于深化医疗保障制度改革和完善社会救助制度的决策部署，巩固拓展医疗保障脱贫攻坚成果，不断增强人民群众获得感、幸福感、安全感，经国务院同意，现就健全重特大疾病医疗保险和救助制度提出以下意见。

一、总体要求

以习近平新时代中国特色社会主义思想为指导，全面贯彻党的十九大和十九届二中、三中、四中、五中全会精神，坚持以人民为中心，坚持共同富裕方向，坚持应保尽保、保障基本，尽力而为、量力而行，推动民生改善更可持续。聚焦减轻困难群众重特大疾病医疗费用负担，建立健全防范和化解因病致贫返贫长效机制，强化基本医保、大病保险、医疗救助（以下统称三重制度）综合保障，实事求是确定困难群众医疗保障待遇标准，确保困难群众基本医疗有保障，不因罹患重特大疾病影响基本生活，同时避免过度保障。促进三重制度综合保障与慈善救助、商业健康保险等协同发展、有效衔接，构建政府主导、多方参与的多层次医疗保障体系。

二、科学确定医疗救助对象范围

（一）及时精准确定救助对象。医疗救助公平覆盖医疗费用负担较重的困难职工和城乡居民,根据救助对象类别实施分类救助。对低保对象、特困人员、低保边缘家庭成员和纳入监测范围的农村易返贫致贫人口,按规定给予救助。对不符合低保、特困人员救助供养或低保边缘家庭条件,但因高额医疗费用支出导致家庭基本生活出现严重困难的大病患者(以下称因病致贫重病患者),根据实际给予一定救助。综合考虑家庭经济状况、医疗费用支出、医疗保险支付等情况,由省(自治区、直辖市)民政部门会同医疗保障等相关部门合理确定因病致贫重病患者认定条件。县级以上地方人民政府规定的其他特殊困难人员,按上述救助对象类别给予相应救助。

三、强化三重制度综合保障

(二)确保困难群众应保尽保。困难群众依法参加基本医保,按规定享有三重制度保障权益。全面落实城乡居民基本医保参保财政补助政策,对个人缴费确有困难的群众给予分类资助。全额资助特困人员,定额资助低保对象、返贫致贫人口。定额资助标准由省级人民政府根据实际确定。适应人口流动和参保需求变化,灵活调整救助对象参保缴费方式,确保其及时参保、应保尽保。

(三)促进三重制度互补衔接。发挥基本医保主体保障功能,严格执行基本医保支付范围和标准,实施公平适度保障;增强大病保险减负功能,探索完善大病保险对低保对象、特困人员和返贫致贫人口的倾斜支付政策,发挥补充保障作用;夯实医疗救助托底保障功能,按照"先保险后救助"的原则,对基本医保、大病保险等支付后个人医疗费用负担仍然较重的救助对象按规定实施救助,合力防范因病致贫返贫风险。完善农村易返贫致贫人口医保帮扶措施,推动实现巩固拓展医疗保障脱贫攻坚成果同乡村振兴有效衔接。

四、夯实医疗救助托底保障

(四)明确救助费用保障范围。坚持保基本,妥善解决救助对象政策范围内基本医疗需求。救助费用主要覆盖救助对象在定点医药机构发生的住院费用、因慢性病需长期服药或患重特大疾病需长期门诊治疗的费用。由医疗救助基金支付的药品、医用耗材、诊疗项目原则上应符合国家有关基本医保支付范围的规定。基本医保、大病保险起付线以下的政策范围内个人自付费用，按规定纳入救助保障。除国家另有明确规定外，各统筹地区不得自行制定或用变通的方法擅自扩大医疗救助费用保障范围。

（五）合理确定基本救助水平。按救助对象家庭困难情况，分类设定年度救助起付标准（以下简称起付标准）。对低保对象、特困人员原则上取消起付标准，暂不具备条件的地区，其起付标准不得高于所在统筹地区上年居民人均可支配收入的5%，并逐步探索取消起付标准。低保边缘家庭成员起付标准按所在统筹地区上年居民人均可支配收入的10%左右确定，因病致贫重病患者按25%左右确定。对低保对象、特困人员符合规定的医疗费用可按不低于70%的比例救助，其他救助对象救助比例原则上略低于低保对象。具体救助比例的确定要适宜适度，防止泛福利化倾向。各统筹地区要根据经济社会发展水平、人民健康需求、医疗救助基金支撑能力，合理设定医疗救助年度救助限额。农村易返贫致贫人口救助水平，按巩固拓展医疗保障脱贫攻坚成果有效衔接乡村振兴战略有关政策规定执行。

（六）统筹完善托底保障措施。加强门诊慢性病、特殊疾病救助保障，门诊和住院救助共用年度救助限额，统筹资金使用，着力减轻救助对象门诊慢性病、特殊疾病医疗费用负担。对规范转诊且在省域内就医的救助对象，经三重制度综合保障后政策范围内个人负担仍然较重的，给予倾斜救助，具体救助标准由统筹地区人民政府根据医疗救助基金筹资情况科学确定，避免过度保障。通过明确诊疗方案、规范诊疗等措施降低医疗成本，合理控制困难群众政策范围内自付费用比例。

五、建立健全防范和化解因病致贫返贫长效机制

（七）强化高额医疗费用支出预警监测。实施医疗救助对象信息动态管理。分类健全因病致贫和因病返贫双预警机制，结合实际合理确定监测标准。重点监测经基本医保、大病保险等支付后个人年度医疗费用负担仍然较重的低保边缘家庭成员和农村易返贫致贫人口，做到及时预警。加强部门间信息共享和核查比对，协同做好风险研判和处置。加强对监测人群的动态管理，符合条件的及时纳入救助范围。

（八）依申请落实综合保障政策。全面建立依申请救助机制，畅通低保边缘家庭成员和农村易返贫致贫人口、因病致贫重病患者医疗救助申请渠道，增强救助时效性。已认定为低保对象、特困人员的，直接获得医疗救助。强化医疗救助、临时救助、慈善救助等综合性保障措施，精准实施分层分类帮扶。综合救助水平要根据家庭经济状况、个人实际费用负担情况合理确定。

六、积极引导慈善等社会力量参与救助保障

（九）发展壮大慈善救助。鼓励慈善组织和其他社会组织设立大病救助项目，发挥补充救助作用。促进互联网公开募捐信息平台发展和平台间慈善资源共享，规范互联网个人大病求助平台信息发布，推行阳光救助。支持医疗救助领域社会工作服务和志愿服务发展，丰富救助服务内容。根据经济社会发展水平和各方承受能力，探索建立罕见病用药保障机制，整合医疗保障、社会救助、慈善帮扶等资源，实施综合保障。建立慈善参与激励机制，落实相应税收优惠、费用减免等政策。

（十）鼓励医疗互助和商业健康保险发展。支持开展职工医疗互助，规范互联网平台互助，加强风险管控，引导医疗互助健康发展。支持商业健康保险发展，满足基本医疗保障以外的保障需求。鼓励商业保险机构加强产品创新，在产品定价、赔付条件、保障范围等方面对困难群众适当倾斜。

七、规范经办管理服务

（十一）加快推进一体化经办。细化完善救助服务事项清单，出台医疗救助经办管理服务规程，做好救助对象信息共享互认、资助参保、待遇给付等经办服务。推动基本医保和医疗救助服务融合，依托全国统一的医疗保障信息平台，依法依规加强数据归口管理。统一协议管理，强化定点医疗机构费用管控主体责任。统一基金监管，做好费用监控、稽查审核，保持打击欺诈骗保高压态势，对开展医疗救助服务的定点医疗机构实行重点监控，确保基金安全高效、合理使用。推动实行"一站式"服务、"一窗口"办理，提高结算服务便利性。

（十二）优化救助申请审核程序。简化申请、审核、救助金给付流程，低

保对象、特困人员直接纳入"一站式"结算,探索完善其他救助对象费用直接结算方式。加强部门工作协同,全面对接社会救助经办服务,按照职责分工做好困难群众医疗救助申请受理、分办转办及结果反馈。动员基层干部,依托基层医疗卫生机构,做好政策宣传和救助申请委托代办等,及时主动帮助困难群众。

(十三)提高综合服务管理水平。加强对救助对象就医行为的引导,推行基层首诊,规范转诊,促进合理就医。完善定点医疗机构医疗救助服务内容,提高服务质量,按规定做好基本医保和医疗救助费用结算。按照安全有效、经济适宜、救助基本的原则,引导医疗救助对象和定点医疗机构优先选择纳入基本医保支付范围的药品、医用耗材和诊疗项目,严控不合理费用支出。经基层首诊转诊的低保对象、特困人员在市域内定点医疗机构住院,实行"先诊疗后付费",全面免除其住院押金。做好异地安置和异地转诊救助对象登记备案、就医结算,按规定转诊的救助对象,执行户籍地所在统筹地区救助标准。未按规定转诊的救助对象,所发生的医疗费用原则上不纳入医疗救助范围。

八、强化组织保障

(十四)加强组织领导。强化党委领导、政府主导、部门协同、社会参与的重特大疾病保障工作机制。将困难群众重特大疾病医疗救助托底保障政策落实情况作为加强和改善民生的重要指标,纳入医疗救助工作绩效评价。各省(自治区、直辖市)要落实主体责任,细化政策措施,强化监督检查,确保政策落地、待遇落实、群众得实惠。要结合落实医疗保障待遇清单制度,制定出台细化措施,切实规范医疗救助保障范围,坚持基本保障标准,确保制度可持续发展。加强政策宣传解读,及时回应社会关切,营造良好舆论氛围。各地区政策实施情况及时报送国家医保局。

(十五)加强部门协同。建立健全部门协同机制,加强医疗保障、社会救助、医疗卫生制度政策及经办服务统筹协调。医疗保障部门要统筹推进医疗保险、医疗救助制度改革和管理工作,落实好医疗保障政策。民政部门要做好低保对象、特困人员、低保边缘家庭成员等救助对象认定工作,会同相关部门做好因病致贫重病患者认定和相关信息共享，支持慈善救助发展。财政部门要按规定做好资金支持。卫生健康部门要强化对医疗机构的行业管理，规范诊疗路径，促进分级诊疗。税务部门要做好基本医保保费征缴相关工作。银保监部门要加强对商业保险机构承办大病保险的行业监管，规范商业健康保险发展。乡村振兴部门要做好农村易返贫致贫人口监测和信息共享。工会要做好职工医疗互助和罹患大病困难职工帮扶。

（十六）加强基金预算管理。在确保医疗救助基金安全运行基础上，统筹协调基金预算和政策制定，落实医疗救助投入保障责任。拓宽筹资渠道，动员社会力量，通过慈善和社会捐助等多渠道筹集资金，统筹医疗救助资金使用。加强预算执行监督，全面实施预算绩效管理。促进医疗救助统筹层次与基本医保统筹层次相协调，提高救助资金使用效率。

（十七）加强基层能力建设。加强基层医疗保障经办队伍建设，统筹医疗保障公共服务需求和服务能力配置，做好相应保障。积极引入社会力量参与经办服务，大力推动医疗救助经办服务下沉，重点提升信息化和经办服务水平。加强医疗救助政策和业务能力培训，努力打造综合素质高、工作作风好、业务能力强的基层经办队伍。

国务院办公厅

2021 年 10 月 28 日

急难社会救助

国务院关于全面建立临时救助制度的通知

国发〔2014〕47号

各省、自治区、直辖市人民政府，国务院各部委、各直属机构：

为贯彻落实党的十八大和十八届二中、三中全会精神，进一步发挥社会救助托底线、救急难作用，解决城乡困难群众突发性、紧迫性、临时性生活困难，根据《社会救助暂行办法》有关规定，国务院决定全面建立临时救助制度。现就有关问题通知如下：

一、充分认识全面建立临时救助制度的重要意义

党和政府高度重视社会救助工作。多年来，以最低生活保障、特困人员供养、受灾人员救助等基本生活救助和医疗、教育、住房、就业等专项救助制度为支撑的社会救助体系基本建立，绝大多数困难群众得到了及时、有效的救助。同时，社会救助体系仍存在"短板"，解决一些遭遇突发性、紧迫性、临时性生活困难的群众救助问题仍缺乏相应的制度安排，迫切需要全面建立临时救助制度，发挥救急难功能，使城乡困难群众基本生活都能得到有效保障，兜住底线。

建立临时救助制度是填补社会救助体系空白，提升社会救助综合效益，确保社会救助安全网网底不破的必然要求，对于全面深化改革、促进社会公平正义、全面建成小康社会具有重要意义。各地区、各部门要充分认识建立临时救助制度的重要性和紧迫性，增强使命感和责任感，将其作为加强和改善民生的一项重要任务，全面落实，扎实推进。

二、明确建立临时救助制度的目标任务和总体要求

临时救助制度要以解决城乡群众突发性、紧迫性、临时性基本生活困难

问题为目标,通过完善政策措施,健全工作机制,强化责任落实,鼓励社会参与,增强救助时效,补"短板"、扫"盲区",编实织密困难群众基本生活安全网,切实保障困难群众基本生活权益。

临时救助制度实行地方各级人民政府负责制。县级以上地方人民政府民政部门要统筹做好本行政区域内的临时救助工作,卫生计生、教育、住房城乡建设、人力资源社会保障、财政等部门要主动配合,密切协作。

国务院民政部门统筹全国临时救助制度建设。国务院民政、卫生计生、教育、住房城乡建设、人力资源社会保障、财政等部门,按照各自职责做好相关工作。

临时救助工作要坚持应救尽救,确保有困难的群众都能求助有门,并按规定得到及时救助;坚持适度救助,着眼于解决基本生活困难、摆脱临时困境,既要尽力而为,又要量力而行;坚持公开公正,做到政策公开、过程透明、结果公正;坚持制度衔接,加强各项救助、保障制度的衔接配合,形成整体合力;坚持资源统筹,政府救助、社会帮扶、家庭自救有机结合。

三、临时救助制度的主要内容

临时救助是国家对遭遇突发事件、意外伤害、重大疾病或其他特殊原因导致基本生活陷入困境,其他社会救助制度暂时无法覆盖或救助之后基本生活暂时仍有严重困难的家庭或个人给予的应急性、过渡性的救助。

(一)对象范围。

家庭对象。因火灾、交通事故等意外事件,家庭成员突发重大疾病等原因,导致基本生活暂时出现严重困难的家庭;因生活必需支出突然增加超出家庭承受能力,导致基本生活暂时出现严重困难的最低生活保障家庭;遭遇其他特殊困难的家庭。

个人对象。因遭遇火灾、交通事故、突发重大疾病或其他特殊困难,暂时无法得到家庭支持,导致基本生活陷入困境的个人。其中,符合生活无着的流浪、乞讨人员救助条件的,由县级人民政府按有关规定提供临时食宿、急病救治、协助返回等救助。

因自然灾害、事故灾难、公共卫生、社会安全等突发公共事件,需要开展紧急转移安置和基本生活救助，以及属于疾病应急救助范围的，按照有关规定执行。

县级以上地方人民政府应当根据当地实际，制定具体的临时救助对象认定办法，规定意外事件、突发重大疾病、生活必需支出突然增加以及其他特殊困难的类型和范围。

（二）申请受理。

依申请受理。凡认为符合救助条件的城乡居民家庭或个人均可以向所在地乡镇人民政府（街道办事处）提出临时救助申请；受申请人委托，村（居）民委员会或其他单位、个人可以代为提出临时救助申请。对于具有本地户籍、持有当地居住证的，由当地乡镇人民政府（街道办事处）受理；对于上述情形以外的，当地乡镇人民政府（街道办事处）应当协助其向县级人民政府设立的救助管理机构（即救助管理站、未成年人救助保护中心等）申请救助；当地县级人民政府没有设立救助管理机构的，乡镇人民政府（街道办事处）应当协助其向县级人民政府民政部门申请救助。申请临时救助，应按规定提交相关证明材料，无正当理由，乡镇人民政府（街道办事处）不得拒绝受理；因情况紧急无法在申请时提供相关证明材料的，乡镇人民政府（街道办事处）可先行受理。

主动发现受理。乡镇人民政府（街道办事处）、村（居）民委员会要及时核实辖区居民遭遇突发事件、意外事故、罹患重病等特殊情况，帮助有困难的家庭或个人提出救助申请。公安、城管等部门在执法中发现身处困境的未成年人、精神病人等无民事行为能力人或限制民事行为能力人，以及失去主动求助能力的危重病人等，应主动采取必要措施，帮助其脱离困境。乡镇人民政府（街道办事处）或县级人民政府民政部门、救助管理机构在发现或接到有关部门、社会组织、公民个人报告救助线索后，应主动核查情况，对于其中符合临时救助条件的，应协助其申请救助并受理。

（三）审核审批。

一般程序。乡镇人民政府（街道办事处）应当在村（居）民委员会协助下，对临时救助申请人的家庭经济状况、人口状况、遭遇困难类型等逐一调查，视情组织民主评议，提出审核意见，并在申请人所居住的村（居）民委员会张榜公示后，报县级人民政府民政部门审批。对申请临时救助的非本地户籍居民，户籍所在地县级人民政府民政部门应配合做好有关审核工作。县级人民政府民政部门根据乡镇人民政府（街道办事处）提交的审核意见作出审批决定。救助金额较小的，县级人民政府民政部门可以委托乡镇人民政府（街道办事处）审批，但应报县级人民政府民政部门备案。对符合条件的，应及时予以批准；不符合条件不予批准，并书面向申请人说明理由。申请人以同一事由重复申请临时救助，无正当理由的，不予救助。对于不持有当地居住证的非本地户籍人员，县级人民政府民政部门、救助管理机构可以按生活无着人员救助管理有关规定审核审批，提供救助。

紧急程序。对于情况紧急、需立即采取措施以防止造成无法挽回的损失或无法改变的严重后果的，乡镇人民政府（街道办事处）、县级人民政府民政部门应先行救助。紧急情况解除之后，应按规定补齐审核审批手续。

（四）救助方式。

对符合条件的救助对象，可采取以下救助方式：

发放临时救助金。各地要全面推行临时救助金社会化发放，按照财政国库管理制度将临时救助金直接支付到救助对象个人账户，确保救助金足额、及时发放到位。必要时，可直接发放现金。

发放实物。根据临时救助标准和救助对象基本生活需要，可采取发放衣物、食品、饮用水，提供临时住所等方式予以救助。对于采取实物发放形式的，除紧急情况外，要严格按照政府采购制度的有关规定执行。

提供转介服务。对给予临时救助金、实物救助后，仍不能解决临时救助对象困难的，可分情况提供转介服务。对符合最低生活保障或医疗、教育、住房、就业等专项救助条件的，要协助其申请；对需要公益慈善组织、社会工作服务机构等通过慈善项目、发动社会募捐、提供专业服务、志愿服务等形式给予帮扶的，要及时转介。

（五）救助标准。

临时救助标准要与当地经济社会发展水平相适应。县级以上地方人民政府要根据救助对象困难类型、困难程度，统筹考虑其他社会救助制度保障水平，合理确定临时救助标准，并适时调整。临时救助标准应向社会公布。省级人民政府要加强对本行政区域内临时救助标准制定的统筹,推动形成相对统一的区域临时救助标准。

四、建立健全临时救助工作机制

(一)建立"一门受理、协同办理"机制。

各地要建立"一门受理、协同办理"机制,依托乡镇人民政府(街道办事处)政务大厅、办事大厅等,设立统一的社会救助申请受理窗口,方便群众求助。要根据部门职责建立受理、分办、转办、结果反馈流程,明确办理时限和要求,跟踪办理结果,将有关情况及时告知求助对象。要建立社会救助热线,畅通求助、报告渠道。

(二)加快建立社会救助信息共享机制。

各级政府要建立社会救助管理部门之间的信息共享机制,充分利用已有资源,加快建设社会救助管理信息系统,实现民政与卫生计生、教育、住房城乡建设、人力资源社会保障等部门的信息共享。要依法完善跨部门、多层次、信息共享的救助申请家庭经济状况核对机制,提高审核甄别能力。要建立救助对象需求与公益慈善组织、社会工作服务机构的救助资源对接机制,实现政府救助与社会帮扶的有机结合,做到因情施救、各有侧重、相互补充。

(三)建立健全社会力量参与机制。

要充分发挥群众团体、社会组织尤其是公益慈善组织、社会工作服务机构和企事业单位、志愿者队伍等社会力量资源丰富、方法灵活、形式多样的特点,通过委托、承包、采购等方式向社会力量购买服务,鼓励、支持其参与临时救助。要动员、引导具有影响力的公益慈善组织、大中型企业等设立专项公益基金,在民政部门的统筹协调下有序开展临时救助。

公益慈善组织、社会工作服务机构、企事业单位、志愿者队伍等社会力量可以利用自身优势,在对象发现、专业服务、发动社会募捐等方面发挥积极作用。社会力量参与社会救助的,按照国家有关规定享受财政补贴、税收优惠、费用减免等政策。

(四)不断完善临时救助资金筹集机制。

地方各级人民政府要将临时救助资金列入财政预算;省级人民政府要优

化财政支出结构,切实加大临时救助资金投入;城乡居民最低生活保障资金有结余的地方,可安排部分资金用于最低生活保障对象的临时救助支出。中央财政对地方实施临时救助制度给予适当补助,重点向救助任务重、财政困难、工作成效突出的地区倾斜。

五、强化临时救助制度实施的保障措施

(一)加强组织领导。地方各级人民政府要按照属地原则,将建立完善临时救助制度列入重要议事日程,抓紧完善配套政策措施,确保 2014 年底前全面实施临时救助制度。要进一步建立健全政府领导、民政部门牵头、有关部门配合、社会力量参与的社会救助工作协调机制,及时研究解决工作中遇到的问题。要将临时救助等社会救助工作列入地方领导班子和领导干部政绩考核评价指标体系,并合理确定权重;考核结果纳入政府领导班子和相关领导干部综合考核评价的重要内容,作为干部选拔任用、管理监督的重要依据。民政部门要切实履行主管部门职责,发挥好统筹协调作用;财政部门要加强资金保障,提高资金使用效益;其他有关部门要各司其职,积极配合,形成齐抓共管、整体推进的工作格局。

(二)加强能力建设。省级人民政府要切实加强临时救助能力建设,统筹考虑常住人口、最低生活保障对象和特困供养人员数量等因素,制定落实基层社会救助职责的具体办法和措施。地方各级人民政府要结合本地实际全面落实临时救助制度要求,科学整合县(市、区)、乡镇人民政府(街道办事处)管理机构及人力资源,充实加强基层临时救助工作力量,确保事有人管、责有人负。要积极研究制定政府购买服务的具体办法,充分利用市场机制,加强基层临时救助能力建设。要充分发挥社区居民委员会和村民委员会的作用,协助做好困难排查、信息报送、宣传引导、公示监督等工作。要加强人员培训,不断提高临时救助管理服务水平。要加强经费保障,将临时救助所需工作经费纳入社会救助工作经费统筹考虑,列入地方各级财政预算。

(三)加强监督管理。县级以上地方人民政府要切实担负起临时救助政策制定、资金投入、工作保障和监督管理责任,乡镇人民政府(街道办事处)要切实履行临时救助受理、审核等职责,民政部门要会同卫生计生、教育、住房城乡建设、人力资源社会保障等部门，按照"一门受理、协同办理"的工作要求，明确各业务环节的经办主体责任，强化责任落实，确保困难群众求助有门、受助及时。民政、财政部门要会同有关部门将临时救助制度落实情况作为督查督办的重点内容，定期组织开展专项检查。财政、审计、监察部门要加强对临时救助资金管理使用情况的监督检查，防止挤占、挪用、套取等违纪违法现象发生。对于出具虚假证明材料骗取救助的单位和个人，要在社会信用体系中予以记录。临时救助实施情况要定期向社会公开，充分发挥社会监督作用，对于公众和媒体发现揭露的问题，应及时查处并公布处理结果。要完善临时救助责任追究制度，明确细化责任追究对象、方式和程序，加大行政问责力度，对因责任不落实、相互推诿、处置不及时等造成严重后果的单位和个人，要依纪依法追究责任。

（四）加强政策宣传。各地要组织好临时救助政策宣传，充分利用报刊、广播、电视等媒体和互联网，以及公共查阅室、资料索取点、信息宣传栏、宣传册、明白纸等群众喜闻乐见的途径和形式，不断加大政策宣传普及力度，使临时救助政策家喻户晓、人人皆知。要加强舆论引导，从政府作用、个人权利、家庭责任、社会参与等方面，多角度宣传临时救助的功能定位和制度特点，引导社会公众理解、支持临时救助工作，营造良好社会舆论氛围，弘扬中华民族团结友爱、互助共济的传统美德。

国家选择有特点、有代表性的区域进行"救急难"工作综合试点，在体制机制、服务方式、信息共享、财政税费等方面进行探索创新，先行先试，为不断完善临时救助制度，全面开展"救急难"工作提供经验。省级人民政府要根据本通知要求，结合实际，抓紧制定配套落实政策，国务院相关部门要根据本部门职责，抓紧制定具体政策措施。民政部、财政部要加强对本通知执行情况的监督检查，及时向国务院报告。国务院将适时组织专项督查。

国务院

2014 年 10 月 3 日

民政部 财政部
关于进一步加强和改进临时救助工作的意见

民发〔2018〕23号

各省、自治区、直辖市民政厅（局）、财政厅（局），新疆生产建设兵团民政局、财务局：

临时救助是社会救助体系的重要组成部分，是保障困难群众基本生活权益的托底性制度安排。近年来，各级民政、财政部门认真贯彻党中央、国务院决策部署，按照《国务院关于全面建立临时救助制度的通知》（国发〔2014〕47号）要求，全面推进临时救助制度建立和实施，较好地化解了城乡居民突发性、紧迫性、临时性基本生活困难，在兜住民生底线、开展救急解难等方面发挥了重要作用。但一些地区还不同程度存在救助时效性不强、救助水平偏低、制度效能发挥不充分、工作保障不到位等问题。为贯彻落实国务院常务会议精神，进一步加强和改进临时救助工作，切实保障好困难群众基本生活，现提出以下意见。

一、明确总体要求

全面贯彻落实党的十九大精神，以习近平新时代中国特色社会主义思想为指导，坚持以人民为中心的发展思想，以有效解决城乡群众突发性、紧迫性、临时性基本生活困难为目标，以充分发挥临时救助制度效能为主线，落实"兜底线、织密网、建机制"工作要求，坚持托底、高效、衔接，进一步完善政策措施，健全工作机制，强化责任落实，加强工作保障，加快形成救助及时、标准科学、方式多样、管理规范的临时救助工作格局，筑牢社会救助体系的最后一道防线，切实维护人民群众基本生活权益。

二、完善政策措施

（一）细化明确对象范围和类别。根据困难情形，临时救助对象可分为急难型救助对象和支出型救助对象。急难型救助对象主要包括因火灾、交通事故等意外事件，家庭成员突发重大疾病及遭遇其他特殊困难等原因，导致基本生活暂时出现严重困难、需要立即采取救助措施的家庭和个人；支出型救助对象主要包括因教育、医疗等生活必需支出突然增加超出家庭承受能力，导致基本生活一定时期内出现严重困难的家庭，原则上其家庭人均可支配收入应低于当地上年度人均可支配收入，且家庭财产状况符合当地有关规定。对急难型救助对象，要进一步明确意外事件、突发重大疾病以及其他特殊困难的类型、范围和程度；对支出型救助对象，要进一步明确生活必需支出的范围和救助对象财产状况认定标准。各地要结合本地实际，制定和完善临时救助对象认定的具体办法。

（二）优化审核审批程序。各地要针对不同的救助类型，优化规范临时救助审核审批程序。对于急难型临时救助，要注重提高救助时效性，进一步简化审核审批程序，积极开展"先行救助"，乡镇人民政府（街道办事处）、县级人民政府民政部门可根据救助对象急难情形，简化申请人家庭经济状况核对、民主评议和公示等环节，直接予以救助，并在急难情况缓解后，登记救助对象、救助事由、救助金额等信息，补齐经办人员签字、盖章手续；对于支出型临时救助，要严格执行申请、受理、审核、审批程序，规范各个环节工作要求。对申请对象中的最低生活保障家庭及其成员、特困人员，重点核实其生活必需支出情况。要全面落实县级人民政府民政部门委托乡镇人民政府（街道办事处）开展临时救助审批的规定，合理设定并逐步提高乡镇（街道）临时救助金审批额度。

（三）科学制定救助标准。各地要立足当地经济社会发展水平，依据分类分档原则制定临时救助标准。根据救助对象不同的困难情形，确定救助类型；同一类型救助对象根据不同的困难程度，确定救助档次，构建科学合理的临时救助标准体系。临时救助标准可与当地最低生活保障标准挂钩，根据救助对象的家庭人口、困难类型、困难程度和困难持续时间等因素，分类细化救助标准。对于重大生活困难，临时救助标准可采取一事一议方式，根据具体情形分类分档设定，适当提高救助额度。省级民政、财政部门要加强对临时救助标准制定的指导和统筹，推动形成相对统一的区域临时救助标准。

（四）拓展完善救助方式。各地要根据救助对象实际情况，综合运用发放临时救助金、发放实物和提供转介服务等多种救助方式，发挥临时救助应急、过渡、衔接、补充的制度作用，不断提升救助效益。要充分运用好"转介服务"，使临时救助与相关制度、政府救助与慈善救助、物质帮扶与救助服务密切衔接，形成救助合力，增强救助效能。对于急难型救助对象，可采取一次审批、分阶段救助的方式，提高救助精准度；可通过直接发放现金或实物的方式，提高救助时效性。

（五）加强与慈善救助的衔接。各地要积极培育发展以扶贫济困等为宗旨的慈善组织，广泛动员慈善组织参与临时救助工作。鼓励、引导慈善组织建立专项基金，科学规划、设立救助项目，承接政府救助之后"转介"的个案，形成与政府救助的有效衔接、接续救助。完善和落实支持社会力量参与社会救助的政策措施，加大政府购买服务力度。积极探索政府引导、社会力量筹资、慈善组织运作的政社联动模式，搭建慈善组织等社会力量参与临时救助的平台，形成救助合力。

三、强化组织保障

（一）加强组织领导。各地要积极争取当地党委和政府的重视和支持，将加强和改进临时救助工作列入政府重要议事日程，进一步完善政策措施，健全工作机制，加大资金投入，深入实施好临时救助制度。要按照《国务院关于全面建立临时救助制度的通知》（国发〔2014〕47号）要求，将临时救助等社会救助工作列入地方领导班子和领导干部政绩考核评价指标体系，并合理确定权重。加强社会救助管理部门之间、社会救助管理部门与其他相关部门之间、政府部门与慈善组织之间的协调配合，形成工作合力。各级民政部门要切实履行主管部门职责，发挥好统筹协调作用；财政部门要加强资金保障，提高资金使用效益。

（二）加强监督检查。各地要加强对临时救助工作的督促检查，进一步完善困难群众基本生活救助工作绩效评价机制，加强对临时救助工作的绩效评估，突出制度效能的发挥，强化结果运用。要会同有关部门加快建立健全社会救助责任追究机制，区分主观故意、客观偏差和改革创新等不同情形，对主观故意造成工作失误和损失的，严肃追究相关责任；对客观偏差或探索创新、先行先试造成工作失误的，从轻、减轻或免于追责。

（三）加强资金保障。地方政府要深入贯彻落实国务院有关要求，多方筹集临时救助资金，合理安排和统筹使用困难群众救助补助资金，对临时救助的投入原则上只增不减。推动在乡镇（街道）建立临时救助备用金制度，提高救助水平。

（四）深化"救急难"综合试点。各地要准确分析和把握社会救助形势，不断深化对"救急难"工作的认识，强化"救急难"意识，认真谋划推进"救急难"工作。要以加强部门协同、推进资源统筹、提升救助效益为重点，进一步强化制度落实，创新工作机制，提升综合救助能力，有效化解人民群众各类重大急难问题，切实兜住民生底线，最大限度防止冲击社会道德和心理底线事件发生。要认真评估、总结"救急难"综合试点经验，有序扩大试点范围，不断提升工作成效，适时全面推开"救急难"工作。

民政部　财政部
2018年1月23日

社会力量参与

国务院办公厅
关于政府向社会力量购买服务的指导意见

国办发〔2013〕96号

各省、自治区、直辖市人民政府，国务院各部委、各直属机构：

党的十八大强调，要加强和创新社会管理，改进政府提供公共服务方式。新一届国务院对进一步转变政府职能、改善公共服务作出重大部署，明确要求在公共服务领域更多利用社会力量，加大政府购买服务力度。经国务院同意，现就政府向社会力量购买服务提出以下指导意见。

一、充分认识政府向社会力量购买服务的重要性

改革开放以来，我国公共服务体系和制度建设不断推进，公共服务提供主体和提供方式逐步多样化，初步形成了政府主导、社会参与、公办民办并举的公共服务供给模式。同时，与人民群众日益增长的公共服务需求相比，不少领域的公共服务存在质量效率不高、规模不足和发展不平衡等突出问题，迫切需要政府进一步强化公共服务职能，创新公共服务供给模式，有效动员社会力量，构建多层次、多方式的公共服务供给体系，提供更加方便、快捷、优质、高效的公共服务。政府向社会力量购买服务，就是通过发挥市场机制作用，把政府直接向社会公众提供的一部分公共服务事项，按照一定的方式和程序，交由具备条件的社会力量承担，并由政府根据服务数量和质量向其支付费用。近年来，一些地方立足实际，积极开展向社会力量购买服务的探索，取得了良好效果，在政策指导、经费保障、工作机制等方面积累了不少好的做法和经验。

实践证明，推行政府向社会力量购买服务是创新公共服务提供方式、加

快服务业发展、引导有效需求的重要途径，对于深化社会领域改革，推动政府职能转变，整合利用社会资源，增强公众参与意识，激发经济社会活力，增加公共服务供给，提高公共服务水平和效率，都具有重要意义。地方各级人民政府要结合当地经济社会发展状况和人民群众的实际需求，因地制宜、积极稳妥地推进政府向社会力量购买服务工作，不断创新和完善公共服务供给模式，加快建设服务型政府。

二、正确把握政府向社会力量购买服务的总体方向

（一）指导思想。

以邓小平理论、"三个代表"重要思想、科学发展观为指导，深入贯彻落实党的十八大精神，牢牢把握加快转变政府职能、推进政事分开和政社分开、在改善民生和创新管理中加强社会建设的要求，进一步放开公共服务市场准入，改革创新公共服务提供机制和方式，推动中国特色公共服务体系建设和发展，努力为广大人民群众提供优质高效的公共服务。

（二）基本原则。

——积极稳妥，有序实施。立足社会主义初级阶段基本国情，从各地实际出发，准确把握社会公共服务需求，充分发挥政府主导作用，有序引导社会力量参与服务供给，形成改善公共服务的合力。

——科学安排，注重实效。坚持精打细算，明确权利义务，切实提高财政资金使用效率，把有限的资金用在刀刃上，用到人民群众最需要的地方，确保取得实实在在的成效。

——公开择优，以事定费。按照公开、公平、公正原则，坚持费随事转，通过竞争择优的方式选择承接政府购买服务的社会力量，确保具备条件的社会力量平等参与竞争。加强监督检查和科学评估，建立优胜劣汰的动态调整机制。

——改革创新，完善机制。坚持与事业单位改革相衔接，推进政事分开、政社分开，放开市场准入，释放改革红利，凡社会能办好的，尽可能交给社会力量承担，有效解决一些领域公共服务产品短缺、质量和效率不高等问题。及时总结改革实践经验，借鉴国外有益成果，积极推动政府向社会力量购买服务的健康发展，加快形成公共服务提供新机制。

（三）目标任务。

"十二五"时期，政府向社会力量购买服务工作在各地逐步推开，统一有效的购买服务平台和机制初步形成，相关制度法规建设取得明显进展。到2020年，在全国基本建立比较完善的政府向社会力量购买服务制度，形成与经济社会发展相适应、高效合理的公共服务资源配置体系和供给体系，公共服务水平和质量显著提高。

三、规范有序开展政府向社会力量购买服务工作

（一）购买主体。

政府向社会力量购买服务的主体是各级行政机关和参照公务员法管理、具有行政管理职能的事业单位。纳入行政编制管理且经费由财政负担的群团组织，也可根据实际需要，通过购买服务方式提供公共服务。

（二）承接主体。

承接政府购买服务的主体包括依法在民政部门登记成立或经国务院批准免予登记的社会组织，以及依法在工商管理或行业主管部门登记成立的企业、机构等社会力量。承接政府购买服务的主体应具有独立承担民事责任的能力，具备提供服务所必需的设施、人员和专业技术的能力，具有健全的内部治理结构、财务会计和资产管理制度，具有良好的社会和商业信誉，具有依法缴纳税收和社会保险的良好记录，并符合登记管理部门依法认定的其他条件。承接主体的具体条件由购买主体会同财政部门根据购买服务项目的性质和质量要求确定。

（三）购买内容。

政府向社会力量购买服务的内容为适合采取市场化方式提供、社会力量能够承担的公共服务，突出公共性和公益性。教育、就业、社保、医疗卫生、住房保障、文化体育及残疾人服务等基本公共服务领域，要逐步加大政府向社会力量购买服务的力度。非基本公共服务领域，要更多更好地发挥社会力量的作用，凡适合社会力量承担的，都可以通过委托、承包、采购等方式交给社会力量承担。对应当由政府直接提供、不适合社会力量承担的公共服务，以及不属于政府职责范围的服务项目，政府不得向社会力量购买。各地区、

各有关部门要按照有利于转变政府职能、有利于降低服务成本、有利于提升服务质量水平和资金效益的原则,在充分听取社会各界意见基础上,研究制定政府向社会力量购买服务的指导性目录,明确政府购买的服务种类、性质和内容,并在总结试点经验基础上,及时进行动态调整。

(四)购买机制。

各地要按照公开、公平、公正原则,建立健全政府向社会力量购买服务机制,及时、充分向社会公布购买的服务项目、内容以及对承接主体的要求和绩效评价标准等信息,建立健全项目申报、预算编报、组织采购、项目监管、绩效评价的规范化流程。购买工作应按照政府采购法的有关规定,采用公开招标、邀请招标、竞争性谈判、单一来源、询价等方式确定承接主体,严禁转包行为。购买主体要按照合同管理要求,与承接主体签订合同,明确所购买服务的范围、标的、数量、质量要求,以及服务期限、资金支付方式、权利义务和违约责任等,按照合同要求支付资金,并加强对服务提供全过程的跟踪监管和对服务成果的检查验收。承接主体要严格履行合同义务,按时完成服务项目任务,保证服务数量、质量和效果。

(五)资金管理。

政府向社会力量购买服务所需资金在既有财政预算安排中统筹考虑。随着政府提供公共服务的发展所需增加的资金,应按照预算管理要求列入财政预算。要严格资金管理,确保公开、透明、规范、有效。

(六)绩效管理。

加强政府向社会力量购买服务的绩效管理,严格绩效评价机制。建立健全由购买主体、服务对象及第三方组成的综合性评审机制,对购买服务项目数量、质量和资金使用绩效等进行考核评价。评价结果向社会公布,并作为以后年度编制政府向社会力量购买服务预算和选择政府购买服务承接主体的重要参考依据。

四、扎实推进政府向社会力量购买服务工作

(一)加强组织领导。

推进政府向社会力量购买服务,事关人民群众切身利益,是保障和改善

民生的一项重要工作。地方各级人民政府要把这项工作列入重要议事日程，加强统筹协调，立足当地实际认真制定并逐步完善政府向社会力量购买服务的政策措施和实施办法，并抄送上一级政府财政部门。财政部要会同有关部门加强对各地开展政府向社会力量购买服务工作的指导和监督，总结推广成功经验，积极推动相关制度法规建设。

（二）健全工作机制。

政府向社会力量购买服务，要按照政府主导、部门负责、社会参与、共同监督的要求，确保工作规范有序开展。地方各级人民政府可根据本地区实际情况，建立"政府统一领导，财政部门牵头，民政、工商管理以及行业主管部门协同，职能部门履职，监督部门保障"的工作机制，拟定购买服务目录，确定购买服务计划，指导监督购买服务工作。相关职能部门要加强协调沟通，做到各负其责、齐抓共管。

（三）严格监督管理。

各地区、各部门要严格遵守相关财政财务管理规定，确保政府向社会力量购买服务资金规范管理和使用，不得截留、挪用和滞留资金。购买主体应建立健全内部监督管理制度，按规定公开购买服务相关信息，自觉接受社会监督。承接主体应当健全财务报告制度，并由具有合法资质的注册会计师对财务报告进行审计。财政部门要加强对政府向社会力量购买服务实施工作的组织指导，严格资金监管，监察、审计等部门要加强监督，民政、工商管理以及行业主管部门要按照职能分工将承接政府购买服务行为纳入年检、评估、执法等监管体系。

（四）做好宣传引导。

地方各级人民政府和国务院有关部门要广泛宣传政府向社会力量购买服务工作的目的、意义、目标任务和相关要求，做好政策解读，加强舆论引导，主动回应群众关切，充分调动社会参与的积极性。

国务院办公厅
2013年9月26日

民政部 财政部
关于加快推进社会救助领域社会工作发展的意见

民发〔2015〕88号

各省、自治区、直辖市民政厅（局）、财政厅（局），各计划单列市民政局、财政局，新疆生产建设兵团民政局、财务局：

为贯彻落实《社会救助暂行办法》和《国务院办公厅关于政府向社会力量购买服务的指导意见》（国办发〔2013〕96号），促进构建现代社会救助体系，发展专业社会工作，现就加快推进社会救助领域社会工作发展提出如下意见：

一、加快推进社会救助领域社会工作发展的重要性与紧迫性

社会工作是一种遵循助人自助价值理念，运用专业知识与方法协助服务对象舒缓心理压力、提升发展能力、增强社会功能、建立支持网络、改善生活境况的专业性社会服务活动。社会救助领域是社会工作的重要服务领域，推进社会救助领域社会工作发展是构建现代社会救助体系的必然要求。随着改革发展的不断深入和经济社会结构的深刻调整，我国基本民生保障的形势与任务发生了新变化，单纯依靠政府提供物质资金的救助方式，已难以有效满足社会救助对象日益增长的社会需求，无法有效化解因社会救助对象心理行为偏差引发的个体和社会问题，迫切需要创新社会救助及其服务提供的内涵、理念与方式，支持社会工作服务机构和社会工作者广泛参与社会救助，建立健全物质资金帮扶与心理社会支持相结合、基本救助服务与专业化个性化服务相补充、政府主导与社会参与相衔接的新型社会救助服务模式。近些年来，很多地方在发展社会救助领域社会工作方面进行了有益探索，取得了

一定成效。但总体看，社会救助领域社会工作发展基础还比较薄弱，存在思想认识不够、人才队伍与服务机构数量与能力不足、可及范围和受益人群有限、支持保障不到位等问题，与构建现代社会救助体系的客观需要和社会救助对象的实际需求相比还有很大差距。各地要进一步增强责任感与紧迫感，解放思想、改革创新、深入探索，采取更加有力措施加快推进社会救助领域社会工作发展。

二、加快推进社会救助领域社会工作发展的总体要求

（一）指导思想。以邓小平理论、"三个代表"重要思想、科学发展观为指导，全面贯彻党的十八大和十八届三中、四中全会精神，贯彻落实习近平总书记系列重要讲话精神，按照"四个全面"战略布局，适应创新社会治理、转变政府职能、建立更加公平可持续社会保障制度的需要，以回应社会救助对象服务需求为根本，以深化社会救助领域社会工作服务为核心，以建立健全政策制度、完善体制机制、加强人才队伍与服务机构建设为基础，加快推进社会救助领域社会工作发展，为促进构建现代社会救助体系、保障和改善基本民生、维护社会和谐稳定提供有力支持。

（二）基本原则。坚持立足需求、务求实效，从社会救助对象服务需求出发构建社会救助领域社会工作制度，设计、组织和开展社会工作服务，确保社会救助对象服务需求得到及时回应与有效满足；坚持政府主导、社会参与，相关政府部门依法履行宏观规划、政策引导、资金投入、监督管理等职责，支持社会工作服务机构和社会工作者依法介入社会救助领域；坚持专业引领、创新发展，深入推动社会工作专业理念、知识与方法的普及应用，积极创造推进社会救助领域社会工作发展的有利条件，不断提升社会救助的专业化水平。

（三）主要目标。建立健全推进社会救助领域社会工作的政策制度，逐步形成协调有力的管理体制和规范高效的工作机制；根据社会救助领域的实际需要，培养一支结构合理、素质优良的社会工作者队伍，发展一批数量充足、服务专业、群众认可的社会工作服务机构，建立健全社会救助领域社会工作可持续发展的支持保障体系。争取到2020年，社会工作服务机构和社会工作者广泛参与社会救助，社会救助工作人员普遍运用社会工作专业理念、知识与方法的局面初步形成，社会救助领域社会工作的可及范围和受益人群显著扩大，专业作用和服务效果不断增强。

三、加快推进社会救助领域社会工作发展的任务与路径

（一）明确社会救助领域社会工作服务内容。根据社会救助领域特点和社会救助对象需求，有针对性地开展社会工作服务：（1）开展社会融入服务，帮助救助对象调节家庭和社会关系，消除社会歧视，重构社会支持网络，更好地适应社区和社会环境；（2）开展能力提升服务，帮助救助对象及其家庭转变思想观念，发掘自身潜能，学习谋生技能，发展生计项目，消除救助依赖；（3）开展心理疏导服务，帮助救助对象抚慰消极和敌视情绪、缓解心理压力、矫正不良行为，改变负面看法，建立积极乐观上进的心态；（4）开展资源链接服务，帮助救助对象链接生活、就学、就业、医疗等方面的政府资源与社会资源，组织其他专业力量和志愿者为救助对象提供服务，最大限度地弥补政府资源的不足；（5）开展宣传倡导服务，帮助救助对象更加详细、全面地了解政府的社会救助政策，及时、有效地向政府反馈社会救助政策执行的成效与不足，建立健全上情下达、下情上达的信息沟通网络，推动完善社会救助政策。

（二）完善社会救助领域社会工作服务机制。建立健全社会工作服务需求发现报告机制。支持社会工作服务机构和社会工作者参与社会救助对象家庭状况调查评估、建档访视、服务需求分析等具体社会救助管理与服务事务，使社会救助对象的实际需求得到客观评估和及时响应，为有针对性地实施社会救助提供科学依据。建立健全社会工作服务承接机制。在乡镇（街道）社会事务办、民政所、社区服务中心和社区服务站等基层公共服务平台配备使用社会工作者，在社会救助管理与服务机构加强社会工作岗位开发设置，通过政府购买服务等方式扶持发展一批治理规范、服务专业、群众认可的社会工作服务机构，建立健全社会工作者与志愿者协作联动机制，不断夯实社会工作服务的承接平台，扩大社会工作服务的覆盖范围。建立健全社会工作服务转介机制。明确基层公共服务平台、社会救助管理与服务机构中有关经办

人员参与社会工作服务的职责，对有社会工作服务需求的社会救助对象，依程序转介给社会工作服务机构和社会工作者，由社会工作服务机构和社会工作者根据社会救助对象实际情况分类提供综合性或专门化服务，使社会救助对象的需求得到全面有效回应。

（三）强化社会救助领域社会工作服务评估。构建政府部门、服务对象、专业机构等协同配合的服务评估模式，从行政监管、服务成效、项目管理、社会影响等多个方面对社会救助领域社会工作服务进行综合评估，保证社会救助领域社会工作服务的职业化、专业性、规范化发展方向。加强政府购买社会救助领域社会工作服务项目评估，规范立项评估和绩效评估程序，对申请承接政府购买社会救助领域社会工作服务的机构，从专业资质、内部治理、人才资源等维度进行第三方立项评估；建立社会救助领域社会工作服务绩效评估指标体系，对社会救助领域社会工作服务项目的综合成效进行客观评估，加强绩效评估结果的反馈应用。引导社会工作服务机构和社会工作者自觉做好自我评估，树立质量管理意识，建立专业督导机制，不断提升参与和承接社会救助领域社会工作服务的能力水平。

四、切实加强社会救助领域社会工作的支持保障

（一）加大社会救助领域社会工作投入力度。各地要贯彻落实《国务院办公厅关于政府向社会力量购买服务的指导意见》（国办发〔2013〕96号）和《民政部、财政部关于政府购买社会工作服务的指导意见》（民发〔2014〕196号），将社会救助领域社会工作纳入政府购买服务范围，逐步加大政府投入力度，鼓励和引导社会资金投向社会救助领域社会工作，构建多元化的经费保障机制。

（二）推进社会救助领域工作人员教育培训。依托各项社会工作专业人才培养和有关干部培训计划，发挥高校院所和社会工作专业人才培训基地的资源优势，对基层社区有关工作人员和社会救助管理与服务机构干部职工开展大规模、分层次、分类别的社会工作培训；鼓励基层社区有关工作人员和社会救助领域干部职工参加全国社会工作者职业水平考试和社会工作学历学位教育，提升运用社会工作专业理念、知识与方法开展社会救助管理与服务工作的实际能力;通过购买服务、公开招聘、挂职锻炼等方式,逐步扩大基层社区和社会救助管理与服务机构社会工作者的数量;加大社会救助政策、知识与方法在社会工作学历学位教育、在职在岗培训和职业水平评价中的内容比重。

(三)加强社会救助领域社会工作研究宣传。总结提炼社会救助领域社会工作的经验模式,学习借鉴其他国家和地区的先进做法,研究解决社会救助领域社会工作发展中的困难问题,逐步构建社会救助领域社会工作理论与实务体系。依托各类新闻媒体和社会救助宣传载体,对社会救助领域社会工作的政策制度、经验做法、优秀事迹开展持续深入的宣传,加大社会工作专业理念、知识与方法的宣传普及力度,积极营造关心、理解、支持社会救助领域社会工作发展的社会氛围。

(四)开展社会救助领域社会工作试点。按照试点先行、统筹推进的原则,选择一批社会工作发展基础条件好、社会救助对象多、服务需求急迫的地区和单位开展社会救助领域社会工作试点,积极总结经验、探索模式、创新方法,在试点基础上创建一批社会救助领域社会工作示范地区和单位,发挥其典型示范和引领带动作用,逐步推动社会救助领域社会工作由点及面深入发展。

民政部　财政部
2015 年 5 月 4 日

民政部 中央编办 财政部 人力资源社会保障部关于积极推行政府购买服务加强基层社会救助经办服务能力的意见

民发〔2017〕153号

各省、自治区、直辖市民政厅（局）、编办、财政厅（局）、人力资源社会保障厅（局），新疆生产建设兵团民政局、编办、财务局、人力资源社会保障局：

　　社会救助事关困难群众衣食冷暖，事关社会和谐稳定和公平正义，是党和政府保障基本民生的重要制度安排，在打赢脱贫攻坚战中发挥着兜底性基础作用。近年来，各地认真贯彻党中央、国务院决策部署，不断完善社会救助制度体系，持续加强各项救助政策的落实力度，取得了积极成效。但基层社会救助经办服务能力薄弱问题仍很突出，一些困难群众的救助需求没有及时被发现，急难个案得不到及时救助，一些地区审核把关不严，人情保、骗保、错保时有发生，社会救助的兜底保障作用发挥得不够充分。为切实增加社会救助服务有效供给，提高服务质量和效率，进一步激发社会力量活力，推动政府转变职能和政务服务效能提升，经党中央、国务院同意，现就推行政府购买服务，加强基层社会救助经办服务能力建设，提出以下意见。

一、总体要求

　　（一）指导思想。全面贯彻党的十八大和十八届三中、四中、五中、六中全会精神，深入学习贯彻习近平总书记系列重要讲话精神和治国理政新理念新思想新战略，按照党中央、国务院决策部署，以保障困难群众基本生活权益为根本，以强化社会参与、创新服务机制、拓展服务内容、统筹救助资源、提升服务效能为重点,积极推行政府购买服务,采取有力措施加强基层社会救助经办服务能力,努力为社会救助对象提供及时、高效、专业的救助服务,为打赢脱贫攻坚战和全面建成小康社会奠定坚实基础。

(二)基本原则。一是坚持政府主导。发挥政府在购买社会救助服务中的组织领导、制度设计、财政保障和监督管理职责,加强绩效评估和全过程监管,切实提高财政资金使用效率,把有限的资金用在刀刃上,确保取得实实在在的成效。二是坚持市场选择。围绕供给侧结构性改革,通过政府购买服务,将市场机制引入社会救助服务供给,构建公开、公平、高效的救助服务供给体系,推进简政放权、政事分开和管办分离。三是坚持质量为本。把服务质量放在重要位置,建立科学的质量评价机制,避免因单纯追求"价低者得"而损害服务质量,确保通过政府购买服务为困难群众提供更好、更高质量的救助服务。四是坚持便民惠民。立足满足困难群众社会救助基本需求,综合利用社会资源,增进部门协同,优化救助程序,方便困难群众,打通民生保障"最后一公里",使各项惠民救助政策落到实处。

(三)目标任务。"十三五"时期,政府向社会力量购买社会救助服务工作全面推行,相关政策机制进一步健全,基层社会救助经办服务能力显著增强,困难群众对社会救助服务的满意度明显提升。

二、积极推行政府购买社会救助服务

社会救助服务直接面向困难群众,需求多样,类型复杂。通过政府购买的方式提供社会救助服务,不仅可以推动供给侧结构性改革,有效满足基本救助需求,而且可以整合利用社会资源,增强公众参与意识,推动政府职能转变,激发经济社会活力,不断提高社会救助服务的水平和效率。

(一)明确购买主体。县级以上地方人民政府是购买社会救助服务的主体,民政部门具体负责组织实施工作。乡镇人民政府、街道办事处也可购买社会救助相关服务。

(二)规范购买内容。向社会力量购买的社会救助服务主要包括事务性工作和服务性工作两类。事务性工作主要是指基层经办最低生活保障、特困人员救助供养、医疗救助、临时救助等服务时的对象排查、家计调查、业务培训、政策宣传、绩效评价等工作；服务性工作主要是指对社会救助对象开展的照料护理、康复训练、送医陪护、社会融入、能力提升、心理疏导、资源链接等服务。应当由政府直接承担的行政管理性事务，以及应当由政府直接提供、不适合社会力量承担的救助服务事项，不得向社会力量购买，防止政府行政管理职能虚化和公共资源闲置。

（三）界定承接主体。承接政府购买社会救助服务的主体主要是依法在民政部门登记成立或经国务院批准免予登记的社会组织，按事业单位分类改革应划入公益二类或生产经营类的事业单位法人，依法在工商管理或行业主管部门登记成立的企业、机构等社会力量。承接政府购买社会救助服务的主体应具有独立承担民事责任的能力，具备提供服务所必需的设施、人员和专业技术能力，具有健全的内部治理结构、财务会计和资产管理制度。公益二类事业单位参与承接政府购买服务，应当积极探索建立事业单位财政经费与人员编制协调约束机制。各地可在国家有关规定的基础上，结合本地实际和社会救助服务类别确定具体条件并及时充分地向社会公开，确保社会力量公平参与竞争。

（四）完善购买机制。各地要合理设置购买项目，将社会救助服务纳入相关部门政府购买服务指导性目录。建立健全方式灵活、程序规范、标准明确、结果可控、动态调整的购买机制；对政府集中采购目录以内或采购限额标准以上的项目，按照政府采购的有关规定，采用公开招标、邀请招标、竞争性谈判、竞争性磋商、单一来源采购等方式确定承接主体。选定承接主体时，要以满足服务质量、符合服务标准为前提，不能简单以"价低者得"作为选择标准。建立以项目选定、信息发布、组织购买、实施监管、绩效评价为主要内容的规范化购买流程，分类制定内容明确、操作性强、便于考核的服务标准，加强对服务提供全过程的跟踪问效和对服务成果的检查验收。

（五）落实经费保障。政府购买社会救助服务所需经费要列入财政预算，从各级既有的社会救助工作经费或社会救助专项资金等预算中统筹安排，各地要结合实际需要，逐步加大政府购买社会救助服务的资金投入力度。要严格资金管理，确保资金使用安全规范、科学有效。

（六）加强绩效评价。建立健全由购买主体、服务对象及第三方组成的综合性评价机制，就服务成效、项目管理、社会影响等多方面内容，加强对购买社会救助服务工作的绩效评价。在绩效评价体系中，要侧重服务对象对救助服务的满意度评价。评价结果向社会公布，并作为以后年度选择承接主体的重要参考依据。

（七）严格监督管理。各地要加强对政府购买社会救助服务的监督管理，完善事前、事中和事后监管体系，明确部门职责，依法实施综合监管，确保购买行为公开透明、规范有效。上级人民政府和民政部门要加强对下级人民政府和民政部门购买社会救助服务的业务指导和监督。购买主体要按规定公开购买服务的相关信息，并主动接受审计监督、社会监督和舆论监督。承接主体应主动接受购买主体的监管，健全财务报告制度，保证服务数量、质量和效果，严禁服务转包。要建立承接主体退出机制，制定临时接管预案。在承接主体发生不能按合同约定提供服务的情形时，及时启动预案，确保救助对象的正当权利不受影响；对承接主体存在违背合同、弄虚作假等行为，情节严重，造成恶劣社会影响的，依法进行处罚，按照法律规定或合同约定终止合同执行，依法禁止相关主体在一定期限内参与政府购买社会救助服务工作。

三、切实加强基层社会救助经办服务能力

基层经办服务能力直接关系各项社会救助政策的落实，关系困难群众基本生活保障。各地要充分利用市场机制，积极推行政府购买服务，采取多种措施，切实加强基层经办服务能力，尽快形成一门受理、协同办理、资源统筹、综合施救的社会救助工作格局。

（一）加强窗口建设。推动跨部门救助事项的业务协同，依托现有政务大厅，在乡镇（街道）层面普遍设立"一门受理、协同办理"窗口，或结合综合服务窗口，统一受理、转办（介）社会救助申请事项，让"群众来回跑"变为"部门协同办"。加快健全社会救助综合服务平台，建立首问负责、一次性告知、限时办理等制度，并不断优化工作流程，真正做到让困难群众求助有门、受助及时。

（二）落实经办人员。综合考虑辖区内社会救助服务事项、服务范围、对

象数量以及当地经济社会发展水平等因素，合理确定县乡两级开展社会救助经办服务所需工作人员，科学整合县（市、区）、乡镇（街道）管理机构及人力资源，充实加强基层社会救助力量，确保事有人管、责有人负。现有社会救助工作人员不足的地区，可鼓励社会力量承担相关工作，由其向县级民政部门、乡镇（街道）、村（社区）或特困人员供养服务机构派遣工作人员。被派遣人员原则上应具有大专以上文化程度，优先考虑具有社会工作教育背景或取得社会工作职业资格人员。

省级人民政府要统筹研究制定按照社会救助对象数量、人员结构等因素配备相应工作人员的具体办法和措施。

（三）充分发挥村（居）民委员会作用。村（居）民委员会要协助做好救助对象困难排查、发现报告，救助申请家庭经济状况核查、公示监督，救助对象动态管理、信息报送，救助政策咨询、宣传引导等工作。县级民政部门要按照"费随事转"原则给予支持。探索建立村级社会救助协理员制度。

（四）加快信息化建设。要加强社会救助管理部门之间的信息共享，充分利用现有资源，依托国家统一的政务网络和数据共享交换平台，加快推进社会救助信息化建设，实现社会救助信息互联互通、资源共用共享。加快推进社会救助家庭经济状况核对机制建设，提高基层甄别核实救助申请对象家庭经济状况的能力。探索建立救助对象需求与慈善救助帮扶资源对接信息平台，实现政府救助与慈善救助的有机结合。

（五）加强人员培训。落实全面从严治党要求，加强基层社会救助工作人员党性教育，切实增强"四个意识"，特别是核心意识、看齐意识，坚决维护党中央权威，确保执行社会救助等民生保障重大决策部署不打折扣、不走样。加强教材开发和日常业务培训，采取政策解读、专家授课、经验介绍、案例分析、互动参与等形式，切实增强基层工作人员对社会救助政策的理解和把握，培养一批社会救助骨干人才。

四、强化组织实施

（一）加强组织领导。通过政府购买服务加强基层社会救助经办服务能力，是对公共服务供给方式的重大创新，是进一步简政放权、优化服务供给、保障和改善民生的重要举措。各地要高度重视，切实加强组织领导，充分发挥社会救助工作协调机制作用，定期研究社会救助领域政府购买服务事项，及时发现解决工作中存在的问题，不断提高基层社会救助经办服务能力。要强化监督管理和政策落实情况评估，健全激励机制和容错纠错机制，鼓励各地大胆探索、担当尽责，对工作推进不力或不能履职尽责的，要依纪依规严肃处理。各省（自治区、直辖市）要在本文件出台后半年内，制定具体实施意见。

（二）健全工作机制。尽快建立健全工作机制、制定工作计划和实施方案，加快推进社会救助领域政府购买社会力量服务工作。地方各级民政部门要加强对政府购买社会救助服务工作的统筹规划、组织实施和绩效评价；编制部门负责指导基层加强社会救助经办服务能力建设和职能转变；财政部门负责政府购买社会救助服务的经费安排和监督管理；人力资源社会保障部门负责指导基层加强与政府购买社会救助服务工作的衔接，鼓励吸纳更多的高校毕业生从事社会救助经办服务。

（三）加强政策宣传。各地要充分利用广播、电视、报刊、网络等媒体，广泛宣传实施政府购买服务加强基层社会救助经办服务能力的重要意义、主要任务、重点内容和实施效果，精心做好政策解读，加强正面舆论引导，主动回应社会关切，充分调动社会力量参与的积极性，增强社会各界的认同与支持，为推进政府购买服务加强基层社会救助经办服务能力营造良好的工作环境和舆论氛围。

民政部　中央编办　财政部
人力资源社会保障部
2017年9月15日

民政部关于加强政府救助与慈善帮扶有效衔接的指导意见

民发〔2023〕46号

各省、自治区、直辖市民政厅（局），各计划单列市民政局，新疆生产建设兵团民政局：

为深入贯彻党中央、国务院关于兜牢民生底线的决策部署，全面落实中共中央办公厅、国务院办公厅印发的《关于改革完善社会救助制度的意见》，进一步畅通公益慈善力量参与社会救助渠道，健全分层分类的社会救助体系，现就加强政府救助与慈善帮扶有效衔接提出以下意见。

一、总体要求

以习近平新时代中国特色社会主义思想为指导，深入贯彻党的二十大精神，全面贯彻落实党中央、国务院关于社会救助和公益慈善事业发展的决策部署，坚持以人民为中心的发展思想，探索构建再分配和第三次分配协调配套的制度体系。加强政府救助与慈善帮扶有效衔接，完善政策措施，健全工作机制，强化信息共享，推进融合发展，形成政府救助和慈善帮扶协调配合、资源统筹、优势互补、融合高效的新格局，合力解决困难群众急难愁盼问题，不断增强困难群众获得感、幸福感、安全感。

二、主要任务

（一）建立完善政府救助和慈善帮扶衔接工作机制。各地民政部门要加强与公益慈善力量合作，吸引更多公益慈善资源参与社会救助。要建立完善与公益慈善力量协调工作机制，全面加强政府救助与慈善帮扶在政策、对象、信息、资源等方面的有效衔接。要及时与慈善组织沟通会商，通报政府救助与慈善帮扶衔接情况，分析研判工作形势，协调解决工作中存在的困难和问题，促进救助需求与公益慈善力量精准对接，更好满足困难群众多层次、多样化、差异性救助需求。

（二）加强政府救助和慈善帮扶对象衔接。对暂不符合政府救助条件或政府救助后生活仍有困难的群众，各地民政部门可积极寻找公益慈善资源，在征得困难群众同意的前提下，向相关慈善组织提供有关信息，争取慈善帮扶。对于民政部门转介的对象，慈善组织可以简化程序，根据其困难情形、困难程度等，及时予以帮扶。慈善组织发现可能符合政府救助条件但未获得相应救助的困难群众，可及时告知当地民政部门、乡镇人民政府（街道办事处）或者协助提出救助申请。

（三）加强政府救助和慈善帮扶信息互通共享。建立健全民政部门与慈善组织信息互通、资源共享机制。依托全国低收入人口动态监测信息平台等业务信息系统，汇聚困难群众救助帮扶需求及其接受政府救助和慈善帮扶的相关信息。鼓励各地结合实际建立慈善组织参与社会救助信息对接服务平台，实现民政部门与慈善组织之间的信息交换与共享，促进公益慈善资源合理配置，提升慈善帮扶成效。各地民政部门要充分发挥乡镇（街道）民政服务站（原社工站）等在发现救助需求、链接慈善资源、促进供需对接中的积极作用，为公益慈善力量参与社会救助、精准高效帮扶困难群众提供有力支撑。

（四）创新公益慈善力量参与社会救助途径方法。各地民政部门要动员引导慈善组织依据章程、业务范围和自身专长优势，针对困难群众实际需求设立慈善项目，不断提高慈善帮扶的针对性和实效性。鼓励发达地区慈善组织对困难群众多、公益慈善力量薄弱的中西部地区，特别是国家乡村振兴重点帮扶县等开展点对点的慈善帮扶。积极创新慈善帮扶方式，聚焦低收入家庭中生活不能自理的老年人、未成年人、残疾人和重病患者等特殊困难人员，在加大物质帮扶力度的同时，通过政府购买服务等方式，支持慈善组织有针对性地提供访视照料、心理慰藉、康复训练、能力提升等服务。大力发展互联网慈善，不断拓宽资金筹集渠道。注重发挥慈善联合会、慈善会等行业性、枢纽型社会组织在培育慈善项目、协调慈善资源、引导慈善行为等方面的重要作用，倡导慈善组织创新工作方式，有序开展帮扶活动。每年9月5日"中华慈善日"主题宣传活动期间，各地民政部门要鼓励支持慈善组织围绕社会救助主题策划开展形式多样、特色鲜明的慈善帮扶活动，打造一批面向困难群众的特色慈善活动和品牌项目。引导慈善组织积极参与重大活动或者重要节假日期间困难群众基本生活保障有关工作。

（五）加强公益慈善力量参与社会救助的激励支持。鼓励有条件的地区通过公益创投、补贴奖励、提供场所、减免费用等多种方式，支持慈善组织的启动成立和初期运行。慈善组织开展的救助帮扶类慈善项目，按照有关规定享受税收优惠和费用减免。按照政府购买服务有关要求，通过政府购买慈善组织服务支持慈善组织发展。对在社会救助领域作出突出贡献、具有良好社会影响力的慈善组织等公益慈善力量以及具有创新性、示范性的慈善项目，通过"中华慈善奖"评选表彰、社会救助先进集体和先进个人评选等方式给予激励褒扬，并对相关慈善组织在等级评估等方面给予适当倾斜支持。

三、保障措施

（一）加强组织领导。各地要将加强政府救助与慈善帮扶有效衔接作为推动社会救助和公益慈善事业高质量发展的重点工作，充分发挥党委领导、政府负责、民政牵头、部门协同、社会参与的社会救助工作机制作用，加强与红十字会、共青团、妇联等群团组织以及其他社会组织的沟通协调，形成工作合力。加大经费支持力度，在建立专项基金、建设信息共享平台以及工作保障等方面给予必要的支持。鼓励引导公民、法人以及其他组织设立社会救助专项基金、慈善冠名基金等。

（二）加强监督管理。民政部门要依法履行监督管理职责，加强对慈善组织等公益慈善力量参与社会救助的指导、监督和管理。加大对相关人员的培训力度，提升慈善帮扶能力。加强廉政风险防控机制建设，严防以权谋私、优亲厚友等违规违纪问题发生。慈善组织要自觉接受审计监督和主管部门的日常监管，按照规定公开救助帮扶类慈善项目有关情况，接受社会监督。

（三）加强宣传引导。大力宣传中华民族乐善好施、扶危济困的传统美德和诚信友爱、互帮互助的公益慈善理念，营造浓厚慈善社会氛围，总结推广政府救助与慈善帮扶合力解决困难群众急难愁盼问题的典型案例和经验做法，鼓励引导公益慈善力量积极参与社会救助。民政部将开展公益慈善力量参与社会救助典型案例征集活动，选树一批社会救助领域的优秀慈善组织、品牌慈善项目，发挥示范引领作用。

本意见自 2023 年 9 月 4 日起施行。

民政部

2023 年 9 月 4 日

其他相关政策

国务院办公厅关于加强孤儿保障工作的意见

国办发〔2010〕54号

各省、自治区、直辖市人民政府，国务院各部委、各直属机构：

党和政府历来关心孤儿的健康成长。新中国成立以来，我国孤儿福利事业取得了长足进展，孤儿生活状况得到了明显改善，但总体看，孤儿保障体系还不够健全，保障水平有待提高。为建立与我国经济社会发展水平相适应的孤儿保障制度，使孤儿生活得更加幸福、更有尊严，经国务院同意，现提出以下意见：

一、拓展安置渠道，妥善安置孤儿

孤儿是指失去父母、查找不到生父母的未满18周岁的未成年人，由地方县级以上民政部门依据有关规定和条件认定。地方各级政府要按照有利于孤儿身心健康成长的原则，采取多种方式，拓展孤儿安置渠道，妥善安置孤儿。

（一）亲属抚养。孤儿的监护人依照《中华人民共和国民法通则》[①] 等法律法规确定。孤儿的祖父母、外祖父母、兄、姐要依法承担抚养义务、履行监护职责；鼓励关系密切的其他亲属、朋友担任孤儿监护人；没有前述监护人的，未成年人的父、母的所在单位或者未成年人住所地的居民委员会、村民委员会或者民政部门担任监护人。监护人不履行监护职责或者侵害孤儿合法权益的，应承担相应的法律责任。

（二）机构养育。对没有亲属和其他监护人抚养的孤儿，经依法公告后由民政部门设立的儿童福利机构收留抚养。有条件的儿童福利机构可在社区购

[①] 现为《中华人民共和国民法典》内容。

买、租赁房屋，或在机构内部建造单元式居所，为孤儿提供家庭式养育。公安部门应及时为孤儿办理儿童福利机构集体户口。

（三）家庭寄养。由孤儿父母生前所在单位或者孤儿住所地的村（居）民委员会或者民政部门担任监护人的，可由监护人对有抚养意愿和抚养能力的家庭进行评估，选择抚育条件较好的家庭开展委托监护或者家庭寄养，并给予养育费用补贴，当地政府可酌情给予劳务补贴。

（四）依法收养。鼓励收养孤儿。收养孤儿按照《中华人民共和国收养法》①的规定办理。对中国公民依法收养的孤儿，需要为其办理户口登记或者迁移手续的，户口登记机关应及时予以办理，并在登记与户主关系时注明子女关系。对寄养的孤儿，寄养家庭有收养意愿的，应优先为其办理收养手续。继续稳妥开展涉外收养，进一步完善涉外收养办法。

二、建立健全孤儿保障体系，维护孤儿基本权益

（一）建立孤儿基本生活保障制度。为满足孤儿基本生活需要，建立孤儿基本生活保障制度。各省、自治区、直辖市政府按照不低于当地平均生活水平的原则，合理确定孤儿基本生活最低养育标准，机构抚养孤儿养育标准应高于散居孤儿养育标准，并建立孤儿基本生活最低养育标准自然增长机制。地方各级财政要安排专项资金，确保孤儿基本生活费及时足额到位；中央财政安排专项资金，对地方支出孤儿基本生活费按照一定标准给予补助。民政、财政部门要建立严格的孤儿基本生活费管理制度，加强监督检查，确保专款专用、按时发放，确保孤儿基本生活费用于孤儿。

（二）提高孤儿医疗康复保障水平。将孤儿纳入城镇居民基本医疗保险、新型农村合作医疗、城乡医疗救助等制度覆盖范围，适当提高救助水平，参保（合）费用可通过城乡医疗救助制度解决；将符合规定的残疾孤儿医疗康复项目纳入基本医疗保障范围，稳步提高待遇水平；有条件的地方政府和社会慈善组织可为孤儿投保意外伤害保险和重大疾病保险等商业健康保险或补充保险。卫生部门要对儿童福利机构设置的医院、门诊部、诊所、卫生所

---

① 现为《中华人民共和国民法典》内容。

（室）给予支持和指导；疾病预防控制机构要加强对儿童福利机构防疫工作的指导，及时调查处理机构内发生的传染病疫情；鼓励、支持医疗机构采取多种形式减免孤儿医疗费用。继续实施"残疾孤儿手术康复明天计划"。

（三）落实孤儿教育保障政策。家庭经济困难的学龄前孤儿到学前教育机构接受教育的，由当地政府予以资助。将义务教育阶段的孤儿寄宿生全面纳入生活补助范围。在普通高中、中等职业学校、高等职业学校和普通本科高校就读的孤儿，纳入国家资助政策体系优先予以资助；孤儿成年后仍在校就读的，继续享有相应政策；学校为其优先提供勤工助学机会。切实保障残疾孤儿受教育的权利，具备条件的残疾孤儿，在普通学校随班就读；不适合在普通学校就读的视力、听力、言语、智力等残疾孤儿，安排到特殊教育学校就读；不能到特殊教育学校就读的残疾孤儿，鼓励并扶持儿童福利机构设立特殊教育班或特殊教育学校，为其提供特殊教育。

（四）扶持孤儿成年后就业。认真贯彻落实《中华人民共和国就业促进法》和《国务院关于做好促进就业工作的通知》（国发〔2008〕5号）等精神，鼓励和帮扶有劳动能力的孤儿成年后实现就业，按规定落实好职业培训补贴、职业技能鉴定补贴、免费职业介绍、职业介绍补贴和社会保险补贴等政策；孤儿成年后就业困难的，优先安排其到政府开发的公益性岗位就业。人力资源社会保障部门要进一步落实孤儿成年后就业扶持政策，提供针对性服务和就业援助，促进有劳动能力的孤儿成年后就业。

（五）加强孤儿住房保障和服务。居住在农村的无住房孤儿成年后，按规定纳入农村危房改造计划优先予以资助，乡镇政府和村民委员会要组织动员社会力量和当地村民帮助其建房。居住在城市的孤儿成年后，符合城市廉租住房保障条件或其他保障性住房供应条件的，当地政府要优先安排、应保尽保。对有房产的孤儿，监护人要帮助其做好房屋的维修和保护工作。

三、加强儿童福利机构建设，提高专业保障水平

（一）完善儿童福利机构设施。"十二五"期间，继续实施"儿童福利机构建设蓝天计划"，孤儿较多的县（市）可独立设置儿童福利机构，其他县（市）要依托民政部门设立的社会福利机构建设相对独立的儿童福利设施，并

根据实际需要,为其配备抚育、康复、特殊教育必需的设备器材和救护车、校车等,完善儿童福利机构养护、医疗康复、特殊教育、技能培训、监督评估等方面的功能。儿童福利机构设施建设、维修改造及有关设备购置,所需经费由财政预算、民政部门使用的彩票公益金、社会捐助等多渠道解决。发展改革部门要充分考虑儿童福利事业发展需要,统筹安排儿童福利机构设施建设项目,逐步改善儿童福利机构条件。海关在办理国(境)外无偿捐赠给儿童福利机构的物资设备通关手续时,给予通关便利。

(二)加强儿童福利机构工作队伍建设。科学设置儿童福利机构岗位,加强孤残儿童护理员、医护人员、特教教师、社工、康复师等专业人员培训。在整合现有儿童福利机构从业人员队伍的基础上,积极创造条件,通过购买服务和社会化用工等形式,充实儿童福利机构工作力量,提升服务水平。按照国家有关规定,落实对儿童福利机构工作人员的工资倾斜政策。将儿童福利机构中设立的特殊教育班或特殊教育学校的教师、医护人员专业技术职务评定工作纳入教育、卫生系统职称评聘体系,在结构比例、评价方面给予适当倾斜。教育、卫生部门举办的继续教育和业务培训要主动吸收儿童福利机构相关人员参加。积极推进孤残儿童护理员职业资格制度建设,支持开发孤残儿童护理员教材,设置孤残儿童护理员专业,对孤残儿童护理员进行培训。

(三)发挥儿童福利机构的作用。儿童福利机构是孤儿保障的专业机构,要发挥其在孤儿保障中的重要作用。对社会上无人监护的孤儿,儿童福利机构要及时收留抚养,确保孤儿居有定所、生活有着。要发挥儿童福利机构的专业优势,为亲属抚养、家庭寄养的孤儿提供有针对性的指导和服务。

四、健全工作机制,促进孤儿福利事业健康发展

(一)加强组织领导。地方各级政府要高度重视孤儿保障工作,把孤儿福利事业纳入国民经济和社会发展总体规划、相关专项规划和年度计划。要加强对孤儿保障工作的领导,健全"政府主导,民政牵头,部门协作,社会参与"的孤儿保障工作机制,及时研究解决孤儿保障工作中存在的实际困难和问题。民政部门要发挥牵头部门作用,加强孤儿保障工作能力建设,充实儿童福利工作力量,强化对儿童福利机构的监督管理,建设好全国儿童福利信

息管理系统。财政部门要建立稳定的经费保障机制,将孤儿保障所需资金纳入社会福利事业发展资金预算,通过财政拨款、民政部门使用的彩票公益金等渠道安排资金,切实保障孤儿的基本生活和儿童福利专项工作经费。发展改革、教育、公安、司法、人力资源社会保障、住房城乡建设、卫生、人口计生等部门要将孤儿保障有关工作列入职责范围和目标管理,进一步明确责任。

(二)保障孤儿合法权益。依法保护孤儿的人身、财产权利,积极引导法律服务人员为孤儿提供法律服务,为符合法律援助条件的孤儿依法提供法律援助。有关方面要严厉打击查处拐卖孤儿、遗弃婴儿等违法犯罪行为,及时发现并制止公民私自收养弃婴和儿童的行为。公安部门应及时出具弃婴捡拾报案证明,积极查找弃婴和儿童的生父母或者其他监护人。卫生部门要加强对医疗保健机构的监督管理,医疗保健机构发现弃婴,应及时向所在地公安机关报案,不得转送他人。有关部门要尽快研究拟订有关儿童福利的法规。

(三)加强宣传引导。进一步加大宣传工作力度,弘扬中华民族慈幼恤孤的人道主义精神和传统美德,积极营造全社会关心关爱孤儿的氛围。大力发展孤儿慈善事业,引导社会力量通过慈善捐赠、实施公益项目、提供服务等多种方式,广泛开展救孤恤孤活动。

国务院办公厅

二〇一〇年十一月十六日

民政部 财政部关于发放孤儿基本生活费的通知

民发〔2010〕161号

各省、自治区、直辖市民政厅（局）、财政厅（局），新疆生产建设兵团民政局、财务局：

为贯彻落实《国务院办公厅关于加强孤儿保障工作的意见》（国办发〔2010〕54号，以下简称《意见》）精神，建立健全孤儿保障制度，切实保障孤儿合法权益，促进孤儿健康成长，民政部、财政部决定，自2010年1月起为全国孤儿发放基本生活费，现就有关问题通知如下：

一、充分认识发放孤儿基本生活费的重要意义

党和政府历来高度重视儿童福利工作，给予孤儿等特殊困难儿童特别的关怀。特别是改革开放以来，我国经济社会快速健康发展，社会保障体系逐步完善，孤儿各项权益得到了相应保障。但是从全国范围来看，面向孤儿群体的保障制度尚不健全，孤儿保障水平偏低，难以满足其成长需求，儿童福利机构护理人员短缺且专业化程度低，孤儿在医疗康复、教育、住房及成年后的就业等方面还有很多困难。发放孤儿基本生活费，是落实科学发展观、构建社会主义和谐社会的实际行动，是使孤儿共享改革开放成果的重要举措，是维护孤儿合法权益、保障孤儿健康成长的客观要求，是完善社会福利体系的重要内容。各地要充分认识到这项工作的重要意义，将其作为政府改善民生、建立健全社会福利体系的重点工作内容，增强责任感和使命感，高度重视，扎实推进。

二、合理确定发放对象范围

根据《意见》,孤儿保障的对象是失去父母、查找不到生父母的未成年人。其中,"未成年人"定义依据《中华人民共和国未成年人保护法》,指未满18周岁的公民。

三、科学制定标准,全面落实保障资金

各省(自治区、直辖市)要根据城乡生活水平、儿童成长需要和财力状况,按照保障孤儿的基本生活不低于当地平均生活水平的原则,合理确定孤儿基本生活最低养育标准,具体标准参照民政部关于孤儿最低养育标准的指导意见确定。机构供养孤儿养育标准应高于散居孤儿养育标准。地方各级财政要将孤儿基本生活费列入预算,省级财政要进一步加大投入,保障孤儿基本生活费所需资金。地方各级民政部门要根据保障对象的范围认真核定孤儿身份,提出资金需求,经同级财政部门审核后列入预算。中央财政2010年安排25亿元专项补助资金,对东、中、西部地区孤儿分别按照月人均180元、270元、360元的标准予以补助。以后年度按民政部审核的上年孤儿人数及孤儿基本养育需求,逐年测算安排中央财政补助金额。各地财政部门要统筹安排中央补助和地方资金,建立孤儿基本生活最低养育标准自然增长机制。孤儿基本生活费保障资金实行专项管理,专账核算,专款专用,严禁挤占挪用。

四、严格规范发放程序

孤儿基本生活费的管理既要严格规范,又要考虑到孤儿养育的特点和城乡实际,因地制宜,采取合理可行的办法和程序。

(一)申请、审核和审批。社会散居孤儿申请孤儿基本生活费,由孤儿监护人向孤儿户籍所在地的街道办事处或乡(镇)人民政府提出申请,申请时应出具孤儿父母死亡证明或人民法院宣告孤儿父母死亡或失踪的证明。街道办事处或乡(镇)人民政府对申请人和孤儿情况进行核实并提出初步意见,上报县级人民政府民政部门审批。县级人民政府民政部门要认真审核申请材料,提出核定、审批意见。为保护孤儿的隐私,应避免以公示的方式核实了

解情况。

福利机构孤儿的基本生活费，由福利机构负责汇总孤儿信息并向所属民政部门提出申请，由所属民政部门审批。省级民政部门会同财政部门，于每年3月底之前，将本地区截至上一年底的孤儿人数、保障标准、资金安排情况联合上报民政部、财政部。

（二）资金发放。县级财政部门根据同级民政部门提出的支付申请，将孤儿基本生活费直接拨付到孤儿或其监护人个人账户或福利机构集体账户。财政直接支付确有困难的，可通过县级民政部门按规定程序以现金形式发放。

（三）动态管理。街道办事处、乡（镇）人民政府和县级人民政府民政部门要采取多种形式，深入调查了解孤儿保障情况，及时按照程序和规定办理增发或停发孤儿基本生活费的手续。要将审批、发放工作与儿童福利信息系统建设结合起来，借助信息化手段实现对发放工作的动态管理，规范程序，提高效率。

（四）监督指导。县级人民政府民政部门要与社会散居孤儿的监护人签订协议。协议应对监护人领取、使用孤儿基本生活费以及孤儿养育状况提出相应要求，明确监护人应依法履行的监护职责和抚养义务。县（市）民政部门要依托福利机构设立儿童福利指导中心。有条件的地区，应独立设立儿童福利指导中心，儿童福利指导中心可受所属民政部门委托，负责为孤儿建档造册，对孤儿养育状况进行定期巡查和监督评估，对监护人进行指导和培训；负责代理孤儿权益的相关事务，协助所属民政部门与财政、卫生、教育、人力资源社会保障、住房城乡建设等部门协调，落实孤儿医疗康复、教育、住房及成年后就业等相关的优惠政策，为孤儿成长提供必要的服务和支持。

发放孤儿基本生活费是一项全新的工作，各地民政、财政部门要切实加强管理，确保发放工作顺利进行。对于孤儿基本生活费发放工作中遇到的困难和问题，及时报告民政部、财政部。

民政部　财政部
二〇一〇年十一月二十六日

国务院关于加强困境儿童保障工作的意见

国发〔2016〕36号

各省、自治区、直辖市人民政府，国务院各部委、各直属机构：

儿童是家庭的希望，是国家和民族的未来。在党和政府的高度重视下，我国保障儿童权益的法律体系逐步健全，广大儿童合法权益得到有效保障，生存发展环境进一步优化，在家庭、政府和社会的关爱下健康成长。同时，也有一些儿童因家庭经济贫困、自身残疾、缺乏有效监护等原因，面临生存、发展和安全困境，一些冲击社会道德底线的极端事件时有发生，不仅侵害儿童权益，也影响社会和谐稳定，是全面建成小康社会亟需妥善解决的突出问题。

困境儿童包括因家庭贫困导致生活、就医、就学等困难的儿童，因自身残疾导致康复、照料、护理和社会融入等困难的儿童，以及因家庭监护缺失或监护不当遭受虐待、遗弃、意外伤害、不法侵害等导致人身安全受到威胁或侵害的儿童。为困境儿童营造安全无虞、生活无忧、充满关爱、健康发展的成长环境，是家庭、政府和社会的共同责任。做好困境儿童保障工作，关系儿童切身利益和健康成长，关系千家万户安居乐业、和谐幸福，关系社会稳定和文明进步，关系全面建成小康社会大局。为加强困境儿童保障工作，确保困境儿童生存、发展、安全权益得到有效保障，现提出以下意见。

一、总体要求

（一）指导思想。全面落实党的十八大和十八届三中、四中、五中全会精神，深入贯彻习近平总书记系列重要讲话精神，按照党中央、国务院决策部署，以促进儿童全面发展为出发点和落脚点，坚持问题导向，优化顶层设计，强化家庭履行抚养义务和监护职责的意识和能力，综合运用社会救助、社会福利和安全保障等政策措施，分类施策，精准帮扶，为困境儿童健康成长营造良好环境。

（二）基本原则。

坚持家庭尽责。强化家庭是抚养、教育、保护儿童，促进儿童发展第一责任主体的意识，大力支持家庭提高抚养监护能力，形成有利于困境儿童健康成长的家庭环境。

坚持政府主导。落实政府责任，积极推动完善保障儿童权益、促进儿童发展的相关立法，制定配套政策措施，健全工作机制，统筹各方资源，加快形成困境儿童保障工作合力。

坚持社会参与。积极孵化培育相关社会组织，动员引导广大企业和志愿服务力量参与困境儿童保障工作，营造全社会关心关爱困境儿童的良好氛围。

坚持分类保障。针对困境儿童监护、生活、教育、医疗、康复、服务和安全保护等方面的突出问题，根据困境儿童自身、家庭情况分类施策，促进困境儿童健康成长。

（三）总体目标。加快形成家庭尽责、政府主导、社会参与的困境儿童保障工作格局，建立健全与我国经济社会发展水平相适应的困境儿童分类保障制度，困境儿童服务体系更加完善，全社会关爱保护儿童的意识明显增强，困境儿童成长环境更为改善、安全更有保障。

二、加强困境儿童分类保障

针对困境儿童生存发展面临的突出问题和困难，完善落实社会救助、社会福利等保障政策，合理拓展保障范围和内容，实现制度有效衔接，形成困境儿童保障政策合力。

（一）保障基本生活。对于无法定抚养人的儿童，纳入孤儿保障范围。对于无劳动能力、无生活来源、法定抚养人无抚养能力的未满16周岁儿童，纳入特困人员救助供养范围。对于法定抚养人有抚养能力但家庭经济困难的儿童，符合最低生活保障条件的纳入保障范围并适当提高救助水平。对于遭遇突发性、紧迫性、临时性基本生活困难家庭的儿童，按规定实施临时救助时要适当提高对儿童的救助水平。对于其他困境儿童，各地区也要做好基本生活保障工作。

（二）保障基本医疗。对于困难的重病、重残儿童，城乡居民基本医疗保险和大病保险给予适当倾斜，医疗救助对符合条件的适当提高报销比例和封顶线。落实小儿行为听力测试、儿童听力障碍语言训练等医疗康复项目纳入基本医疗保障范围政策。对于最低生活保障家庭儿童、重度残疾儿童参加城乡居民基本医疗保险的个人缴费部分给予补贴。对于纳入特困人员救助供养范围的儿童参加城乡居民基本医疗保险给予全额资助。加强城乡居民基本医疗保险、大病保险、医疗救助、疾病应急救助和慈善救助的有效衔接，实施好基本公共卫生服务项目，形成困境儿童医疗保障合力。

（三）强化教育保障。对于家庭经济困难儿童，要落实教育资助政策和义务教育阶段"两免一补"政策。对于残疾儿童，要建立随班就读支持保障体系，为其中家庭经济困难的提供包括义务教育、高中阶段教育在内的12年免费教育。对于农业转移人口及其他常住人口随迁子女，要将其义务教育纳入各级政府教育发展规划和财政保障范畴，全面落实在流入地参加升学考试政策和接受中等职业教育免学费政策。支持特殊教育学校、取得办园许可的残疾儿童康复机构和有条件的儿童福利机构开展学前教育。支持儿童福利机构特教班在做好机构内残疾儿童特殊教育的同时，为社会残疾儿童提供特殊教育。完善义务教育控辍保学工作机制，确保困境儿童入学和不失学，依法完成义务教育。

（四）落实监护责任。对于失去父母、查找不到生父母的儿童，纳入孤儿安置渠道，采取亲属抚养、机构养育、家庭寄养和依法收养方式妥善安置。对于父母没有监护能力且无其他监护人的儿童，以及人民法院指定由民政部门担任监护人的儿童，由民政部门设立的儿童福利机构收留抚养。对于儿童生父母或收养关系已成立的养父母不履行监护职责且经公安机关教育不改的，由民政部门设立的儿童福利机构、救助保护机构临时监护，并依法追究生父母、养父母法律责任。对于决定执行行政拘留的被处罚人或采取刑事拘留等限制人身自由刑事强制措施的犯罪嫌疑人，公安机关应当询问其是否有未成年子女需要委托亲属、其他成年人或民政部门设立的儿童福利机构、救助保护机构监护，并协助其联系有关人员或民政部门予以安排。对于服刑人员、强制隔离戒毒人员的缺少监护人的未成年子女，执行机关应当为其委托亲属、其他成年人或民政部门设立的儿童福利机构、救助保护机构监护提供帮助。对于依法收养儿童，民政部门要完善和强化监护人抚养监护能力评估制度，落实妥善抚养监护要求。

（五）加强残疾儿童福利服务。对于0—6岁视力、听力、言语、智力、肢体残疾儿童和孤独症儿童，加快建立康复救助制度，逐步实现免费得到手术、康复辅助器具配置和康复训练等服务。对于社会散居残疾孤儿，纳入"残疾孤儿手术康复明天计划"对象范围。支持儿童福利机构在做好机构内孤残儿童服务的同时，为社会残疾儿童提供替代照料、养育辅导、康复训练等服务。纳入基本公共服务项目的残疾人康复等服务要优先保障残疾儿童需求。

三、建立健全困境儿童保障工作体系

强化和落实基层政府、部门职责，充实和提升基层工作能力，充分发挥群团组织优势，广泛动员社会力量参与，建立健全覆盖城乡、上下联动、协同配合的困境儿童保障工作体系。

（一）构建县（市、区、旗）、乡镇（街道）、村（居）三级工作网络。

县级人民政府要建立政府领导，民政部门、妇儿工委办公室牵头，教育、卫生计生、人力资源社会保障等部门和公安机关、残联组织信息共享、协调联动的工作机制，统筹做好困境儿童保障政策落实和指导、协调、督查等工作。要参照农村留守儿童救助保护机制，建立面向城乡困境儿童包括强制报告、应急处置、评估帮扶、监护干预等在内的困境儿童安全保护机制。要依托县级儿童福利机构、救助保护机构、特困人员救助供养机构、残疾人服务机构、城乡社区公共服务设施等，健全困境儿童服务网络，辐射城乡社区，发挥临时庇护、收留抚养、福利服务等功能。

乡镇人民政府（街道办事处）负责民政工作的机构要建立翔实完备的困境儿童信息台账，一人一档案，实行动态管理，为困境儿童保障工作提供信息支持。乡镇人民政府（街道办事处）要畅通与县级人民政府及其民政部门、妇儿工委办公室和教育、卫生计生、人力资源社会保障等部门以及公安机关、

残联组织的联系，并依托上述部门（组织）在乡镇（街道）的办事（派出）机构，及时办理困境儿童及其家庭社会救助、社会福利、安全保护等事务。

村（居）民委员会要设立由村（居）民委员会委员、大学生村官或者专业社会工作者等担（兼）任的儿童福利督导员或儿童权利监察员，负责困境儿童保障政策宣传和日常工作，通过全面排查、定期走访及时掌握困境儿童家庭、监护、就学等基本情况，指导监督家庭依法履行抚养义务和监护职责，并通过村（居）民委员会向乡镇人民政府（街道办事处）报告情况。村（居）民委员会对于发现的困境儿童及其家庭，属于家庭经济贫困、儿童自身残疾等困难情形的，要告知或协助其申请相关社会救助、社会福利等保障；属于家庭监护缺失或监护不当导致儿童人身安全受到威胁或侵害的，要落实强制报告责任；并积极协助乡镇人民政府（街道办事处）、民政部门、妇儿工委办公室和教育、卫生计生、人力资源社会保障等部门及公安机关、残联组织开展困境儿童保障工作。

（二）建立部门协作联动机制。

民政部门、妇儿工委办公室要发挥牵头作用，做好综合协调、指导督促等工作，会同教育、卫生计生、人力资源社会保障等有关部门和公安机关、残联组织，推动各有关方面共同做好困境儿童保障工作。民政、教育、卫生计生、人力资源社会保障、住房城乡建设等社会救助管理部门要进一步完善政策措施，健全"一门受理、协同办理"等工作机制，确保符合条件的困境儿童及其家庭及时得到有效帮扶。民政、教育、卫生计生部门和公安机关要督促和指导中小学校、幼儿园、托儿所、医疗卫生机构、社会福利机构、救助保护机构切实履行困境儿童安全保护机制赋予的强制报告、应急处置、评估帮扶、监护干预等职责，保障困境儿童人身安全。

（三）充分发挥群团组织作用。

各级群团组织要发挥自身优势，广泛开展适合困境儿童特点和需求的关爱、帮扶、维权等服务，发挥示范带动作用。工会、共青团、妇联要广泛动员广大职工、团员青年、妇女等开展多种形式的困境儿童关爱服务，依托职工之家、妇女之家、儿童之家、家长学校、家庭教育指导中心、青少年综合服务平台等，加强对困境儿童及其家庭的教育指导和培训帮扶。残联组织要依托残疾人服务设施加强残疾儿童康复训练、特殊教育等工作，加快建立残疾儿童康复救助制度，加强残疾儿童康复机构建设和康复服务专业技术人员培训培养，组织实施残疾儿童康复救助项目，提高康复保障水平和服务能力。关工委要组织动员广大老干部、老战士、老专家、老教师、老模范等离退休老同志，协同做好困境儿童关爱服务工作。

（四）鼓励支持社会力量参与。

建立政府主导与社会参与良性互动机制。加快孵化培育专业社会工作服务机构、慈善组织、志愿服务组织，引导其围绕困境儿童基本生活、教育、医疗、照料、康复等需求，捐赠资金物资、实施慈善项目、提供专业服务。落实国家有关税费优惠政策，通过政府和社会资本合作（PPP）等方式，支持社会力量举办困境儿童托养照料、康复训练等服务机构，并鼓励其参与承接政府购买服务。支持社会工作者、法律工作者等专业人员和志愿者针对困境儿童不同特点提供心理疏导、精神关爱、家庭教育指导、权益维护等服务。鼓励爱心家庭依据相关规定，为有需要的困境儿童提供家庭寄养、委托代养、爱心助养等服务，帮助困境儿童得到妥善照料和家庭亲情。积极倡导企业履行社会责任，通过一对一帮扶、慈善捐赠、实施公益项目等多种方式，为困境儿童及其家庭提供更多帮助。

四、加强工作保障

（一）强化组织领导。各地区要将困境儿童保障工作纳入重要议事日程和经济社会发展等规划，完善政策措施，健全工作机制，及时研究解决工作中的重大问题。要完善工作考核，强化激励问责，制定督查考核办法，明确督查指标，建立常态化、经常化的督查考核机制，定期通报工作情况，及时总结推广先进经验。民政部、国务院妇儿工委办公室、教育部、公安部、国家卫生计生委等有关部门和全国妇联、中国残联要积极推动制定完善儿童福利、儿童保护和家庭教育、儿童收养等法律法规，为困境儿童保障工作提供有力法律保障。加强各级各部门困境儿童工作信息共享和动态监测。

（二）强化能力建设。统筹各方资源，充分发挥政府、市场、社会作用，逐步完善儿童福利机构或社会福利机构儿童部、救助保护机构场所设施，健全服务功能，增强服务能力，满足监护照料困境儿童需要。利用现有公共服务设施开辟儿童之家等儿童活动和服务场所，将面向儿童服务功能纳入社区公共服务体系。各级财政部门要优化和调整支出结构，多渠道筹措资金，支持做好困境儿童保障工作。各地区要积极引导社会资金投入，为困境儿童保障工作提供更加有力支撑；要加强困境儿童保障工作队伍建设，制定儿童福利督导员或儿童权利监察员工作规范，明确工作职责，强化责任意识，提高服务困境儿童能力。

（三）强化宣传引导。加强儿童权益保障法律法规和困境儿童保障政策宣传，开展形式多样的宣传教育活动，强化全社会保护儿童权利意识，强化家庭履责的法律意识和政府主导、全民关爱的责任意识。大力弘扬社会主义核心价值观和中华民族恤孤慈幼的传统美德，鼓励、倡导、表彰邻里守望和社区互助行为，宣传报道先进典型，发挥示范带动作用。建立健全舆情监测预警和应对机制，及时妥善回应社会关切。

各地区、各部门要根据实际情况和职责分工制定具体实施办法。民政部、国务院妇儿工委办公室要加强对本意见执行情况的监督检查，重大情况及时向国务院报告。国务院将适时组织专项督查。

国务院

2016 年 6 月 13 日

国务院关于建立残疾儿童康复救助制度的意见

国发〔2018〕20号

各省、自治区、直辖市人民政府，国务院各部委、各直属机构：

党和政府高度重视残疾儿童康复工作，制定了一系列法规政策措施，实施了一系列残疾儿童康复项目，残疾儿童康复状况得到显著改善。同时，也有一些残疾儿童因家庭经济困难，未能得到及时康复，还有一些残疾儿童家庭因残致贫、陷入困境，成为全面建成小康社会亟待解决的突出问题。做好残疾儿童康复救助工作，关系残疾儿童切身利益和健康成长，关系千家万户安居乐业和美满幸福，关系社会稳定和文明进步，关系健康中国建设和全面建成小康社会大局。

为全面贯彻落实党的十九大关于"发展残疾人事业，加强残疾康复服务"的重要部署，改善残疾儿童康复状况、促进残疾儿童全面发展、减轻残疾儿童家庭负担，完善社会保障体系，根据《残疾预防和残疾人康复条例》，国务院决定建立残疾儿童康复救助制度。

一、总体要求

（一）指导思想。

以习近平新时代中国特色社会主义思想为指导，全面深入贯彻党的十九大和十九届二中、三中全会精神，认真落实党中央、国务院决策部署，统筹推进"五位一体"总体布局和协调推进"四个全面"战略布局，坚持以人民为中心的发展思想，牢固树立新发展理念，按照兜底线、织密网、建机制的要求，着力保障残疾儿童基本康复服务需求，努力实现残疾儿童"人人享有康复服务",使残疾儿童家庭获得感、幸福感、安全感更加充实、更有保障、更可持续。

(二)基本原则。

坚持制度衔接、应救尽救。加强与基本医疗、临时救助等社会保障制度的有效衔接,确保残疾儿童家庭求助有门、救助及时。

坚持尽力而为、量力而行。坚守底线、突出重点、完善制度、引导预期,着力满足残疾儿童基本康复服务需求。

坚持规范有序、公开公正。建立科学规范、便民高效的运行机制,主动接受群众和社会监督,做到公开透明、结果公正。

坚持政府主导、社会参与。更好发挥政府"保基本"作用,不断推进基本康复服务均等化;更好发挥社会力量作用,不断扩大康复服务供给,提高康复服务质量。

(三)总体目标。

到 2020 年,建立与全面建成小康社会目标相适应的残疾儿童康复救助制度体系,形成党委领导、政府主导、残联牵头、部门配合、社会参与的残疾儿童康复救助工作格局,基本实现残疾儿童应救尽救。

到 2025 年,残疾儿童康复救助制度体系更加健全完善,残疾儿童康复服务供给能力显著增强,服务质量和保障水平明显提高,残疾儿童普遍享有基本康复服务,健康成长、全面发展权益得到有效保障。

二、制度内容

(一)救助对象。

救助对象为符合条件的 0—6 岁视力、听力、言语、肢体、智力等残疾儿童和孤独症儿童。包括城乡最低生活保障家庭、建档立卡贫困户家庭的残疾儿童和儿童福利机构收留抚养的残疾儿童;残疾孤儿、纳入特困人员供养范围的残疾儿童;其他经济困难家庭的残疾儿童。其他经济困难家庭的具体认定办法,由县级以上地方人民政府制定。

有条件的地区,可扩大残疾儿童康复救助年龄范围,也可放宽对救助对象家庭经济条件的限制。

（二）救助内容和标准。

县级以上地方人民政府根据本地实际确定残疾儿童康复救助基本服务项目和内容，包括以减轻功能障碍、改善功能状况、增强生活自理和社会参与能力为主要目的的手术、辅助器具配置和康复训练等。

县级以上地方人民政府依据本地财力状况、保障对象数量、残疾类别等，分类确定康复救助基本服务项目的经费保障标准，并建立动态调整机制。

（三）工作流程。

申请。残疾儿童监护人向残疾儿童户籍所在地（居住证发放地）县级残联组织提出申请。监护人也可委托他人、社会组织、社会救助经办机构等代为申请。

审核。对于城乡最低生活保障家庭、建档立卡贫困户家庭的残疾儿童和儿童福利机构收留抚养的残疾儿童的救助申请，以及残疾孤儿、纳入特困人员供养范围的残疾儿童的救助申请，由县级残联组织与民政、扶贫部门进行相关信息比对后作出决定；其他经济困难家庭的残疾儿童的救助申请的审核程序，由县级以上地方人民政府规定。

救助。经审核符合条件的，由残疾儿童监护人自主选择定点康复机构接受康复服务。必要时，由地级以上地方残联组织和卫生健康等部门指定的医疗、康复机构做进一步诊断、康复需求评估。定点康复机构由县级以上地方残联组织会同卫生健康、教育、民政等部门按照公开择优原则选择确定。

结算。在定点康复机构接受康复服务发生的费用，经县级残联组织审核后，由同级财政部门与定点康复机构直接结算，结算周期由县级残联组织商同级财政部门确定。经县级残联组织审核同意在非定点康复机构接受康复服务发生的费用，由县级残联组织商同级财政部门明确结算办法。

（四）经费保障。

县级以上地方人民政府应将残疾儿童康复救助资金纳入政府预算。中央财政对各地给予适当补助。

三、组织实施

（一）加强组织领导。

残疾儿童康复救助工作实行地方人民政府负责制。地方各级人民政府要将残疾儿童康复救助工作列入重要议事日程，作为政府目标管理和绩效考核重要内容，对不作为、慢作为、乱作为的单位和个人加大行政问责力度，对违纪违法的严肃追究责任。残联组织和教育、民政、人力资源社会保障、卫生健康、市场监管等有关部门要履职尽责、协作配合，加强工作衔接和信息共享，深化"放管服"改革，努力实现"最多跑一次""一站式结算"，切实提高便民服务水平。

（二）加强能力建设。

县级以上人民政府根据本行政区域残疾人数量、分布状况、康复需求等情况，制定康复机构设置规划，举办公益性康复机构，将康复机构设置纳入基本公共服务体系规划，支持社会力量投资康复机构建设，鼓励多种形式举办康复机构。社会力量举办的康复机构和政府举办的康复机构在准入、执业、专业技术人员职称评定、非营利组织财税扶持、政府购买服务等方面执行相同的政策。加强康复人才教育培训培养，不断提高康复服务从业人员能力素质。切实加强残疾儿童康复救助工作经办能力，确保事有人做、责有人负。推动建设残疾儿童康复救助服务管理综合信息平台。充分发挥村（居）民委员会、基层医疗卫生机构、公益慈善组织和残疾人专职委员、社会工作者、志愿服务人员等社会力量作用，做好发现告知、协助申请、志愿服务等工作。健全多渠道筹资机制，鼓励、引导社会捐赠。

（三）加强综合监管。

教育、民政、卫生健康、市场监管等有关部门要商残联组织完善残疾儿童康复机构管理相关政策，共同做好康复机构监督管理。残联组织要会同有关部门加强定点康复机构准入、退出等监管，建立定期检查、综合评估机制，指导定点康复机构规范内部管理、改善服务质量、加强风险防控，及时查处违法违规行为和安全责任事故，确保残疾儿童人身安全；探索建立科学合理的康复服务定价机制，加强价格监管；建立覆盖康复机构、从业人员和救助对象家庭的诚信评价和失信行为联合惩戒机制，建立黑名单制度，做好公共信用信息记录和归集，加强与全国信用信息共享平台、国家企业信用信息公示系统的信息交换共享；积极培育和发展康复服务行业协会，发挥行业自律作用。财政、审计等部门要加强对残疾儿童康复救助资金管理使用情况的监督检查，防止发生挤占、挪用、套取等违法违规现象。残疾儿童康复救助实施和资金筹集使用情况要定期向社会公开，接受社会监督。

（四）加强宣传动员。

地方各级人民政府及有关部门要充分运用传统媒体、新媒体等多种手段大力开展残疾儿童康复救助制度政策解读和宣传，使社会各界广泛了解党和政府的爱民之心、惠民之举，帮助残疾儿童监护人准确知晓残疾儿童康复救助制度相关内容，了解基本申请程序和要求。积极引导全社会强化残疾预防和康复意识，关心、支持残疾儿童康复工作，营造良好社会环境。

残疾儿童康复救助制度自2018年10月1日起全面实施。各省级人民政府要在2018年9月底前制定出台本地残疾儿童康复救助制度和配套政策措施。中国残联要会同相关部门督促指导各地做好贯彻落实各项工作，及时研究解决工作中发现的问题，重大情况向国务院报告。国务院将适时组织专项督查。

国务院

2018年6月21日

民政部 公安部 财政部
关于进一步做好事实无人抚养儿童保障有关工作的通知

民发〔2020〕125号

各省、自治区、直辖市民政厅（局）、公安厅（局）、财政厅（局），新疆生产建设兵团民政局、公安局、财政局：

为推动民政部、公安部、财政部等12部门《关于进一步加强事实无人抚养儿童保障工作的意见》（民发〔2019〕62号）落实，确保符合条件的事实无人抚养儿童应保尽保，现将有关事项通知如下：

一、扩大保障对象范围

根据各地工作实际，在民发〔2019〕62号文件规定情形的基础上补充增加被撤销监护资格、被遣送（驱逐）出境两种情形。据此，事实无人抚养儿童是指父母双方均符合重残、重病、服刑在押、强制隔离戒毒、被执行其他限制人身自由的措施、失联、被撤销监护资格、被遣送（驱逐）出境情形之一的儿童；或者父母一方死亡或失踪，另一方符合重残、重病、服刑在押、强制隔离戒毒、被执行其他限制人身自由的措施、失联、被撤销监护资格、被遣送（驱逐）出境情形之一的儿童。

被撤销监护资格的情形是指人民法院依法判决撤销监护人资格；被遣送（驱逐）出境的情形是指外籍人员与内地居民生育子女后被依法遣送（驱逐）出境且未履行抚养义务；其他情形按照民发〔2019〕62号文件进行界定。

二、精准认定失联情形

儿童监护人、受监护人委托的近亲属或儿童所在村（居）民委员会可向儿童户籍所在地公安部门报警，申请查找失联父母。公安部门受理后，应当加大对失联父母的查找力度，对登记受理超过 6 个月仍下落不明的，出具《儿童失联父母查找情况回执单》（附件1），并通过信息共享等途径，向乡镇人民政府（街道办事处）、民政部门提供信息查询服务。

对因不具备查询条件导致公安部门难以接警处置查找的，可采取"个人承诺＋邻里证明＋村（居）证实＋乡镇人民政府（街道办事处）查验＋县级民政部门确认"的方式，形成《儿童父母失联情况认定表》（附件2）进行认定。

对上述方式仍无法认定的其他复杂情形，可采取"一事一议"的方式，由村（居）民委员会提出方案，经乡镇人民政府（街道办事处）查验后报县级儿童保护相关协调机制研究确认。

三、强化动态管理

地方各级民政部门要加强与公安、司法、残联等部门工作对接，开展大数据比对，对符合事实无人抚养保障条件但未纳入保障的儿童，及时告知其父母或其他监护人，防止因信息共享不及时等原因发生儿童漏保问题。

乡镇（街道）儿童督导员要指导村（居）儿童主任，定期开展摸底排查，对符合事实无人抚养保障条件但未纳入保障的儿童，及时告知其父母或其他监护人；对已经纳入保障的事实无人抚养儿童，村（居）儿童主任要采取多种方式及时掌握儿童及其家庭情况变化，每月上门探访或电话沟通不少于1次。

县级民政部门要做好信息录入和更新，对纳入保障范围的事实无人抚养儿童，要按照"认定一个，录入一个"的原则，实施保障的当月将其个人及家庭信息录入"全国儿童福利信息系统"；对情形发生变化终止保障的，应当及时从系统进行"减员"处理。

四、做好监护工作

加强监护指导，对父母因精神残疾等原因严重损害儿童身心健康或致使儿童处于危困状态的，应当及时进行监护干预。

加强兜底监护，对父母没有监护能力且无其他人可以担任监护人或者监护人丧失监护能力且无其他人可以担任监护人的儿童，应当由民政部门依法长期监护。

加强儿童福利机构、未成年人救助保护机构建设，依法做好事实无人抚养儿童保障工作。

本通知自 2021 年 1 月 1 日起执行。县级以上地方人民政府民政部门可根据本通知精神，结合当地实际，牵头完善相关保障政策，制定具体落实工作措施。

附件：1. 儿童失联父母查找情况回执单
2. 儿童父母失联情况认定表

民政部　公安部　财政部
2020 年 12 月 24 日

附件1

儿童失联父母查找情况回执单

编号：_____

_____（相关当事人）：

我单位于_____年___月___日接到儿童（姓名：_____，身份证号：_____）关于查找其失联父（姓名：_____，身份证号：_____）、母（姓名：_____，身份证号：_____）情况报案后，依据民政部、公安部、财政部《关于进一步做好事实无人抚养儿童保障有关工作的通知》（民发〔2020〕125 号）规定及相关要求，经多方查找已满 6 个月，目前没有查找到其失联父/母。

联系人：　　　　　　联系电话：

公安机关（公章）
年　月　日

此单同时抄送儿童户籍所在地乡镇人民政府（街道办事处），仅用于办理事实无人抚养儿童认定。

备注：失联人员身份信息不全的，可在相关处填"不详"。

附件 2

儿童父母失联情况认定表

一、个人承诺			
承诺人（监护人）		身份证号	
儿童姓名		身份证号	
承诺人与该儿童关系		联系方式	

为保障该儿童基本生活权益，办理事实无人抚养儿童基本生活补贴，现承诺如下：该儿童生父/母：_____（身份证号：_____），自_____年___月起即与该儿童家庭失去联系，至今未履行监护抚养责任，已达_____个月。该情况属实，如有故意捏造、隐瞒事实等欺骗行为的，本人愿承担相应责任，并退还已发放的生活费。

承诺人签字：

承诺日期： 年 月 日

二、邻里证明情况

该承诺人承诺情况属实。其他补充情况或意见：_____。

证明人签字（3人以上）：

三、村居证实情况

经村（居）委会走访查证，并按规定进行群众评议，该个人承诺及邻里佐证情况属实。其他补充情况或意见：_____。

村（居）委会（公章）

年 月 日

四、乡镇人民政府（街道办事处）查验情况

经乡镇人民政府（街道办事处）查验，上述情况属实。其他补充情况或意见：_____。

联系人：   联系电话：

乡镇人民政府（街道办）（公章）

年 月 日

续表

五、县级民政部门确认情况
经审核，上述情况属实。其他补充情况或意见：＿＿＿＿＿＿＿＿＿＿＿＿＿＿＿＿＿＿＿＿＿＿＿＿＿＿＿＿＿＿＿＿＿＿＿。 联系人：　　　　　　　　联系电话： 　　　　　　　　　　　　　　　　　　　县级民政部门（公章） 　　　　　　　　　　　　　　　　　　　　　　年　月　日

此认定表一式四份，承诺人、村（居）委会、乡镇人民政府（街道办事处）、县级民政部门各存一份，仅用于办理事实无人抚养儿童认定。

备注：此表失联人员身份信息不全的，可在相关处填"不详"。

国务院关于全面建立困难残疾人生活补贴和重度残疾人护理补贴制度的意见

国发〔2015〕52号

各省、自治区、直辖市人民政府，国务院各部委、各直属机构：

残疾人是需要格外关心、格外关注的特殊困难群体。党和政府高度重视残疾人福利保障工作。为解决残疾人特殊生活困难和长期照护困难，国务院决定全面建立困难残疾人生活补贴和重度残疾人护理补贴（以下统称残疾人两项补贴）制度。这是保障残疾人生存发展权益的重要举措，对全面建成小康社会具有重要意义。为此，现提出以下意见：

一、总体要求

（一）指导思想。深入贯彻党的十八大和十八届二中、三中、四中全会精神，按照党中央、国务院决策部署，以协调推进"四个全面"战略布局为统领，以加快推进残疾人小康进程为目标，以残疾人需求为导向，加强顶层制度设计，制定残疾人专项福利政策，逐步完善残疾人社会保障体系。

（二）基本原则。

坚持需求导向，待遇适度。从残疾人最直接最现实最迫切的需求入手，着力解决残疾人因残疾产生的额外生活支出和长期照护支出困难。立足经济社会发展状况，科学合理确定保障标准，逐步提高保障水平。

坚持制度衔接，全面覆盖。注重与社会救助、社会保险、公益慈善有效衔接，努力形成残疾人社会保障合力。做到应补尽补，确保残疾人两项补贴制度覆盖所有符合条件的残疾人。

坚持公开公正，规范有序。建立和完善标准统一、便民利民的申请、审核、补贴发放机制,做到阳光透明、客观公正。加强政策评估和绩效考核,不断提高制度运行效率。

坚持资源统筹,责任共担。积极发挥家庭、社会、政府作用,形成家庭善尽义务、社会积极扶助、政府兜底保障的责任共担格局。

二、主要内容

(一)补贴对象。困难残疾人生活补贴主要补助残疾人因残疾产生的额外生活支出,对象为低保家庭中的残疾人,有条件的地方可逐步扩大到低收入残疾人及其他困难残疾人。低收入残疾人及其他困难残疾人的认定标准由县级以上地方人民政府参照相关规定、结合实际情况制定。重度残疾人护理补贴主要补助残疾人因残疾产生的额外长期照护支出,对象为残疾等级被评定为一级、二级且需要长期照护的重度残疾人,有条件的地方可扩大到非重度智力、精神残疾人或其他残疾人,逐步推动形成面向所有需要长期照护残疾人的护理补贴制度。长期照护是指因残疾产生的特殊护理消费品和照护服务支出持续6个月以上时间。

(二)补贴标准。残疾人两项补贴标准由省级人民政府根据经济社会发展水平和残疾人生活保障需求、长期照护需求统筹确定,并适时调整。有条件的地方可以按照残疾人的不同困难程度制定分档补贴标准,提高制度精准性,加大补贴力度。

(三)补贴形式。残疾人两项补贴采取现金形式按月发放。有条件的地方可根据实际情况详细划分补贴类别和标准,采取凭据报销或政府购买服务形式发放重度残疾人护理补贴。

(四)政策衔接。符合条件的残疾人,可同时申领困难残疾人生活补贴和重度残疾人护理补贴。既符合残疾人两项补贴条件,又符合老年、因公致残、离休等福利性生活补贴(津贴)、护理补贴(津贴)条件的残疾人,可择高申领其中一类生活补贴(津贴)、护理补贴(津贴)。享受孤儿基本生活保障政策的残疾儿童不享受困难残疾人生活补贴,可享受重度残疾人护理补贴。残疾人两项补贴不计入城乡最低生活保障家庭的收入。领取工伤保险生活护理费、纳入特困人员供养保障的残疾人不享受残疾人两项补贴。

三、申领程序和管理办法

（一）自愿申请。残疾人两项补贴由残疾人向户籍所在地街道办事处或乡镇政府受理窗口提交书面申请。残疾人的法定监护人，法定赡养、抚养、扶养义务人，所在村民（居民）委员会或其他委托人可以代为办理申请事宜。申请残疾人两项补贴应持有第二代中华人民共和国残疾人证，并提交相关证明材料。

（二）逐级审核。街道办事处或乡镇政府依托社会救助、社会服务"一门受理、协同办理"机制，受理残疾人两项补贴申请并进行初审。初审合格材料报送县级残联进行相关审核。审核合格材料转送县级人民政府民政部门审定，残疾人家庭经济状况依托居民家庭经济状况核对机制审核。审定合格材料由县级人民政府民政部门会同县级残联报同级财政部门申请拨付资金。

（三）补贴发放。补贴资格审定合格的残疾人自递交申请当月计发补贴。残疾人两项补贴采取社会化形式发放，通过金融机构转账存入残疾人账户。特殊情况下需要直接发放现金的，要制定专门的监管办法，防止和杜绝冒领、重复领取、克扣现象。

（四）定期复核。采取残疾人主动申报和发放部门定期抽查相结合的方式，建立残疾人两项补贴定期复核制度，实行残疾人两项补贴应补尽补、应退则退的动态管理。定期复核内容包括申请人资格条件是否发生变化、补贴是否及时足额发放到位等。

四、保障措施

（一）加强组织领导。各地区、各部门要充分认识全面建立残疾人两项补贴制度的重要性，将其作为保障和改善民生的重要任务，完善政府领导、民政牵头、残联配合、部门协作、社会参与的工作机制。民政部门要履行主管部门职责，做好补贴资格审定、补贴发放、监督管理等工作，推进残疾人两项补贴制度与相关社会福利、社会救助、社会保险制度有机衔接。财政部门要加强资金保障，及时足额安排补贴资金及工作经费，确保残疾人两项补贴制度顺利实施。中央财政通过增加一般性转移支付予以支持。残联组织要发挥"代表、服务、管理"职能作用，及时掌握残疾人需求，严格残疾人证发放管理，做好残疾人两项补贴相关审核工作。

（二）加强制度落实。地方已经实施的残疾人两项补贴制度补贴对象范围小于本意见要求的，要严格按本意见执行，有条件的地方可适当扩大补贴范围。要通过政府购买服务、引导市场服务、鼓励慈善志愿服务等方式，健全补贴与服务相结合的残疾人社会福利体系，促进残疾人服务业发展。

（三）加强监督管理。地方各级人民政府要将残疾人两项补贴工作纳入年度考核内容，重点督查落实情况。残疾人两项补贴资金发放使用情况要定期向社会公示，接受社会监督，财政、审计、监察部门要加强监督检查，防止出现挤占、挪用、套取等违法违规现象。民政部门要会同残联组织定期开展残疾人两项补贴工作绩效评估，及时处理残疾人及其他群众的投诉建议，不断完善相关政策措施，切实维护残疾人合法权益。要统筹建立统一的残疾人两项补贴工作网络信息平台，加强对基本信息的实时监测、比对、归纳分析和动态管理，不断提高工作效率。

（四）加强政策宣传。各地要及时组织学习培训，全面掌握残疾人两项补贴制度精神和内容，正确组织实施残疾人两项补贴工作。要充分利用多种媒介宣传残疾人两项补贴制度，营造良好舆论氛围，引导全社会更加关心、关爱残疾人。要充分考虑残疾人获取信息的特殊要求和实际困难，采用灵活多样形式进行宣传解读，确保残疾人及其家属知晓残疾人两项补贴制度内容，了解基本申领程序和要求。要及时做好残疾人两项补贴政策解释工作，协助残疾人便捷办理相关手续。

残疾人两项补贴制度自2016年1月1日起全面实施。各地要结合实际制定贯彻实施办法，推进落实相关工作。民政部、财政部、中国残联要根据职责，抓紧制定具体政策措施。国务院将适时组织专项督查。

国务院
2015年9月22日